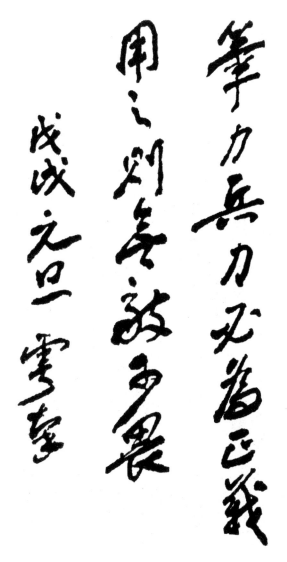

筆力兵力必爲正義
用之則無敵可畏

언론과 군대의 힘은 반드시 정의를
위해 쓰인다면 두려워할 적이 없다.

(1958년)

기자회견이 끝난후 기자들과 담소하고 있는 이승만 대통령

JAPAN INSIDE OUT

일본, 그 가면의 실체

- 다시는 종의 멍에를 메지 말라 -

건국 대통령 이승만 박사 지음
사단법인 대한언론인회 펴냄

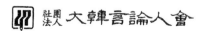

대한민국 건국대통령 雩南 李承晚 博士

願興三千萬
俱爲有國民
莫年江海人
歸作一閑人

내 소원 삼천만이랑 함께
나라있는 백성이 되고지고
늙을막엔 시골로 돌아와
한가한 사람으로 지내련다.

이승만

이승만 박사 그 진면목眞面目

• 구국투쟁중인 한성감옥에 투옥

한말 구국투쟁중 투옥된 이승만(1903년)

한성감옥에서(왼쪽에서 3번째가 이승만), 1904년

• 부친 경선공을 모시고

아버님 경선공을 모시고. 18세의 이승만(오른쪽) 1893년

• 철학박사 학위를 받고

1910년 6월, 프린스턴 대학에서 "미국의 영향을 받은 중립주의"라는 논문으로 철학박사 학위를 받고

• 미국에서 독립운동을 하며

april 16, 1919 —Philadelphia Congress Meeting

3.1만세운동을 세계 만방에 알리기 위해 모인 필라델피아 한인 자유대행진을 마치고.
(왼쪽부터 3번째가 이 박사) 사진의 글씨는 필자의 친필임.

• 임시정부 초대 대통령으로

1921년 4월, 중국인으로 변장한 이박사. 대한민국 임시정부 대통령 취임을 위해 상해로 밀항할 때 입은 중국인 복장.

• 해외신문의 '이승만 박사' 대서특필

1933년 2월 22일, 독립운동가 이 박사의 기사가 실린 『라 트리뷴 도리앙』지. 프랜체스카는
이 신문을 이 박사에게 보내주었었다.

• 대한민국 은인 맥아더와 포옹

1948년 8월 15일 이승만 대통령 초청으로 대한민국 정부 출범을 축하기 위해 내한 한 맥아더 장군

• 이승만 박사의 대결단 '반공포로 석방'

1953년에 이승만 대통령의 결단으로 석방된 반공포로들이 태극기를 앞세우고 감격
의 행진을 하고 있다.

• 미의회 양원합동회의서

1954년 7월 28일 미국 상하,양원 합동회의에서 연설하는 이승만 대통령.
이 연설은 기립박수를 포함, 모두 33회의 박수를 받아 기록적인 일화를 남겼다.

• 프란체스카 여사와 '사랑'

1934년 10월, 뉴욕에서 결혼식을 마친후 하와이에 도착한 이 박사 부부. 이때 이 박사는 59세, 프란체스카 여사는 34세였다.

발 간 사

사단법인 **대한언론인회**

회장 제 재 형

사단법인 대한언론인회는 황금돼지의 해요, '선택의 해'라 일컬어지는 2007년 봄날에 즈음하여 초대 대통령 우남雩南 이승만李承晚 박사(1875~1965)가 1941년 미국에서 저술한 〈JAPAN INSIDE OUT - 日本, 그 假面의 實體〉를 한글로 번역, "다시는 종의 멍에를 메지 말라"는 부제를 붙여 펴냈습니다. 이는 1977년 4월 25일 발족된 대한언론인회의 창립 30주년을 기리는 기념 사업의 하나로 시행되는 것입니다.

이 책이 쓰여진지 66년의 세월이 흘렀지만 그 때나 지금이나 국제적 시각은 모습만 다를 뿐 매우 흡사한 상황이라 생각됩니다. 이에, 우리 '사단법인 대한언론인회'에서는 제 110차 이사회의 결의를 거쳐 이 책의 한국어판 출판이 매우 중요하고 적절한 대국민 메시지가 될 것임을 확신하여 제17대 대통령 선거(2007년 12월 19일)를 앞두고 올바른 이정표를 세우자는 뜻에서 이 번역판을 상재上梓하게 된 것입니다.

이승만 박사는 일본에 강탈 당하였던 우리의 주권을 회복한 대한민국의 건국대통령입니다. 젊은 날에는 국민 계몽을 위한 언론인으로 활동하였으니 말하자면 우리 언론계의 선각자요, 대 선배이시기도 합니다.

1875년 3월 26일 황해도 평산에서 태어나신 이승만 박사는 1896년 서재필박사와 함께 협성회를 조직, 〈협성회보〉를 발간하여 국민들에게 독립정신을 고취시키고자 하였으며 1898년에는 〈매일신문〉창간에 참여하여 사장이 되었고 그후 〈제국신문〉 창간에도 참가하여 편집과 논설을 담당했었습니다.

독립운동 기간에는 미국에서 태평양잡지 〈The Korean Magazine〉과 태평양주보를 발행하며 〈독립정신〉을 비롯한 많은 책을 발간하여 한국을 알리기 위한 홍보활동과 외교를 통한 합법적인 독립운동을 주도했었습니다. 지금의 우리 언론인 입장에서 돌이켜 보면 조국의 광복을 위해 이 박사가 악조건을 무릅쓰고 언론인으로서의 사명을 다하였던 모습에 숙연한 마음과 존경심을 금할수 없습니다.

이승만 박사는 한학을 배우다가 일찍 신학문에 눈 떠서 배재학당을 거쳐 미국에 유학, 선진문물을 익힌 신지식인입니다. 당시 동양인으로는 드물게, 세계인이 우러러 보는 미국의 명문 대학인 조지워싱턴대학(학사)과 하버드대학(석사)을 거쳐 프린스턴대학에서 나중에 제28대 대통령이 된 우드로우 윌슨(1856~1924)총장으로부터 직접 철학박사학위를 받아 '조용한 아침의 나라' 한국인의 위상을 온 세상에 알리기도 하였습니다.

1941년 여름, 이 박사는 본저〈Japan Inside Out〉을 영문으로 출판하여 일본의 침략근성을 미국의 조야朝野에 알려 경각심을 높여 주었습니다. 일본의 진주만 기습 5개월 전의 일입니다. 처음에 그다지 주목받지 못하던 이 저서는 태평양전쟁이 발발하자 일약 베스트 셀러가 된 것은 물론이고 온 세상이 이 박사의 선견지명에 경탄하였음은 두 말할 나위가 없습니다.

이 저서는 그 당시 '새로운 질서'란 명분으로 영토확장에 광분하던 일본 군국주의자들의 심리적 상태를 명확하게 꿰뚫어 보고 그들의 침탈 야욕과 야만적인 행위를 당시의 구체적인 사건을 통해 세상에 널리 알리고자 하였습니다. 아울러 평화주의에 도취되어 깊은 잠에 빠져 있던 미국인들에게 경종을 울리고자 집필했던 것입니다.

이제 우리는 당시에 이승만 박사가 통찰하였던 열강들의 한반도 정책을 다시 한번 조명해 보면서 현재 한반도를 에워싸고 있는 4대 강국의 실태 즉, 중국의 동북공정과 고구려사 왜곡, 일본의 독도영유권 주장과 역사왜곡, 미국 군사전략의 재배치, 러시아의 극동 남하정책 등을 연계해서 바라보는 시야를 넓게 가져야 할 때입니다. 우리는 높이 날아야 합니다. 높이 나는 새가 멀리 본다고 하지 않던가요!

이승만 박사는 훌륭한 외교관이며 애국자이십니다. 건국대통령이 되신 후 맥아더 장군의 초청으로 일본을 방문했을 때 당시 요시다吉田茂수상(1878~1967)이 "한국호랑이는 무섭다지요?" 하자 이 대통령은 "임진란 때 풍신수길豊臣秀吉이 다 잡아 먹고 없다"고 대꾸했답니다. 6.25전란의 포성이 멎기 전인 1953년 1월 8일 '반공포로 석방'을 단행, 인민군포로 8,500여명과 중공군포로 14,000여명을 '자유의 몸'으로 풀어준 사건은 전쟁사와 외교사에 길이 빛나는 용단이었습니다.

이승만 박사는 "뭉치면 살고 흩어지면 죽는다"는 말로 국민의 애국심을 고취시켰으며 외화 100달러 이상을 지출할 경우엔 이 대통령이 직접 '가만可晩'이라 결재함으로써 근검절약정신을 몸소 실천 했습니다.

이 박사는 독실한 기독교 신자였습니다. 제헌국회 첫 본회의를 주재하면서 이윤영李允榮 의원으로 하여금 "하나님께 감사기도를 드리게"한 것은 우리 헌정사의 첫 페이지를 장식한 속기록 입니다.

1960년 3.15 부정선거로 빚어진 4.19혁명 당시 하야下野 성명을 내고 이틀 후인 4월 28일 걸어서 경무대(청와대 옛 이름)를 나갈 때 서울 시민들은 길거리에 엎드려 울었습니다.

1965년 7월 19일 망명지 하와이에서 향년 90세를 일기로 서거, 그유해가 서울로 돌아올 때 백성들은 역시 대성통곡하며 슬픔에 잠겼습니다. "물러 가라"고 데모하던 사람들이 슬피 울며 장송하는 모습은 눈물 많은 우리 국민성을 엿보게 합니다.

"자유를 즐기려는 사람은 많지만 자유를 위하여 목숨바쳐 싸우려는 사람은 드물다"고 한 이 박사의 한탄은 시간이 흐를수록 명언銘言으로 되살아 납니다 .

초대 건국대통령의 발자취를 재조명하려는 움직임이 여기 저기서 일어나는 요즘 전 외무부장관 공노명孔魯明씨와 전 국회의원 손세일孫世一씨의 '이승만 집중연구' 결과에 기대되는 바 큽니다.

이 박사가 하늘의 부르심을 받을 때까지 언제나 우리 민족에게 유언처럼 남긴다고 측근에 이르던 말이 "그리스도께서 우리로 자유케 하려고 자유를 주셨으니, 그러므로 굳세게 서서 다시는 종의 멍에를 메지 말라"(갈라디아서 5장 1절)는 성경구절이었습니다. "너희가 진리를 알지니, 진리가 너희를 자유케 하리라"는 말씀과 일맥 상통합니다.

이 저서를 집필할 때나, 대통령직을 수행할 때나, 우리 국민에게 전하고 싶었던 간곡한 말씀이라 생각됩니다. 진리는 자유의 샘입니다. 자유는 진리에서 비롯됩니다. 우리가 종의 멍에를 벗어 던지고 자유를 누리려면 진리를 추구하고 숭상해야 합니다. 〈Japan Inside Out〉이란 책 제목을 직역하면 '일본을 폭로한다'가 될테지만 저자가 되뇌이던 염원대로 "다시는 종slave의 멍에를 메지 말라"는 성구聖句를 역서譯書의 간판으로 삼기로 했습니다.

이렇듯 영명하던 이승만 박사께서 집권말년에는 '인의 장막'에 휩싸이고 총명이 흐려져서 불행한 황혼인생을 보낸 것은 매우 안타까운 일이었습니다. 3선 까지만 하고 조용히 물러 났더라면 조지 워싱턴처럼 국부國父로 추앙 받았을 터인데 장기집권을 노려서 발췌개헌,사사오입四捨五入 개헌까지 강행한 자유당 참모들의 '억지'를 물리치지 못한 것이 옥에 티요, 뒤끝을 나쁘게한 화근이 었습니다. 4.19학생 혁명을 촉발시킨 3.15부정선거 때는 "못살겠다 갈아 보자"고 외치는 야당(민주당)의 구호에 여당(자유당)은 "갈아 봤자 별수없다. 구관이 명관이다"고 응수했던 선거판을 우리는 생생히 기억하고 있습니다.

설사 그렇더라도 반세기 세월이 흐른 지금으로서는 그 허물을 상쇄하고서도 이승만 박사의 애국 독립정신과 반공 민주 사상을 재조명 함으로써 "초대 건국대통령"으로서의 정통성과 정체성을 올바로 세워줘야 할 때라고 믿어 의심치 않습니다. 대한민국을 세운 것은 그 무엇과도 비길 수 없는 '불세출의 영웅적인 쾌거'라 평가받아 마땅하다 아니할 수 없습니다.

이 발간사를 쓰는 사이에 문득 되살아 나는 기억이 하나 있습니다. 우남雩南선생이 젊은 날에 쓴 한문 글귀 32자가 생각납니다.

萬枝同根 百派一源 수많은 가지가 같은 뿌리요, 백갈래 물길도 꼭같은 근원일세

尊祖崇宗 愛親睦族 조상을 숭배하고 부모를 존경하며, 가족을 사랑하고 이웃과 화목하며

敬老慈幼 斥邪護正 어른을 공경하고 어린이를 사랑하세. 사악함을 물리치고 정의를 지킴이 옳으니라

一意循此 永無或替 뜻이 한가지로 이것을 좇으니, 영원토록 변함없이 바뀜이 없으리라

(발간자 옮김)

강원도 고성군 화진포 바닷가에 있는 이승만 박사의 별장(하룻밤 쉬고 간 집) 전시실에 걸려 있는 우남 친필의 글귀입니다. 2006년 5월 2일, 금강산이 멀리 바라보이는 통일전망대에서 통일염원 기도회를 마치고 돌아오는 길에 우남 별장에 들렀다가 이 글귀에 눈을 멈추고 한참 동안 그 뜻을 음미해 봤습니다. 우남의 가족사랑, 이웃사랑, 나라사랑에 관한 마음씨가 향기롭게 물씬 풍기는 사자성구四字成句라 여겨집니다.

끝으로, 이책의 영문판 원작을 한글로 번역한 캐나다 교민 최병진 님과 도서출판 '청미디어' 신동설 사장님의 노고에 고마운 뜻을 보냅니다.

아무쪼록, "다시는 종의 멍에를 메지 말라"고 일깨우는 이 책이 온 백성에게 많이 읽혀져서 대한민국 국민이 열강의 틈바위 속에서도 굳세게 서서 다시는 역사 앞에 부끄러움 없이 자랑스러운 민족으로, 또 자유인으로 우뚝 서게 되기를 간절히 바라는 바입니다.

2007년 3월 1일 88돌 3.1절에
프레스센터에서···
제 재 형

"다시는 종의 멍에를 메지 말라"하시던

선고先考를 회상懷想하며

선고 우남雩南 이승만박사의 영문저서 "Japan Inside Out"의 새로운 번역판이 나오게 된 것을 마음 깊이 기쁘게 생각합니다.

1961년 호놀룰루에 있는 거처(Makiki 街 2033)에서 아버님께서는 건강이 좋지 않으신 상태에서 아들인 나를 맞으시고 많은 말씀을 해 주셨습니다.

도착 후 얼마동안은 내가 입고 있는 옷과 신발, 책과 소지품 등, 보시는 대로 가리키시며 "어느 나라에서 만들었느냐"고 물으시는 것이었습니다.

그 모든것이 국산품이어서 그대로 말씀드리니 만족해 하시며 신고 계신 구두를 가리키시며 "이것도 국산인데 우리 한인들은 재주가 정말 좋아"하시면서 우리나라가 전쟁을 겪고 폐허위에서 경제가 꾸준히 성장해 온 것을 매우 흡족하게 생각 하셨습니다.

그리고 "나라가 발전하려면 국민교육과 전문적인 기술교육과 인재양성이 기본이며 우리 나라가 자유민주체제와 시장경제를 채택하고 있으니 국가의 안보만 튼튼히 지켜 간다면 우리의 장래는 밝다. 특히 한·미 상호방위조약을 잘 지켜나가야 할 것이다"라고 말씀하셨습니다. 나는 이 대화에서 아버님께서 몸이 쇠약해 지고 마음마저 불편하실텐데 우리 겨레에 대한 깊은 사랑과 신뢰 그리고 장래에 대한 매우 긍정적인 전망을 갖고 계신것을 알고 나도 모르게 아들된 입장이 아니라 한국인으로서 깊은 존경심을 갖게되었습니다.

"우리나라 통일이 문제인데... 지금 우리나라에서 누가 통일을 위해 일하고 있는가?" 하시는 하문에는 당황하지 않을 수 없었습니다. 당시에 집권한 군사정권이 권력장악을 위해 전력을 다하고 있는 상황에서 통일문제는 안중에도 없는 것이 사실이기 때문이었습니다. 그리하여 "우리 국민 모두가 통일의 중요성을 생각하고 있지만 아직은 그 구체적인 노력을 볼 수 없습니다"라고 말씀 드렸더니 매우 못마땅해 하시면서 "그 생각만 해서는 뭣 하나. 내가 통일을 위해 한바탕 일 했으면 뒤를 이어 일하는 이가 있어야 하지 않겠나. 통일은 남이 시켜주는 일이 아니야."하시며 비탄과 함께 탄식을 감추지 못하셨습니다.

그리고 "통일이란 말로만 외치는 것이 아니라 힘을 기르는 일이며 그 노력은 모든 분야에서 이루어져야 하고 국제정치에 대한 안목과 우리를 남침했던 북한을 잘 알아야 한다"는 말씀을 덧붙이셨습니다. 그리하여 "이제는 우리나라도 많은 인재양성이 되어있고 아버님께서 힘쓰셨던 경제부흥 토대위에 통일의 역량이 축적되어 갈 것입니다"라는 나의 말에 다소간 위안을 느끼시는 것 같았습니다.

일본에 대한 문제에 있어서는 "특별히 우리가 역사의 교훈을 잊지 말아야 한다"고 말씀 하셨습니다. "우리나라가 자유세계의 일원으로 국가의 안전을 도모하는데는 미국을 비롯한 우방이 많이 있지만 일본에 관한 문제에 관해서만큼은 우리나라와 일본의 독특한 과거사 때문에 우리만의 독자적 정책이 있어야 할 것이다. 그러기위해서는 우리의 입장은 외로운 것일 수 밖에 없을 것이니 외교력이 발휘되어야 하고 한·일관계의 과거사를 교훈으로 지난날 우리가 불민하였던 민족적 과오를 되풀이 말아야 한다"고 하시며 옛부터 있어온 일본의 한국침략을 설명해 주셨습니다.

그리고 "잃었던 나라의 독립을 다시 찾는 일이 얼마나 어렵고 힘들었는지 우리 국민은 알아야 하며 불행했던 과거사를 거울삼아 다시는 어떤 종류의 것이든 노예의 멍에를 메지 않도록 해야 한다. 이것이 내가 우리 민족에게 주는 유언이다"하시며 갈라디아서 5장 1절을 일러 주시는 것이었습니다. 나는 이 말씀을 들으며 전 생애를 구국과 독립운동 그리고 자유민주 대한민국의 건국과 그 수호로 민족의 건전한 생존과 발전의 기반을 마련해 우리를 구원과 광명의 길로 인도해 주신 아버님 우남 이승만 박사께서 마지막으로 남기시는 참으로 소중한 유언이라 생각하였습니다.

아버님께서는 당신의 건강 회복이 어렵다는 것을 아시고부터는 조석으로 기도의 말씀을 이렇게 하셨습니다.

"...이제 저의 천명이 다하여감에 아버지께서 저에게 주셨던 사명을 감당치 못하겠나이다. 몸과 마음이 너무 늙어버렸습니다. 바라옵건대, 우리민족의 앞날에 주님의 은총과 축복이 함께 하시옵소서. 우리 민족을 오직 주님께 맡기고 가겠습니다. 우리 민족이 굳세게 서서 국방에서나 경제에서나 다시는 종의 멍에를 메지 않게 하여 주시옵소서"

이것은 태평양에 지는 장엄한 낙조落照와 같이 그 파란만장한 생을 마치려는 90세의 '독립투사이자 민족의 위대한 지도자'가 숨이 다할 때까지 우리 민족을 위해 축복의 은총이 임하시길 하나님께 부르짖는 간절한 '중보기도'의 모습이었습니다.

이렇게 아버님께서는 하나님이 당신에게 맡겨 주신 사명이 우리 민족의 광복과 자유수호와 국가발전임을 알고 이를 위해 성력을 다해 전생애를 바치셨지만 마지막까지도 민족통일의 과업이 숙제로 남은 것을 안타깝게 생각하고 계셨습니다.

끝으로, 건국대통령 이승만 박사를 기리고 그 뜻을 국민에게 알리기 위하여 이 책을 출판하기로 한 사단법인 대한언론인회 제재형 회장님과 이 책 발행에 결정적 동기를 만들어 주신 강승훈 부회장님을 비롯하여 회원 모든 분들께 깊은 감사와 경의를 표합니다.

2007년 초봄에 이화장에서
이 인 수

늦추는 것은 해결책이 아니다

먼저, 필자가 이 책을 세상에 내놓게 된 동기는 전쟁을 위해서가 아니라 평화를 위한 것임을 말하고 싶다. 이런 점에서 나는 때때로 오해를 받아왔다. 내 친구들과 동양문제를 논의할 때면 "자네는 미국이 일본과 전쟁하기를 원하는가?" 라고 질문을 던진다. 그것은 아니다. 그것과는 정반대로 나는 미국이 때를 놓치지 말고 일본을 견제해서 전쟁을 피해가기를 바라는 것이다. 이것이 이 책에서 필자가 말하고 싶은 핵심이다.

필자는 넓은 의미로 볼 때, 나 자신의 인간적 기질로 보나, 종교적 배경으로 볼 때 평화주의 신봉자로 유교儒敎 집안에서 태어나서 유교 교육을 받고 자랐다. 공자孔子는 "무력武力정치는 야만정치이기 때문에 전쟁은 문명의 영역 밖에 존재하는 비문명적인 것"이라고 정의하였다.

한국은 2000년 이상 유교사상儒敎思想의 높은 문명수준을 유지해 왔다. '평화' 라고 하는 말은 철학·정치학·문학의 각 분야에 있어서 우리 민족의 지배적인 원칙이 되었으며 이것은 일상생활의 가정어家庭語가 되었다.

기원 전 2317년 단군시조始祖에 의해서 바로 나라의 이름으로 지어졌고 아침의 평화로운 땅 '조선朝鮮' 은 기원전 1122년에 그 뒤를 이은 기자箕子 왕조의 새로운이름도 '아침의 평화로운 땅 조선朝鮮' 이었다.

한국인들은 서로 인사를 주고받을 때 서양식 표현은 "어떠하십니까? How do you do?" 또는 "잘 가십시오! good-bye"라고 표현하지 않는다. 반면에 한국에서는 "안녕하십니까? Are you in peace?", "안녕히 가십시요, Go in peace!", 또는 "안녕히 계십시오 Peace be with you" 등으로 인사하고 있다. 이러한 환경 속에서 태어나고 자라난 나는 원초적으로 평화주의자이다.

그러나 서양문명의 도래와 함께 군사적 정복이라고 하는 서구적 개념과 함께 우수하고 현대화 된 무기가 등장하게 되었다. 약삭빠른 모방자인 일본은 곧바로 이 현대식 무기를 갖고 서양의 군대정신으로 무장하였다.

이와 같이 만반의 준비가 갖추어지자 일본은 한국에 와서 머리를 숙이는 척하며서 친선을 요구하며 이렇게 말했다.

"우리들은 당신네들의 가까운 이웃나라로서 친구가 됩시다.

세계 각 국은 서로 문호를 개방하고 있습니다.

약소국이든 강대국이든 간에 모든 국가를 보호해 줄 국제법과 국제조약이 있습니다.

우리들을 의심하지 말고 부디 믿어주십시오"

보수적인 한국 조정은 유사시에는 나라를 보호해준다고 하는 열강들의 조약을 어린아이처럼 믿고 국가방위에 대한 아무런 준비도 없이 일본인에게 모든 것을 개방해 버렸다.

필자가 이에 대한 위험을 인식하고 우리나라의 독립생존에 대한 급박急迫한 위협을 국민들에게 알리기 시작한 것은 청·일전쟁이 끝난 직후인 1895년부터이다. 필자는 한국 최초로 일간신문을 발행하여 그 신문의 문서를 통해 당시의 경쟁국인 일본과 러시아가 무엇을 획책하고 있는가를 국민들에게 알리기 위해 전력을 다하였다.

우리는 많은 애국지사들의 협력을 얻었고, 상당수 국민들을 궐기케 하여, 우리와 함께 국가방위 계획에 참여시키는 데에 성공하였다.

그러나 불행하게도 조선 조정에서는 이 정세를 제대로 이해하지 못하고 우리 국민 운동을 억압하였다. 보수파와 국민운동파의 오랜 투쟁 끝에 보수파들이 승리하게 되자 필자는 많은 동지들과 함께 투옥되어 약 7년간 감옥에서 세월을 보냈다.

1904년 러·일露·日전쟁이 시작되었을 때, 국민운동파들이 잠시동안 정권을 잡게 되어 필자는 감옥에서 나오게 되었다. 그러나 필자가 서울 감옥의 낡은 철문을 나올 때는 조선 궁정안의 러시아Russia 세력은 소멸해버린 상태였다.

겉으로 한국독립의 옹호자인 척 보이며 서양국가들로부터 도덕적 지지를 받고 있던 일본은 이미 그들의 맹방인 이 나라의 생명에 죽음의 쇠사슬을 단단하게 졸라 매오고 있었다.

한국의 신 정부는 미국으로 하여금 일본의 대對조선 정책에 대하여, '중재권을 행사하도록' 요청하는 특사로 필자를 미국에 파견 하고자 노력하였다.

그러나 우리를 아주 경악케 한 것은, 일본이 한국 정부가 빠져나갈 수 있는 돌파구를 미리 막아 외부세계에 직접적인 구원을 호소할 수 없도록 해 버렸던 것이다.

그때까지도 한국의 국민운동파들이 자기들 편이라고 생각하고 있던 일본인들은 우리의 일거일동을 철저하게 감시하였다. 그리하여 필자는 1904

년 11월 초에 조국을 떠나 급히 미국으로 건너갔다. 일본인들은 필자가 민영환閔泳煥공과 한규설韓圭卨 대신으로부터 받은 중요한 외교서한을 가지고 있었다는 것을 알지 못했다. 이것은 또 다른 얘기이므로 여기에서 더 이상 말할 필요는 없을 것 같다.

이와 같이 필자 자신의 일을 기술하는 것은 외부세계의 시선으로부터 조심스럽게 숨겨져 있던 사실들을 필자가 무대 뒷면에서 바라 볼 수 있는 입장에 처해 있었다는 것을 알려주고자 하기 때문이다.

이 당시에 한국인으로서는 앞으로 어떠한 사태가 발생할 것인가를 예언하는 천리안적인 통찰력이나 선견지명에 밝은 정치인이 없었다.

사실, 당시에 있어서는 잘 교육 받은 모든 일본인들은 현재 그들이 알고 있는 것과 같이 언제 무엇이 어떻게 일어날 것인지를 잘 알고 있었다. 다만 지금과 다른 것은 그때 일본인들은 입 밖으로 말을 할 수 없었다.

그러므로 필자는 미국인들에게 여러 가지 사정에 대해서 진지하게 말하고 싶었던 것이다. 1905년 미국인 대부분은 10년 전의 한국 사람들이 그러했던 것과 마찬가지로 정세를 판단하지 못하고 있다는 것을 알았다.

한편, 이러한 문제에 대하여 대단히 정통한 저명인사로 이와 같은 사실을 미국 시민들에게 널리 알리기 위하여 열정을 다하고 있는 분들과 함께 노력하였으나, 대부분 미국인들의 정서가 지나치게 친일 쪽으로 치우쳐 있었으므로 일본인들에게 불리한 이러한 소리는 아무도 믿으려 하지 않았기 때문에 어찌할 방법이 없었다.

따라서 우리들의 경고는 광야에서 들려오는 메아리 없는 외침일 따름이었다.

다시 한번 한국을 바라보자. 만약, 한국인들이 1894년에도 도요토미 히데요시豊臣秀吉의 한국침략이 실패로 끝난 1592년 당시와 같은 마음으로 일본을 상대했더라면 오늘날 우리들이 빠져있는 비참한 처지로부터 우리 자신들을 구할 수 있었을 것이다.

바꾸어 말하면, 미국인들이 1894년과 1904년에도 오늘과 같이 일본을 봤다면 일본의 한·일합병을 의심의 눈으로 보았을 것이고, 현재 태평양 연안에 있어 강력한 위험이 되고 있는 일본 해군력 확장에 대처하기 위하여 한 발 앞서 노력했을 것이다.

여기서 이러한 쓰디 쓴 경험을 되돌아 보고자 하는 것은 미국으로 하여금 일본을 감시해야만 한다는 경종을 울리고 싶은 바램 때문이다. 따라서 필자는 모든 미국인들이 현재 직면하고 있는 심각한 정세를 깨닫고 있으리라고 믿는다.

그들은 수 년 전 일이었다면 다행히 시의적절한 몇 마디 경고성 발언이나 확고한 태도를 보이는 것만으로도 문제를 피해 갈 수 있었지만 지금은 그렇게 손쉽게 피해 나갈 수 없다는 사실을 절실하게 느껴야 한다. 현안문제를 반드시 해결하고 넘어 가야 할 것이며, 문제의 해결이 빠르면 빠를수록 더욱 더 유리하게 전개될 것이다.

늦추는 것은 결코 해결책解決策이 아니다.

산불은 저절로 진화되지 아니한다. 타오르는 산불은 점점 가까이 다가오고 있다. 수 년 전만 해도 그렇게 절박했던 곤경이 귓가에 겨우 들릴 듯 말 듯 한 속삭임일 수밖에 없었다. 고통은 그 정도로 먼 곳에 있었다.

이는 마치 화성이나 혹은 지구 저편의 행성에서 일어난 일들처럼 관심 밖의 일로 치부되어 왔던 것이다. 그러나 얼마 후 멀리 저쪽으로부터 솟아 오르는 연기 기둥이 보였고, 구름에 반사되는 화염이 보였으며, 때로는 타오르고 있는 나뭇가지들의 요동과 '푸직푸직' 튀는 소리까지도 들려 왔다.

이 불꽃은 미국인들이 마음 놓고 있거나, 혹은 염려가 되어 경계시키게 하기에는 너무 먼 곳에 있었다. 그러나 지금의 국제정세는 돌변한 것이다. 미국인들은 이미 열을 느끼고 있다. 여러분들의 안녕을 삼켜버릴 정도로 사나운 불길이 되어 가까이 다가오고 있는 것이다.

더 이상 이 불길을 도외시하는 것은 위험하므로 가정과 직장에서 밖으로 나오지 않으면 안 된다. 미국은 이제 동양에 있어서 국제적 해결을 포기하지 않으면 안 된다.

사업투자나 선교교회, 대학·병원 등 그 밖에 미국인들이 소유하고 있는 모든 설비를 잃어 버릴 것이다. 태평양은 이제 '일본의 뒷뜰'이라고 일본이 말하고 있듯이 그들이 독차지하고 있으므로 미국은 이제 태평양에서 군사기동 훈련도 할 수 없을 것이다.

또한 일본인들은 필리핀마저 욕심내고 있기 때문에 필리핀군도에 대해서도 어떻게 하면 좋을 것인지 알지 못하고 있다.

일본이 반대한다고 생각되기 때문에 전초도서前哨島嶼를 요새화 할 수가 없고 요새화에 대한 말도 꺼내볼 수조차 없을 것이다. 이뿐만이 아니다. 미국본토 내에 있어서도 일본 국민의 대거 유입을 제한하는 법률을 제정할 수가 없게 된 것이다. 왜냐하면 일본은 그들 민족에 대한 모욕이라고 여기기 때문이다.

그리고 일본이 고의로 미국의 선박을 폭격하거나 격침시켰어도 그것을 비난 할 수가 없을 것이다. 왜냐하면 일본인은 자존심이 매우 강하고 예민한 민족이므로 그들의 감정을 상하게 하면 안 되기 때문이다. 이러한 사태는 지금에 와서 현실적으로 발생하고 있는 일부분에 지나지 않는 것이다.

그래도 미국인들은 화산火山이 아직도 멀리 있다고 팔짱만 끼고 있겠는가? 그런데도 한국인과, 만주인과, 중국인들에 대하여 "당신네들의 싸움이니 당신들이 알아서 싸울테면 싸워봐라 우리와는 무관한 일이다"라고 말할 수가 있는 것인가?

필자는 이 책을 통해서 이같이 복잡한 질문들에 대해서 해답을 얻고자 노력했다. 그것에 대한 답은 내가 하는 말 속에 있는 것이 아니라 실제로 일어난 사건들 속에서 발견할 수 있다.

이러한 관점에서 볼 때, 우리는 중·일전쟁의 전반에 걸쳐서 관심이 있는 것이 아니라 일반적으로 외국인들에게 특히 미국인들에게 영향을 미치는 전쟁의 한 국면에 대해서만 관심을 갖고 있다.

멈추지 않고 계속되는, 불가항력적인 전쟁의 수레바퀴는 앞으로 움직이고 있고, 그 전쟁의 수레가 지나가는 자국 뒤에는 문명과 인도주의의 파괴만이 있을 뿐이다. 그것은 또한 엄청난 파괴력을 내포한 채 우리 곁에 다가오고 있는 것이다.

이런 공포에 둘러싸인 세상은 아연실색 "이것이 도대체 무슨 까닭인가? 왜 그들은 이러한 짓들을 서슴치 않고 하는가?"하고 자문하고 있다. 그 까닭은 동양의 천황天皇과 서양의 파시시트와 나치스트가 세계를 정복하려고 하기 때문이다. 그들은 강대하고도 기계화 된 군대를 갖고 있기 때문에 그들로 하여금 전 세계를 지배하는 것이 그들에게 주어진 운명으로 믿고 있는 것이다.

1941년 3월
이승만

Contents

Contents

제 **1** 부

황권신수설皇權神授說과 전쟁 심리

Japan's Divine Mission
and War Psychology

1

황권신수설皇權神授說과 전쟁 심리

Japan's Divine Mission and War Psychology

민주주의를 수호하기 위해서는 미국시민들은 현재의 세계정세를 직시直視하고 신속히 대비하는 동시에 자유를 지켜내고 또한 잃어버린 자유를 되찾기 위해 고군분투하고 있는 모든 세계인들과 상호 긴밀한 협력이 절실히 요구된다.

미국은 서구 뿐만이 아니라 전 세계의 평화와 안전에 관한 세계적인 큰 문제를 해결하기 위하여 선두에 서서 능동적인 역할을 맡아주어야만 한다. 이 세계가 민주주의와 독재주의로 양분되고 있는 한 평화와 안전은 기대하기 어려울 것이기 때문이다.

세계는 이 양자 중에 어느 것 하나를 선택하지 않으면 안된다. 지금 이 중대한 시점에서 세계의 민주주의를 지탱할 수 있을 것인가 아닌가는 미국 국민들이 어떠한 행동을 취하는가에 따라서 결정되는 것이며, 이것은 미국인들에게 대단히 막중한 역할이다.

10년 전이나 20년 전만 해도 이 과제는 보다 손쉬웠을 지도 모른다. 그런데 전제주의국가들이 전쟁준비에 몰두해 있는 사이에 미국시민들은 잠자고 있었던 것이다. 만약 미국이 평화에 대한 그릇된 가치관에 빠져 있는 한 도망할 곳은 아무 곳에서도 찾을 수 없을 것이다.

드디어 미국 정부와 일부 미국 국민들은 부분적이긴 하지만, 현실을 깨닫고 가능한 한 빠르게 필요한 물자 확보를 서둘러 추진하고 있다. 그렇지만 물자의 준비만으로는 충분하다고 말할 수 없다. 미국국민들이 피할 수 없는 위험이 닥쳤을 때 그 위험에 대비할 수 있는 준비의 중요성이란 아무리 높게 평가해도 오히려 모자랄 것이다.

일본은 예전부터 정신력의 가치를 중요시하고 온 국민의 정신무장화에 여념이 없었다. 일본은 지금도 전쟁심리의 발달면에서는 독일을 제외하고는 세계 어느 나라보다 훨씬 앞서 있다.

여기에 나타나 있는 사상의 일부는 행동적인 서양인의 관점에서 보면 환상적이고 어처구니없는 것으로 보인다. '현대화 된 사람들'은 온갖 모순과 허구로 점철된 신화를 믿지 않을 지도 모르겠지만, 사실 대다수의 일본인들은 그것을 믿고 있을 뿐만 아니라, 그들은 그러한 믿음을 가지고 목숨을 초개같이 버리며, 마치 그것을 입증이나 하려는듯이 맹목적으로 준비를 하고 있는 것이다.

이 정신적 무장에 '천하무적無敵'의 육·해군을 보유하고 세계를 정복하려는 결의를 하고 있는 것이다. 그들에게 정복되지 않으려면 우리는 일본의 통치자들 뒤에 숨겨져 있는 신성사상神性思想의 연구에 응당 각별한 관심을 가져야만 한다.

〈재팬 애드버타이저Japan Advertiser〉지는 1919년 5월 9일자 일본신문 〈니로쿠二六〉지의 다음과 같은 사설을 번역 게재하였다.

"세계의 평화를 보존하고 인류의 번영을 증진하는 것은, 일본 황실의 사명이다. 하늘은 황실에게 이 사명을 완수하는데 필요한 모든 권능을 부여해 주었다. 이 사명을 완수하려는 황실은 인류의 존경과 숭배의 대상이고 영구히 집정 대권을 장악하고 있다. 이러한 일본 황실은 당연히 신神과 같은 존경을 받아야 하며 박애博愛와 정의正義의 화신化身으로 존재되어야 한다.

황실의 대원칙은 신민臣民의 이익을 최고, 최대로 추구하는데 있다. 일본 황실은 6천만 일본 신민뿐만이 아니라 지상에 있는 전 인류의 어버이로서 존재되어야만 한다. 황실 앞에서 모든 민족은 모두 같은 민족이며 모든 민족이 갖는 각기 사상을 초월하고 있다.

따라서 인류의 모든 분쟁은 황실의 순결한 정의에 의해서 해결되어야만 한다. 전쟁의 공포로부터 인류를 구하기 위하여 제의된 국제연맹은 일본 황실을 지상 최고地上最高의 존재로 받들어 모심으로서만이 그 궁극적 목적을 달성할 수가 있다.

왜냐하면, 국제연맹의 목적을 달성하기 위해서는 최강의 토벌군討伐軍과 초국가적이고 초민족적인 기상氣像을 견지하지 않으면 안 되기 때문이다. 오로지 그 힘은 일본 황실에서만이 찾을 수가 있다."

일본인들은 그들의 지배자를 소위 '황제'라 부르지 않고 '텐노' 즉, 천황天皇 '하늘의 왕'이라 부르는 오류를 범하고 있다. 그들은 이 천황天皇이라고 하는 말을 입으로 부를 때마다 머리를 숙이면서 모자를 벗는다. 그들은 천황을 다른 국가의 제왕이나 군주와 동일하게 취급하지 않는다. 천황은 제왕이나 군주보다 더 위대하다고 생각하기 때문이다. 천황이 극지존極至尊의 존재자인 것이다.

그 신성神性은 모든 공식문서나 각 학교에서 배우고 있는 국사에 명시되어 있다. 학자·철학자·법률가·작가들은 모두 이러한 가장 중대한 교리를 배우고 가르치고 있다. 니토베 이나조新渡戶稻造와 같은 서양에서 공부했던 위대한 기독교 지도자들도 일본의 통치자를 '천지간의 극지 존인極至尊人'이란 최상의 존칭을 사용한다.

더욱이, 광신적인 애국자들은 천황의 기원을 지구의 창조설화에까지 거슬러 올라간다. 소위 그들의 개국 신화에 의하면 '이자나기伊邪娜奇'와 '이자나미伊邪娜美'라고 하는 신이 결혼을 해서 일본의 모든 섬을 만들었다.

따라서 일본제도諸島는 지구상 다른 섬들과는 특별한 땅으로 구분한다. 다음에 이 신들은 태양의 여신女神인 아마테라수大御神를 낳았다 하고, 그의 직손이 일본의 통치자가 되었다고 한다. 최초의 제왕은 신무천황神武天皇이다. 일본제도의 탄생신화는 〈고사기古事記〉에 다음과 같이 기록되어 있다.

"이자나기신과 이자나미신 부부夫婦는 다른 천신天神들에 의하여 천교天橋로부터 표류하는 땅을 낳으라는 명을 받아, 그 중 남신男神은 그의 보창寶槍을 태고太古의 바다에 꽂았다. 이때 나타난 응괴凝塊현상의 결과로 일본열도列島가 생성生成되었으며, 그 보창에서 흘러내린 나머지 자국들이 흘러 내려간 곳마다 그밖의 세상이 이루어졌다. 따라서 모든 국가는 일본국에 대하여 극진한 감사를 드려야만 할 것이다. 왜냐하면 일본국의 창조에 따라 나머지 세계가 생겨난 것이기 때문이다."

일본의 신성에 관한 얘기는 이것만이 아니다. 일본의 신성은 천황과 국토뿐만이 아니라 신민들도 신성의 일부분으로 간주한다. 일본의 원주민들은 모두가 남신男神과 여신女神이었다. 그 후예後裔가 지금의 태양의 자손인 대화大和족이다. 다른 인간들은 모두 그 아래에 속하는 자들이다. 일본인은 신의 후손인 까닭에 그들은 "용맹성과 지혜에 있어서 다른 나라의 민족보다 월등 우수하다"라고 말하고 있다.

일본은 신의 민족인 대화족인 까닭에 누구나 어느 정도는 신격神格이라고 하는 가르침을 받고 그대로 믿고 있다. 모든 아이들에게 조차,

(1) 일본의 천황은 오직 유일신唯一神으로서의 통치자이고
(2) 일본만이 오직 유일신의 국가이고
(3) 일본만이 신의 신하이므로 일본은 세계의 빛이 되지 않으면 안된다

고 하는 신념을 갖도록 가르치고 있다.

전장에서 죽은 병사나 천황을 위하여 몸을 희생한 애국자는 하나의 완전한 신이 되어 극락신의 일원이 된다는 것이다. 이른바 황통皇統은 기원 후 7백 년 경에 날조되어 막부幕府정치가 폐지되면서 천황이 왕권을 복고한 70년 전에 겨우 완성되었다.

일본인에게는 이 얘기가 어떠한 기원을 갖고 있는지에 대해서는 전혀 문제가 되지 않는다. 일본인들은 모두 그들의 천황과 국토와 국민이 신성하다고 믿는다. 말할 필요도 없이 이것은 일본 민족이 주창하는 위대한 단결력과 추진력의 이론적 배경이다. 즉 '각 개인들은 별로 중요하지 않지만 단결하면 전능한 존재가 된다'고 하는 의미에 있어서 '일본은 7천만의 신으로 이루어진 강력한 전쟁도구'인 것이다. 근래에는 다른 모든 신앙이 쇠락衰落해 가는 것에 반해서 이들 신도神道의 교리만은 최고의 것으로 융성되어 가고 있다.

일본 정부는 일본 및 한국 내에 있는 기독교회에 대해서, 그 행정 관할권한을 일본인에게 이양할 것을 명하고는 많은 제한을 부과하였다. 〈뉴욕타임즈The New York Times〉지의 휴그 바이어스Hugh Byas 특파원은 1940년 8월 28일 도쿄에서 다음과 같이 타전하고 있다.

"일본 기독교계로부터 외국의 영향을 근절시키려는 운동은 급속도로 진전되고 있다. 잠정적으로 순수 일본기독교회와 가칭으로 되어 있는 국수國粹적 교회가 조직되었다.

거기서, 태양의 여신 천조대신天照大神이 일본제국을 창건한 지 2,600년이 되는 전통 기념일인 10월 17일을 기하여, 이 새로운 교회를 국교 수준으로 설립하려는 노력을 경주하고 있다"

이 운동은 지금 일본을 휩쓸고 있는 극단적인 국수주의적 파동의 일부가 되고 있으나 일본의 기독교인들은 미국인이나 그외 외국인 선교사에 대해 적의敵意를 나타내지는 않는다.

일본인들은 이와 같은 이인종異人種 융합식의 애매한 태도를 통하여 외국으로부터의 거부에 대한 손해를 보충하는 수단으로 사용하고 있다.

신앙의 자유를 신봉하고 있는 우리들은 다른 국민의 신앙생활까지 개입하지는 않겠다. 그들이 그들의 천황·국토·국민, 그리고 일본에 존재하는 모든 생물에 이르기까지 신성이 있다고 믿는 것도 그들의 특권이므로 그것을 가지고 이러니저러니 하고 말할 필요는 없다.

결국, 인류가 신에 의해 기원되었다고 하는 그들의 이론은 유인원류類人猿類의 진화로 이어져 왔다는 서양의 사상보다 우수한 것처럼 들릴 수 있다. 그들은 "하늘의 자손이므로 다른 민족보다 우수하다"고 하는 것을 믿고 싶다면 그렇게 믿게 내버려 두면 된다. 그러나 그것만이 전부가 아닌 것이 문제이다.

그것은, 그들의 천제天帝가 지배하는 세계를 만들기 위해서, 전 세계를 정복해야 한다는 주장을 바탕에 깔고 있는 것이다. 그들에게는,

"천제天帝만이 하늘이 내린 유일한 황제皇帝이므로 그분이야말로 한 우주의 합법적인 통치자이고, 그 육·해군은 세계를 구원하기 위하여 하늘로부터 파견 되었다"

고 하는 논리적 결론에 따라 하늘에 두 개의 태양이 없는 것과 같이 이 세계에도 단 한 명의 통치자만 있어야 된다는 것이다.

그러므로 모두가 갈망하고 있는 세계평화도 오직 일본의 통치권을 통해서만 얻을 수가 있어야 된다는 것이다. 그리고 '아시아의 신질서'를 확립하는 것은 일본이 하늘로부터 부여받은 사명이라는 것이다.

그 이유는 '일본만이 극동에서 오직 유일한 안정세력'이라는 것이다. 현재 일본이 그들의 주장을 아시아와 극동에만 한정하고 있는 것은 그들의 간교한 속셈을 조심스럽게 드러내고 있기 때문이다.

그러나 그들은 '아시아의 신질서'를 '세계의 신질서'로, '극동에서의 안정세력'을 '전 세계에서의 안정세력'으로 확장해 나갈 것이다. 일본군사교과서日本軍事教科書에 "우리 일본 신민日本臣民들에게 항구적이고 절대적인 지상명령을 부여 받았다"는 신무천황神武天皇의 조칙詔勅에 이렇게 쓰여져 있다.

"우리들은 전 세계를 혼란과 파괴로부터 구하라고 하는 하늘의 명령을 받고 있는 까닭에 우리의 전 영토 위에 우리의 도시를 구축할 것이다"

1931년 당시, 남만주 철도회사의 총재였던 마쓰오카 요스케松岡洋右는 다음과 같이 공언하였다.

"대화민족의 사명은 인류가 악마가 되지 않도록 방지하고 모든 파괴로부터 구원하여 광명의 세계로 이끄는 것이라고 확신한다"

화투라柱백작도 귀족원에서 일본의 민족정신만이 혼돈에 빠진 세계를 구할 수 있다고 선언하고 있다. 일본 국내의 신문 등도 "전사한 군인들의 혼이 천황의 특별한 제식制式에 의해서 신으로 변화되어, 중국에서의 침략전쟁에서 생존한 병사들과 함께 싸우고 있다"고 거리낌 없이 주장하고 있다. 일본군이 상하이上海에 상륙할 수 있었던 것은 그들의 신이 가장 적절한 바람의 방향을 전환해 줬기 때문이라고 믿고 있다.

⊙ 1932년 1월 28일 상해사변이 일어났다. 상해사변의 전투는 시가전이었다.
일본군은 무차별 공격으로 미국·영국의 비난을 받았다.

⊙ 일본인 살해용의로 체포된 중국인. 그는 그날 바로 처형됐다.

왜냐하면, 그들은

"세계의 전 민족을 한결같이 행복하게 하기 위한 성전聖戰을 위해서 종군하고 있기 때문이다. 이것이 제국帝國의 개국 이래 일본의 이상이고 민족적 대망이었고, 또 우리는 이 지구상의 모든 불의와 불공평을 일소하여 인류에게 영원한 행복을 안겨주려 하고 있기 때문이다"

라고 말하고 있다.

그래서 그들의 해석을 빌리자면 그들의 성전은 '서양의 모든 성스럽지 못한 요소에 대응하는 행동'이라는 것이다. 이 말의 의미에는 서양에 대한 그들의 전쟁은 단순히 군사적인 것만이 아니고 본질적으로는 종교적인 것이고, 정치적인 것으로 간주되는 것이다.

종교 면에 있어서, 일본은 신도神道적인 천황숭배天皇崇拜를 최고의 국교로 확립시켰기 때문에 외국 선교사들이나 기독교회에 대해서 십자군운동을 행하고 있음을 우리는 이미 보았다. 이 싸움을 방임하게 되면 그들의 지배하에 있는 전 지역에 걸쳐 이와 같은 십자군 전쟁이 행해지게 될 것이다.

그들의 인생철학 면에서 보면 "단 하나의 최상 종교만 있을 뿐이며 한 국가 내에 서로 충돌을 일으키는 두 개 이상의 종교가 있으면 평화를 교란시킨다"고 하는 것이다. 따라서 그들이 획책하고 있는 '신질서'란 진정한 종교의 자유에 역행하는 야만적 십자군 운동을 뜻하는 것이다.

정치적으로, 자유와 평등의 민주주의적 개념은 일본의 정부제도와는 정반대로 상충되는 것이다. 신의 부류에 속하는 지배계급은 일반 대중과 달리 하늘처럼 높지 않으면 안된다.

이 천부天賦의 질서를 방해하는 개인적 자유는 허락되지 않는다. 이러한 정부의 원칙에 따라, 소위 출판의 자유나 언론의 자유라는 것은 마치 독약이 인체에 유해한 것과 같이 일본 정부조직에는 위험천만한 것이 된다.

미국과 같이 국가원수에 대한 공공연한 비평이나 비난은 일본에서는 전혀 들을 수가 없다. 파업을 하는 것은 인권을 행사하는 하나의 행위이지만, 이러한 행위들은 일본에서는 사회적, 경제적 생활에 대한 해악으로 간주된다. 국가 원수를 '공복公僕'이라고 부르든가 그의 관저를 '백악궁'이라 하지 않고 '백악관'이라 하면 질서를 혼란시키는 것이 된다.

이와 같은 여러가지 사항들은 민주주의 원리의 일부로서 일본의 자유주의자들이나 그에 동조하고 있는 사람들에게 영향을 미쳐서 일본의 제국주의를 반대하는자와의 싸움을 두려워 하지 않을 것이라고 말 할수 있겠다. 이런 맥락에서 본다면 일본은 미국의 보편적인 민주적 정치제도를 박멸하고자 싸우고 있는 것이다.

과거 반세기 동안 그들이 성취한 경이로운 발전상으로 비추워 볼 때 그들이 오만하게 날뛰고 있는 것도 이상한 일은 아니다. 그들도 우리들과 같은 보통의 인간이기 때문인 것이다.

그들은 수세기 동안 작은 섬나라에 갇혀 살던 신체도 작고 생각도 미개한 왜소한 민족이다. 그러다가 어느 날 갑자기 신화와 같이 눈앞에 신천지가 열리고, 그들에게 새로운 세계, 새로운 문명, 그리고 새로운 생활방식을 수용하게 되었던 것이다. 어항에서 자란 물고기가 갑자기 큰 호수로 던져진다 하여도 원래 호수에서 자라던 물고기들과 똑같은 자유로움을 느끼지는 못했을 것이다.

그 중에서도 가장 진기한 것은 문명인에 의한 새로운 전쟁도구와, 군사적 전술과, 신과학기술이 마치 하늘에서 내려온 것처럼 그들의 수중에 들어왔던 것이다.

그 후, 그들은 얼마나 많은 군사적 승리를 떨쳤는가! 어찌 과대망상증에 걸리지 않겠는가? 그러하니 그들은 자연히 자기들이 '천하무적'이라고 기고만장할 수밖에 없지 않겠는가?

전 세계는 하나같이 그들을 극구 칭찬하였다. 만약의 경우, 일본이 세계를 향하여 그들이 보여주고자 하는 외적인 것만 본다고 하면 이 세계는 높은 교육과 지성이 있음에도 불구하고 상대를 쓰러뜨리기 위하여 용의주도하게 함정과 흉계를 찾아낼 수 없을 것이다.

에이브라함 링컨Abraham Lincoln의 유명한 격언인 "언제까지나 모든 사람들을 속일 수는 없다You cannot fool all the peple all the time"라고 하는 진리도 여기서는 통하지 않을 듯 싶다.

일본인들은 과거 반세기동안 세계 사람들을 속여 왔으며 이제 와서 마침내 양의 탈을 벗고 늑대의 이빨을 드러내고 있는 것이다. 그러나 이 세상의 대부분은 이 사실을 믿으려 하지 않고 있다. 그래서 아직 일본인들은 서양인들이 자국의 신성한 상징으로 존경하고 있는 국기를 모욕하고 있지 않다고 말하는 것인가?

과거는 그렇다 치고 지난 3년 동안 중국에서 일본 군국주의자들은 미·영 양국 시민들의 생명과 재산을 유린하고 파괴하지 않았다는 것인가? 그러나 서구 열강들은 속수무책으로 오랫동안 쌓아 온 제해권制海權도 미카도天帝의 군대 앞에 무력하게 무너져 버렸다.

⊙ 1914년 2월 3일 일본잠수함기지에서 훈련중인 일본군함.

일본인들이 과거에 그렇게 경이할만한 기적을 이루어 냈고, 앞으로도 더 많은 기적을 이루어 내고자 하는 것은 그들 통치자들의 선조인 제신諸神이 함께 있다고 믿기 때문이다.

그들은 이런 신도적神道的 신비주의를 극단적인 애국심과 결합시켰다. 그리고는 특수한 전쟁심리를 서서히 발전시켰다. 일본은 개국 이래 섬나라에 갇혀 있다가 해외로 발걸음을 돌리려 했던 과거 수세기 동안의 노력이 아시아 본토 사람들에 의해서 실패로 끝나게 되자, 자연 그들의 유전적인 민족적 야망은 필연 군사력으로 해외를 정복하려고 한 것이었다.

야망은 음모의 아버지이다. 이와 같은 야망으로부터 전쟁 도발정신이
발달되어 '사무라이'라고 하는 오만 무쌍한 전사戰士민족을 태동시켰다.
후에 개화開化를 통해서 서양 제국諸國과 국교를 개시할 때 그들은 크게
발달한 서양의 국가주의와 애국심의 사상적 개념을 받아들이고, 서양의
모든 생활개념에 적응하는 한편 호전적인 애국심의 발로에 따라 막부幕府
정치 시절에 널리 행해졌던 봉건왕조封建王朝에 대한 충성심을 배양하는
사상적 온상이 되었다.

천황숭배의 광신도적 사상과 함께 '전쟁 예찬' 사상이 강성하였다.

국토 확장의 목적에 따라 전사戰士들을 신봉하는 사상은 거의 종교화
되어 버렸다. 이와 같은 환경 속에서 태어나 애국적 군국주의 교육을 받
고 세뇌화洗腦化 된 모든 일본인들은 천황에 대해서 똑같이 숭배하는 태
도를 보이고 있다.

그들은 천황을 위해서 죽는 것을 지상 최대의 영광으로 생각한다는
것이다. 이러한 교육이 그들의 일상생활에 미친 영향을 1936년 7월 18
일자 〈리테러리 다이제스트The Literary Digest〉지의 다음 인용문을 통해
볼 수가 있다;

"광적인 일본 애국자의 특수한 심리는 1935년 8월 육군성 군무국장
나카다 테스싼永田三郎을 살해한 아이사와 사부로相澤三郎 대좌大佐의 진상
을 보면 설명될 수 있다. 그의 행위에 있어서 의미심장한 부분은 재판
과정에서의 증언으로 알 수 있다.

그 증언을 보면 '보다 높은 명령에 따라 행동하고 천황에 대한 최고
로 충의로운 신민으로서 행동한다'라고 믿고 있기 때문에 사전에 일본

에서 가장 신성시 되고 있는 '두 곳의 신사에 참배하고 기원했다'라고 그는 말하고 있다. 그리고 덧붙여서 다음과 같이 자기변명을 하고 있다.

'내가 살던 고향의 젊은 처녀들은 밭에서 일하는 것을 좋아한다고 생각지 않는다. 그래서 진지한 마음을 가진 청년을 양성할 기회를 잃어버렸다. 마작과 카페는 상상할 수 없을 정도로 번창하고 있다. 이런 많은 사실들을 볼 때 천황을 위하여 모든 것을 희생해야 한다는 가르침을 받은 나는 분개하고 용기를 얻었다'고 말한 후 그는 방청객을 향해서 '모두 회개하여 천황의 절대 권력을 신봉합시다'라고 소리쳤다. 그를 구하기 위한 혈서들이 법정으로 들여졌을 때 그는 눈물을 흘렸다"

1936년, 그 유명한 청년장교 혁명사건으로 16명의 육군 장교와 1명의 시민이 총살형에 처해졌다. 그들에 대한 법정의 판결은 정부각료에 대한 암살 죄가 아니고 '항복하라고 하는 천황의 명령에 반항한 죄'에 의한 것이었다. 각료에 대한 암살 죄는 그들이 고귀한 애국적인 동기에서 범행을 저질렀다는 이유로 관대하게 처리되었다. 이 군부 혁명군들에게 암살된 81세의 노정치가 다카하시高橋是清의 장남은 기자회견을 통하여 다음과 같이 심중을 토로했다.

"나의 아버지는 육군의 예산을 삭감하였다. 만약, 암살자들이 정당하다면 그들의 무죄를 주장하지 않으면 안 된다. 그들의 행위가 우리나라에 이익이 된다면 나는 아버지의 죽음을 후회하지 않는다. 두, 세 명의 정치가를 살해한 죄 보다도 천황의 명령에 거역한 죄가 중대한 것이다."

그들에게 항복명령이 떨어졌을 때, 한 명의 대위는 자살하고 또 한 명은 자신의 머리에 총을 쏴서 즉사하였다. 그들 123명의 피고 모두는 일본제국을 보다 높은 운명으로 이끄는 방법을 연구하고 계획하는 초超 애국단체의 단원들이었다.

1941년 1월 5일, 일본외상 마쓰오카松岡洋右는 남양제군도諸群島의 일본인 거주자들에게 다음과 같이 라디오 방송을 내보냈다.

"이것은 나 혼자만이 원하는 것이 아니고 전 일본이 바라는 것이다. '팔굉일우八紘一宇-온 인류는 모두 한 지붕 아래에서 살고 있다' 라고 하는 제국 창건자의 이상理想이 전 인류의 이상으로 되지 않으면 안 된다. 그 이상은 독일과 동맹으로 결합結合되어 있으니, 이 동맹 관계야말로 우리의 외교정책의 기본정신이다"

이제까지, 우리들은 이와 같이 수백만의 막강한 군대가 기계적, 정신적으로 무장되어 신속하고 불가항력적인 무력으로 전 세계를 정복하려 덤벼들고 있는 사실을 명백하게 알았다. 그뿐만이 아니라 서양의 주요 국가를 완전히 파괴할 수는 없을 지라도 일부 백인국가를 이용해서 다른 백인국가군을 물리칠 수 있을 정도는 되었다.

그러나 지나치게 이기적으로 상호간에 질투만 하고 있는 서양열강은 자기 자신들에게 유리한 행동을 꾀하고 있다고 믿고 있지만 결과적으로는 자기 자신은 물론 자기들의 전부를 정복하려는 자들의 이익을 위해 이바지하는 행동을 취하고 있을 뿐이다.

그러나 도쿄東京의 군벌들은 그들 군대의 '무적성無敵性'과 그들 통치자들의 신성神性을 과신하면서 그 자신들의 계산에 있어서의 치명적인 과오를 범하고 있다.

그들은 자기들이 정복한 인민들의 마음속에 나타나는 잠재적인 저항력은 고려하지 않고 있다. 그들의 문턱 앞에 있는 2,300만의 한국인은 오늘날 그들에게는 가장 괴로운 적이 되었다. 한국인들은 일본인의 야만적인 억압에도 굴하지 않고 무장이나 조직 없이도 언제나 끊임없이 항쟁하고 있다.

한국인들은 1919년의 '대대적 봉기 (3.1 독립만세 운동)'와 같이 기회가 주어지면 언제라도 전국적인 민중혁명을 일으킬 것이다.

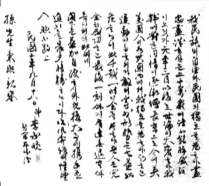

손선생 병희 친감

우리민족의 자유와 민국의 독립을 위하여 충성을 다하심은 이천만 민족이 누구인들 가슴에 새겨 감읍하지 아니 하오리까. 원년삼월 이후로 세상공론이 크게 변하여 우리나라에 대한 동정심이 점점 더해가므로 지금 영국 미국 사람들이 각기 제 나라안에서 우리 독립들 위하여 행하는 운동이 많사와다.

적의 대외 형세는 갈수록 더 외롭고 위태로운 형편이니 이야말로 천재일시의 기회를 당하여 우리들은 완전히 성공하는 최후의 일각까지 전진이 있고 후퇴는 없을 따름이외다.

이때에 각하는 더욱더 자애 하시와 광복의 대사에 대하여 손을 마주잡고 함께 나아가기를 아침 저녁으로 기도 하나이다.

바람에 임하여 이말을 부치며 받아 보시기만 빕니다.
이만 올립니다.

민국 2년 9월 18일
제 리승만
잠깐 하와이에 머물면서

⊙ 義庵 孫 棟熙 선생에게 보낸 필자의 서한(1920년)

한 때는 분열되었다고 생각되었던 4억 5천만의 중국인들도 지금은 단결해서 마치 한 사람과 같이 일본에 대항하고 있다. 이같은 기적은 일본인들에 의해서 만들어진 것이다.

옛날부터 중국과 한국은 전통적으로 맹우盟友관계에 있었고 그 관계가 지금 부활하고 있다. 그들에게 필요한 것은 충분한 무기와 전쟁물자의 보급이다. 그들에게 싸울 수 있는 무기가 주어진다면 일본을 쉽게 처치할 수 있다는 것은 이미 입증된 사실이다.

전쟁무기 보급과 막대한 인적 자원을 이용하면 미국 입장에서는 태평양에 관한 한 전쟁을 피할 수 있을 것이다. 미국과 대결하여 전쟁하겠다고 하는 일본의 공공연한 위협은 단순한 허세에 지나지 않게 된다. 영국과 중국이 양쪽으로부터 추축국가樞軸國家의 대열을 위태롭게 하고 있는 한 미국과 대항하여 전쟁에 돌입하는 것은 자살행위와 같다는 것을 그들은 잘 알고 있다.

만약, 중국에게 충분한 전쟁물자 원조를 계속한다면 일본은 더 이상 무모한 정복심을 견지할 수 없을 것이다. 필자는 35년 전에 일본의 세계정복욕이 태동하고 있음을 이미 감지하였다. 오늘날 미국에 대하여 경고하고 싶은 말은, 즉 '선과 악의 대결전' 아마겟돈 Armageddon 세계종말시기에 선과 악의 대결전, 세계의 대결전장.을 실행할 절대적이고 단호한 태도를 취하는 길만이 일본으로 하여금 무모한 정복욕을 잠재울 수 있는 길이 될 것이다.

제 **2** 장

세기의 괴문서 타나카田中 메모

Tanaka Memorial

2

세기의 괴문서 타나카田中 메모
Tanaka Memorial

여러개의 작은 섬에 갇혀 살던 일본의 전통적인 야심은 영토 확장에 있다고 하는 것을 한국과 중국은 잘 알고 있었다. 양 국은 극동의 평화를 위해서 그들을 섬에 그대로 가두어 놓고자했던 것이 전통적인 정책이었다.

일본은 아시아 대륙 정복을 시작하기 위해 우선, 조선에 대한 침략을 반복했지만 매번 실패로 끝났다. '일본의 나폴레옹'이라고 불리우는 도요도미 히데요시豊臣秀吉에 의한 최후이면서 가장 파괴적인 1592년의 전쟁인 임진왜란은 조·중 연합군에 의해 철저하게 패배했지만 그 대신 조선은 손을 쓸 수 없을 정도로 황폐되었고 그 파괴는 완전하게 회복할 수가 없었다.

그때부터 1876년까지 조선의 쇄국정책이 물 샐 틈이 없을 정도로 완벽했기 때문에 일본인이나 중국인은 특별허가가 없이는 어느 누구도 입국할 수가 없었다. 이렇게 해서 '조용한 아침의 나라' 조선은 그 조용함을 유지함으로써 '은자隱者의 왕국'이라고 불려지게 되었다.

히데요시의 침략이 조·중연합군에 의해서 격퇴되었지만 사무라이 민족은 '세계정복의 꿈'을 버리지 않았다. 그러면서 그들의 세계관은 사해내四海內라고 하는 아시아 대륙의 범위 안에 머물러 있었다.

그러나 새로운 시대는 동양의 정적靜的이었던 문화가 서양의 동적動的인 문화를 접하기 시작하면서 모든 것이 일변해 버렸다. 당초에는 동양 문화가 저항하였다. 그러나 그들은 바로 사해 밖에 있는 서양의 문화가 동양 문화보다 월등 우월한 것을 발견하고는 굴복하고야 말았다.

학자적인 머리를 갖고 있는 중국인과 한국인들이 서양의 철학·문학·종교를 그들의 것과 비교해서 연구를 시작하는 동안 큰 야망을 품은 사무라이 민족은 바로 서양 전쟁무기의 우수성을 알고 그들 목적에 도입시켜 받아들였다.

이렇게 현대 무기를 도입하여 군장비를 갖춘 후에는 세계를 정복하겠다고 하는 욕망이 마치 떠오르는 태양이 그들의 섬나라를 비추듯 서서히 그들의 마음에 싹트기 시작했다.

1894년, 일본은 신무기와 미국·영국의 원조에 의지하여 아무런 준비도 갖추지 않고, 또 아무런 의구심도 없는 청나라를 기습 공격하여 거대한 청제국을 굴복시키면서 그들의 전통적인 꿈이 실현될 가능성을 깨닫게 되었다.

일본은 이 승리에 도취되어 또 다른 전쟁준비에 광분하여 1904년에는 러시아와의 한판 승부를 결하게 되었다. 이 전쟁을 일으키기 전에 일본정부는 한국정부와의 공수동맹攻守同盟을 제안하였고 한국은 이를 승인하였다. 이 동맹에 의해서 한국은 일본군이 한국 영토를 통과할 수 있도록 한반도를 개방하였으며 일본은 평화가 회복되면 즉각 군대를 한국에서 철수할 것을 엄숙하게 맹서하였다.

이와 같은 양해하에 한국군은 일본군과 어깨를 나란히 하여 만주로 진격해서 러시아군과 싸우게 되었다. 그러나 전쟁이 끝나자 일본은 약속을 일방적으로 무시하고 중국 국경으로부터 개선하는 장병을 한국 땅에 가득 채워 놓고서는 한국의 자주독립을 빼앗고 국토를 탈취함으로써 동맹국인 한국을 배반한 것이다.

1910년에 일본은 한국과의 정식합병을 선언하였다. 일본이 범한 국제적인 불법 무도한 강도행위는 한국이 필요로 할 때는 언제든 도와주겠다고 정식으로 선언했던 세계 주요 문명국의 승인을 획득하였다.

이와 같은 조약들 중에서 최초의 것은 1882년에 체결된 조朝·미美 수호조약修好條約이다. 이 조약의 제 1조는 수호조항條項으로서 다음과 같은 내용이 포함되어 있다.

"어느 한 쪽 국가에 대해서 타 국가가 불의不義 또는 탄압적으로 대할 때 이에 사건발생의 통보를 받으면 수호적인 중재권을 행사함으로써 우호정신을 발휘한다"

미국의 이 예에 따라서 유럽의 각 열강들은 한국과 통상조약을 체결했고 그들의 조약도 대부분 우호조항을 포함하고 있었다. 이 조약은 폐기되지 않았으며 그의 합법성도 의심의 여지가 없었다. 그러나 이 조약이 체결된지 불과 23년 후인 1905년에 미국은 이 조약에 의거하여 중재권을 행사하였다.

그런데 그것은 한국을 위해서가 아니라, 신성한 국제간의 공약을 공공연히 위반하면서까지 불의不義와 '강압적'으로 한국을 침탈하는 일본의 야욕을 채워주기 위해서였다. 이것이 세계의 큰 전쟁을 유발시키는 불씨가 되었다.

제1차 세계대전 중 독일 정부는 국제조약을 위반했다고 전 세계의 비판을 받았는데 독일은 미국 정부가 9년 전에 실천했던 대로 행한 것에 불과하다고 반박했다. 지구의 한 쪽 구석에 있는 국제적 불의不義의 작은 불씨가 급속하게 인화引火되어 동양은 물론 서양의 많은 국가가 파멸적 운명에 직면하게 되었고 그 외 다른 국가들도 같은 운명으로 위협받고 있다는 사실은 극히 중대한 일이다.

미국은 한국에 대한 일본의 조약 위반을 관대하게 봐 주었고, 그런 일본이 지금 미국과 맺은 모든 조약과 협정을 계속해서 위반하고 있다. 그러니 현재 미국 국민이 직면하고 있는 평화와 안전에 대한 위협은 어리석게도 그들 자신이 조장한 것으로 되어버렸다.

일본이 청국과의 전쟁에서 승리한 직후인 1895년, 이미 나는 일본인들이 '대동아합병大東亞合倂 The United States of the Great East'에 대해 말하는 것을 들었는데 이 합병은 물론 일본의 헤게모니 강화를 전제로 하는 것이다.

그 후, 나는 〈일·미 전쟁 미래기' Japanese-American War in the Future〉라고 하는 책을 읽은 적이 있다. 나는 지금 미·일간의 전쟁을 예언하고 있는 일본해군 고위당국자가 일본에서 저술한 책을 갖고 있다. 이 책은 1934년 샌프란시스코에 있는 한국인 가족의 서재에서 발견한 것이다.

중·일 전쟁에서 그들이 떨친 대승리는 일본 국민들에게 큰 자신감을 안겨주었다. 즉, 그들은 자신들이 무적無敵이라고 하는 '믿음'을 갖게 된 것이다. 그들은 훈련이 잘 되어있으며 새로운 군장비로 무장을 한다면 동양에서와 같이 서양도 쉽게 정복할 수 있다고 대부분의 일본인들은 확신하고 있다.

이와 같은 일본 국민의 꿈은 소위 〈타나카田中 메모리얼Tanaka Memorial〉에 잘 나타나 있다. 메모에 담겨 있는 세계정복의 꿈은 결코 새로운 것이 아니다. 그것은 일본의 전통적 야망이 그 범위를 확대해서 새로운 용어로 표현된 것에 지나지 않을 뿐이다.

모든 일본인들의 내심內心에 숨겨져 있고 또한 그 후에 강행되고 있는 이 정책은 서양인들 특히 미국인들에게 알려져서는 안 될 성질의 것이었다. 일본이 이 〈타나카 메모리얼〉의 신빙성을 강력하게 부정한 이유가 여기에 있었다. 그들의 야욕을 들어내기를 부정할 필요가 있는 것이다. 그러나 그들의 여러 가지 야욕을 들어내는 행동들은 더욱 그 속내를 증명하고 있다.

1941년 4월 10일 〈워싱턴 포스트The Wasington Post〉지에 '일본의 청사진 Japan's blue print'이라고 하는 표제와 함께 실린 마크 J. 게인 Mark J. Gayn의 기사는 다음과 같이 말하고 있다.

"마쓰오카松岡洋右의 성명은 본래가 고위정책에 관한 문제이다. 그러나 이 정책이 태평양의 평화를 의미하는 것인가, 또는 전쟁을 의미하는 것인가 하는 것은 누구도 알지 못한다. 즉, 일본의 장기정책 계획서를 10여년 전에 몰래 복사 또는 모조했던 무명 한국인 외는 그 누구도 알 수가 없었다.

더욱이 이 한국인에 대해서 알고 있는 사람도 거의 없다. 3년 전 중국 상하이上海에 있는 중국인 정보원들이 그 한국인은 일본 비밀경찰을 피해서 중국 중부지역 모처에 숨어있다고 나에게 말해 주었다. 만약, 그가 그 후에 암살되지 않았다면 수백명의 한국인 독립운동가들이나 의병들과 함께 내륙으로 이주하였을 것이다.

놀랍게도 이 한국인은 1927년부터 1931년 사이에 일본 총리대신 관저에서 사무원으로 일하였다. 이 문서는 극비에 붙여졌지만 이 한국인 사무원은 그것을 어렵게 손에 넣어 복사하였다. 이 민첩한 한국인은 이문서가 폭발적인 충격을 줄 것으로 인식하고 그것을 크게 이용하려고 결심했다. 모든 한국인과 마찬가지로 그도 또한 일본을 증오하고 있었다.

1931년 어느 날, 그가 중국정부 당국에 일본의 특급 비밀문서를 팔겠다고 제의했다. 일본이 만주를 침략한 5일 후인 1931년 9월 24일 중국정부는 한국인이 갖고 있던 비밀문서를 공개 함으로써 타나카田中란 이름이 세계 각 신문의 지면을 장식했다.

만주 정복은 바로 그 문서에 기술되어 있는 중요 단계 중 하나였으므로 이것을 공개하는 것 이상의 좋은 기회는 없었다. 물론 일본은 이 문건이 중국정부의 선전국에 의해 날조된 것이거나 아니면 한국인이 위조한 것을 샀다는 등 그 당위성을 즉각 강력하게 부정하였다.

그리하여 외국 신문기자들과 외교관들은 타나카의 문건을 새롭게 재평가하게 되었다. 그들은 이것이 위조문서라고 하는 일본의 주장을 받아들일 용의도 있었지만 이 문건이 일본인의 침략행태와 거의 일치하고 있는 점에서 크게 놀라지 않을 수 없었다.

일본의 광적인 침략전쟁의 수레바퀴가 남쪽으로 향하면 향할수록 한국인에 의해 입수된 서류는 더욱더 의미심장한 사실로 부각되었다. 이 한국인은 위조자일지도 모른다. 만약 그렇다면 그에게는 다른 사람에게서 찾아볼 수 없는 천부적인 예견의 소질이 부여되었던 것이 아니겠는가?"

타나카의 비밀문건을 히틀러의 〈나의 투쟁 Mein Kampf〉이 독일에 대해 가진 것과 같은 의의意義를 일본에 대해서 가지고 있는 것이다. 이들의 두 문건은 장래에 당연히 일어날 사건의 예언서로 쓰여진 것이 아니라 세계지도의 색깔을 다른 빛깔로 바꾸겠다고 하는 군사계획서로 쓰여졌던 것이다.

히틀러는 세계가 그의 책을 심각하게 여기지 않고 있다는 것을 알고 있었으며, 비록 세계가 그 책의 내용을 심각하게 여기고 있다 하여도 그는 개의치 않고 자기의 길을 갈 것이다.

⊙ 뮌헨 오데오시 광장에 모여 히틀러에 열광하는 독일 국민들(가운데 히틀러)

수 백만 명의 사람들이 이 책을 읽고 광인狂人의 안하무인적 행태를 비웃었다. 그러나 그는 일보씩 전진해서 유럽을 그의 손바닥 안에서 놀아나게 만들었다.

한편 다나카는 공공연하게 행동할 수 있을 정도로 충분히 강력해질 때까지는 아주 조심스럽게 행동할 필요성 때문에 그 문건을 비밀로 하기로 했지만 그 복사가 일본 밖으로 누출되어 그들의 음모가 탄로나고 말았다.

그러나 미국인들은 이것이 일본의 군사적 야욕을 폭로하는 것으로 받아 들이지 않았다. 대부분의 미국인들은 많은 유럽인들이 히틀러의 책 내용을 무시하였던 것처럼 다나카의 메모 내용도 무시하고 있는 것이다. 그리고 그 신빙성에 대한 일본정부의 강력한 부인성명을 사실로 받아들였다.

그러나 세계정세는 최근 수 년 동안 급속하게 변화되었다. 유럽과 아시아 대륙의 지도는 다시 뜯어 고쳐지고 있으며, 그것이 어디서 끝날지 알 수 없는 일대 대변화가 일어난 것이다. 이 변화는 타나카의 예언이 부분적으로 들어맞고 있는 것이다. 이 메모중에 다음과 같은 진술은 지극히 중대한 의미를 가지고 있다.

"동양에 있어서 곤란한 문제를 해결하기 위해서는 일본은 철혈정책鐵血政策을 쓰지 않으면 안 된다. 일본이 세계를 정복하기 위해서는 유럽과 아시아를 정복해야만 한다. 유럽과 아시아를 정복하기 위해서는 중국을 정복하지 않으면 안 된다.

장래 중국을 지배하고자 한다면 미국을 격퇴하는 것이 제1차적 문제이다. 중국 정복에 성공하면 남은 아시아와 남양제국南洋諸國은 우리를 두려워하여 항복할 것이다"

중·일 전쟁의 경험에 비추어 볼 때, 중국의 완전 제패는 일본측 계획의 중요한 부분이라는 것이 명백하다. 이와 같은 일본의 거대한 계획이 성공을 거두기에는 아직 먼 일이지만 그 영향력은 전 세계를 뒤흔들고 있다.

군국주의자들이 그들의 무력을 스스로 지나치게 과대평가 할 무렵부터 몰락하기 시작한 것처럼 일본인들도 그 예외가 아니다. 그들은 자신들이 천하무적처럼 확신하는 어리석음으로 중국과의 전투에서 두 번의 큰 실책을 범하였다.

첫번째 실책은, 잠재되어 있지만 각성되어가는 중국의 애국정신을 정확하게 평가·분석하지 못하였던 것이다. 무엇보다도 일본의 폭격과 충격이 이런 기적을 낳게 하는 원인이 되었다.

즉, 중국인에게 단결과 저항의 굳은 정신을 불러일으키게 한 것이다. 따라서 일본군의 강력한 진격도 저지되고 말았다. 지금에 이르기까지 일본이 중국 해안선을 넘어서 내륙까지의 침입에 성공한 적은 거의 없었다.

⊙ 러·일전쟁시 사할린 남부에 상륙하는 일본 보병 제 50연대

1936년, 일본이 침략근성의 가면을 벗으려 할 때 서양의 어느 강대국과도 일전을 주고받을 준비를 할 수 있었다는 것을 상기하지 않으면 안 된다. 소련은 시기적절하게 시베리아 국경방위를 준비했기 때문에 일본은 지체없이 작전을 바꿔 중국을 공격한 것이었다.

　만약에 중국에 대한 손쉬운 승리를 이룩할 수 있다면 그들의 점령하에 들어오게 되는 모든 인력과 자원을 이용해서 미국과의 대대적인 전쟁을 전개했었을 것이다. 이 계획은 히틀러와 무솔리니가 유럽과 지중해에서 영국의 저항을 막는 사이에 일본에게 미국의 후미後尾를 칠 천재일우千載一遇의 기회를 제공하는 것으로 되어 있다.

　미국인들이 전쟁준비를 미처 하지 않고 경계를 태만히 하고 있는 동안 미국을 기습하면 일본은 그 후의 전투 수행에 유리한 위치를 점유하게 된다. 그러나 무엇보다 먼저 중국을 정복하는 것이 필요했다.

　두번째 실책은, 일본이 너무나 빠르게 '개방된 문호'를 닫았다는 점이다. 선전포고 없는 중국과의 전쟁에서 획득한 신속한 성공으로 그들은 자만에 도취되었다. 그리하여 일본은 즉시 백인과 그들의 기업체를 몰아내고 중국을 완전히 지배하려고 손을 대기 시작했던 것이었다.

　일본은 서양의 어느 나라를 막론하고 '개방된 문호'를 유지시키기 위해서 전쟁을 하지 않는다는 것을 잘 알고 있었다. 사실 그때까지 서방의 열강은 전쟁만 일어나지 않는다면 어떠한 수단도 개의치 않았다. 그러나 그들의 이러한 생각은 잘못된 것이었다.

　만약, 그들이 이런 테러적인 방법을 쓰지 않고 한국을 손아귀에 넣을 때와 같이 끈기있게 점진적으로 비밀리에 일을 진행했더라면 의심의 여지없이 보다 더 커다란 성공을 거두었을 것이다.

　35년 전, 일본군이 한국에 발을 들여놓았을 때, 일본은 보수파에 속하는 기민하고 선견지명이 있는 정치가들의 지도하에 있었다. 일본인들은 서양 강대국으로부터 이념적이나 물질적 지원이 필요하다는 것을 알고 있었으므로 그들을 분개시키는 일이나 의심을 갖도록 하는 일은 전혀 하지 않았다.

일본인들은 모든 외국인 선교사와 신문기자들과 친해지고 호감을 사려는 노력을 하였다. 그 노력에 대한 효과가 주효하여 대부분의 외국인들은 일본이 한국을 점령하여 통치하고 있는 사실을 묵인하며 인정하고 있었다.

이러한 수법이 성공하자 일본인들은 갖가지 은밀한 계략을 동원하여 순차적으로 모든 외국인을 추방해 버렸다. 만약, 그들이 중국전쟁에서도 이와 같은 점진적인 과정을 거쳤더라면 미국인은 의심조차 하지 않았을 것이고 미국에게 전쟁준비의 빌미를 주지도 않았을 것이다.

그러나 일본인들은 모든 군국주의자들과 마찬가지로 무력武力만이 성공의 지름길이라고 믿고 이것을 시험하려고 착실히 준비하였다. 중국의 비무장 민간인 주거지에 대한 폭격은 미국인들이 최초로 일본군의 야욕을 눈치채게 해 주었으며, 중국에 거주하고 있는 외국인의 생명과 재산에 대한 무자비하고 난폭한 파괴는 미국인들에게 새로운 각성제가 되었다. 태평양의 평화를 위협하는 일본의 추악한 야욕이 발동되었음을 비로소 알아 차리게 되었던 계기가 되었다.

따라서 중국에 대한 미국인의 관심이 증대되었고 일본에 대해서는 의혹이 점증되어 중국인들의 생존투쟁에 필요한 모든 물자를 지원하는 것이 미국 국가정책으로 결정되는 계기가 되었다.

그 결과, 미국은 물자원조를 지속적으로 중경정부重慶政府에 제공해 주었다. 이 원조는 중국이 일본에 항거할 능력을 강화해 주었고 중국인의 사기를 고무 진작케 하였다. 이로 인하여 일본인들의 대미對美감정이 상당히 악화되기 시작하였다.

그 사이, 세계의 한 쪽을 점령하여 가고 있던 히틀러 역시 런던 공격을 손쉽게 성공시키지 못하고 있었다. 1940년 초가을까지 런던을 함락시키겠다던 히틀러의 호언장담과는 반대로 영국은 프랑스가 굴복하였던 것과는 달리 쉽사리 굴복하지 않았다.

이렇게 영국이 위대한 힘과 굳은 결의를 갖고 히틀러와 싸울 수 있었던 것은 미국의 물질적 지원이 있었기 때문이다. 결국 독일과 일본은 미국과 정면으로 대치하게 된 것이다. 물론, 그들의 입장에서 보면 그들 야욕의 길을 방해하는 자는 바로 미국인 것이다.

이같은 상황은 곧 미국이 극동에서는 중국인과 한국인들에게 군수품과 전쟁 물자를 제공하여 일본에게 도전하도록 하였고, 유럽에서는 영국을 지원하여 독일과 싸우게 하므로써 미국방위 제1선을 미국 해안보다 훨씬 떨어진 지점에 위치하도록 한 것이다. 이것은 지극히 당연한 처사였다. 미국 문전에서 싸우는 것보다 멀리 떨어진 지점에서 싸우는 것이 얼마나 현명한 정책인가?

미국은 이같은 정세를 잘 인식하여 영국에 50척의 구축함을 이양해 주는 대신 서반구에 있는 영국식민지 방위기지를 차용하였다. 같은 시기에 2,500만 달러에 상당하는 중국에 대한 차관제공은 미국정부가 미국인들에게 급박하게 위기가 대두되고 있음을 인식시켜 주는 계기가 되었다.

추축국가樞軸國家 그룹인 일본·독일·이탈리아 3국 동맹국가들은 상호간에 일종의 막연한 동맹관계로만 서로 협조하고 있었다. 그들은 미국이 아직 전쟁에 개입하지 않고 있다는 것을 알고는 영국과 중국에 대한 원조를 단절하도록 협박할 속셈에서 가면적인 위협으로 미국의 전쟁회피 정책을 꾸준히 이용하고 있었다. 1940년 9월 26일자 〈재팬 타임즈The Japan Times〉는 미국·일본·독일 3개국 동맹을 기반으로 해서 태평양문제를 해결하도록 제안하고 다음과 같이 논평하였다;

⊙ 연합군(우로부터 이탈리아, 중국, 영국, 캐나다, 미국)

"일본은 미국이 동양에서 일본의 합법적인 팽창정책을 반대하고 있다는 것을 마침내 확신하였다. 미국이 유럽전쟁에 개입하면 일본은 독일을 적극적으로 지원할 작정이었다"

1940년 9월 27일, 베를린과 로마가 정식으로 동맹을 체결함에 따라 일본은 마침내 모든 모험을 걸고 '대동아大東亞 정책'을 수행할 것을 결정하였다. 일본은 미국이 만반의 준비를 하기 전에 독일이 승리할 것이라고 확신하고 있었다.

이들 동맹은 미국에게 경고의 압박을 하였다. 이 동맹조약 제3조는 일日·독獨·이伊 3개국 중 어느 나라든 현재 유럽전쟁과 중·일분쟁에 개입되어 있지 않은 세력에 의해 공격을 받게 되면 일·독·이 3개국은 모든 정치적, 경제적, 군사적 수단을 동원해서 서로 돕는다고 되어있다. 또 제4조는 다음과 같다;

"유럽문제나 동아시아 문제의 해결을 위한 이 전쟁의 종결을 방해하려고 하는 국가는 2억 5천만 국민의 굳건히 단결된 힘과 정면충돌하게 될 것이다"

일본이 상투적으로 쓰고 있는 동아시아東亞가 지금의 대동아大東亞로 바뀐 것은 매우 의미심장한 것이다. '대동아'라는 말도 머지않아 변경되는 것은 아닐지! 이와 같이 새로운 말이 이어질수록 일본은 필연적으로 미국과 마찰을 해 가고 있는 것이다.

외무대신 마쓰오카 요스케松岡洋右는 1940년 10월 10일 다음과 같이 방송하였다;

"나는 미국과 같은 강국과 현재 중립을 유지하고 있는 국가는 유럽전쟁에 참여하지 말 것이며 또는 지나사변支那事變이나 그 외의 이유로 일본과 충돌하는 일이 없기를 진심으로 바라는 바이다. 인류에 대한 무서운 파멸을 초래할 가능성이 있는 사태에 대한 결과를 상상치 못한다면 그러한 사태가 실제로 일어나게 될 것이며, 그러한 사태야말로 상상만하여도 우리 모두를 전율시키기에 충분할 것이다"

고노에述衛文磨 공작도 1940년 10월 6일 신문기자들에게 다음과 같이 말했다;

"태평양 전쟁과 평화 문제는 미국과 일본이 어느 정도 상호간의 입장을 이해하고 존중하는가의 여부에 의해서 결정된다.

　만약, 미국이 동아시아에서 일본의 지배권을 인정하면 일본도 아메리카 대륙에 있는 미국의 지배권을 인정할 것이다. 미국이 세계의 새로운 질서 확립을 위하여 적극적으로 협력하지 않고, 동맹을 체결한 일·독·이의 진의를 이해하기를 거부하고 이 동맹이 적대행위라 생각하여 상기 3국에 도전해 온다면 미국은 전쟁으로 돌입하는 길 이외에는 다른 어떠한 선택의 여지가 없을 것이다"

　그들은 또한 일본해군이 미국을 공격하게 되는지도 모른다고 말하면서 그들의 동맹조약 제3조에 관해서 다음과 같이 기술하고 있다;

　"그와 같은 경우에는 일본은 미국의 보급로를 차단하여 미국으로 하여금 불리한 상황에서 공격을 하도록 할 것이다"

　국수주의 지도자 나카노 세이고中野正剛는 〈니치니치日日新聞〉지에서 다음과 같이 말하였다;

　"만약, 미국이 석유를 보내지 않으면 우리들은 이것을 네덜란드 영領 인도네시아와 말레시아로부터 획득할 것이며, 그들의 미국에 대한 아연과 주석의 수출을 막을 것이다. 또한 미국이 무력으로 대응하면 우리는 서태평양에서부터 격퇴시킬 것이다"

　이와 같이 일본은 거의 필사적으로 최후의 수단을 다하여 공공연히 미국을 위협하고 있었다. 과거에도 물론 대담하고 위협적인 방법을 항상 행사해 왔으나, 지금과 같이 이렇게 대담하고 위협적인 태도는 아니었으며 때때로 이와 같은 수단을 이용해서 마술적인 성공을 통하여 톡톡히 재미를 보고 있었다.

과거에 일본 외교관이나 선전가들이 즐겨 사용해온 '예측할 수 없는 심각한 사태'라든가 '중대한 결과'라고 하는 상투적인 문구도 지금의 정세에는 전혀 부응되지 않는다. 그래서 미·일 외교사상 최초로 일본의 수상과 외상이 기자회견의 형식으로 "일본이 미국에 대해 전쟁을 선포하겠다"고 공공연하게 또는 공식적으로 선언하고 있는 것이다.

이와 같은 직접적인 위협이 미국에서는 먹혀들지 않는 역효과를 초래하고 있다. 물론, 미국의 친일분자들은 이 반응을 "정부가 미국을 전쟁으로 끌어들이고 있다"라고 비난하는 기회로 이용하고 있다.

그러나 대부분의 미국국민들은 분개한 나머지 '공공연한 모욕'이라고 격분하며 또 일부에서는 '사실상의 최후통첩'이라고 외치고 있다. 미국의 국가방위 입장에서 보면 도쿄東京와 베를린의 '폭력단'이 동시에 동과 서에서 미국을 향해 주먹을 휘두르고 있는 사실을 미국인들은 눈을 크게 뜨고 주시할 필요가 있을 것 같다.

독일이 종국에 가서는 서반구를 공격할 계획을 막연하게나마 알고 있으면서도 여전히 일본의 그와 같은 야망을 믿지 않았던 사람들까지도 지금은 미국의 국방계획을 전적으로 지지하기 시작하였다.

결국 미·일 충돌이 불가피하다고 하는 확신은 일본의 중국침략에 대한 미국인의 분노감의 증대와 함께 대부분의 미국인들에게 "우리가 양 대륙에서 해군을 갖는 것이 빠르면 빠를수록 유리하다"라고 하는 인식을 확실하게 심어주는 계기가 되었다.

제 **3** 장

가면으로 가린 일본의 야욕野慾

JAPAN READY TO UNMASK HERSELF

3

가면으로 가린 일본의 야욕野慾

JAPAN READY TO UNMASK HERSELF

일본이 만주를 침략하여 괴뢰정부를 수립한 직후, 모든 일본 국민들은 미·영 양국과 맺은 해군협정의 개정을 강하게 요구하고 나섰다. 일본 정부와 국민은 혼연일체가 되어서 총력적으로 그 협정의 개정을 주장했다. 국제적으로 소란을 떨며 "1935년과 1936년은 이 섬나라 제국의 역사상 가장 위험한 해다"라고 날뛰는 이유는 그들 나름대로 의심의 여지가 없이 야욕을 숨기고 있는 속셈을 드러내고 있는 것이다.

이것은 무엇을 의미하며, 왜 위험하다고 하는 것인가?

그 이유에 대해서 다음과 같은 점들을 생각해 볼 수 있겠다.

1935년과 1936년은 비밀리에 진행된 일본의 전쟁준비가 절정에 달하여 일본이 가면을 벗음으로써 세계를 놀라게 할 기회였던 것이다. 바꾸어 말하면, 장기간 극비리에 전력투구하며 준비해 온 군비축적이 완성 단계에 이르렀고, 마무리 되어가는 그 전략의 실행을 위하여 전 국민은 강력한 정신무장이 꼭 필요했던 것이다.

모든 일본인은 이것을 명확하게 이해하고 이 해가 끝나기 전에 무언가 중대한 사건이 일어날 것을 예측하고 있었다. 따라서 해군협정의 개정문제는 최후결전의 예비단계로 제기된 전략적인 조치였던 것이었다.

1921년 '워싱턴 회의'에서 결정된 미국:영국:일본 = 5:5:3 해군력 비율은 1931년 런던회의에서 10:10:7로 수정하여 1936년 말에는 다시 보완하거나 또는 개정하도록 되어 있었다. 이 협정의 만료기간 3년 전인 1933년 초에 일본정부는 이 비율의 개정을 요구하는 전국적인 운동을 일으켰고, 그 결과로 해군력 비율의 개정이라는 결실을 보게 된 것이다.

◉ 6만 4천톤의 일본의 '야마또大和' 항공모함

일본의 주장은 이 협정은 불공평하고 차별적이므로 일본인에 대한 모욕이라는 것이다. 이리하여 일본국민들은 일본이 미국이나 영국과 동등한 해군력을 갖는 것이 당연한 것이므로 이 제한을 해제시키라고 크게 법석을 떨었다.

물론, 이것은 그들의 급격한 태도의 변화였다. 이 협정이 실제로 불공평하고 차별이 있었다면, 왜 일본은 1921년과 1931년의 회의에서 동의하였는가? 거꾸로 생각해도 그들이 협정에 서명을 할 때는 발견하지 못한 불공평을 왜 지금에 와서 들고 나오게 되었는가? 이 질문에 대한 답은 외국의 관측통들에 의해 공개된 비밀로 부쳐져 왔던 사실을 알면 명백히 밝혀질 것이다.

당시의 미국과 영국의 군함 건조계획은 1921년 그 때와 같았지만 1933년의 일본은 그 당시와는 정세가 판이하게 달라져 있었다. 워싱턴회의와 런던회의 때 이미 일본은 비밀리에 전쟁준비를 해오다가 1933년이 되어서 그 준비가 거의 완성단계에 도달하게 되었기 때문에 전쟁도발에 방해가 되는 모든 국제적 장애물에서 벗어나려는 음모를 꾸미고 있었던 것이다.

이때의 정세를 대략 검토해 보면 그런 사실이 명백하게 나타난다. 1921년, 해군력의 5:5:3 비율이 결정되었을 때, 일본 대표들은 처음에는 이 비율에 반대했지만 스포츠맨십을 발휘하여 양보하였다. 사실, 그들이야말로 이 회의에서 가장 즐겁고 누구보다도 성공한 대표단이었다.

일본은 이 회의에서 두 가지의 성공을 거두었다. 그 하나는 일본이 세계의 3대 해군국가의 일원으로서 거보巨步를 내딛게 되는 영광을 누리는 계기를 마련하는 것이며 일본 민족의 자부심을 한층 고양시키는 것이었다. 그 두번째는 일본의 2대 경쟁국가인 미·영 양국이 일정한 제한을 넘어서 해군력이 증가되는 것을 막을 수 있다는 것은 일본이 기대하지 못했던 커다란 승리인 것이었다.

이 승리는 마치 바람을 타고 하늘에서 내려 온 것과 같이 그들의 수중에 들어온 것이다. 그렇지만 일본이 미·영 양국과의 조선造船경쟁에서 국고를 전부 소모한다고 해도 그들이 천하무적의 해군을 건설한다는 것은 도저히 불가능한 일일 것이다.

그러나 일본은 이 협정을 겉으로는 위반하지 않고도 그들이 원하는 모든 군함을 건설하려는 비밀계획을 진행 할 수 있는 것이었다. 일본 외교관들은 이러한 속셈을 숨기며 겉으로는 무표정한 표정으로 기분좋게 워싱턴에서 귀국하였다.

일본은 자신들의 해군력을 어느 경쟁국보다 월등하게 증강시키려고 병기창과 연계, 공장·조선소를 비밀리에 모두 가동시켰다. 그러나 서방세계에서는 이 해군협정은 일본의 과대한 해군력을 억제할 수 있다고 순진하게 믿고 아무런 경계심조차 기울이지 않았다.

그 후 예리한 눈을 가진 서양의 관측통들이 수시로 일본의 비밀스러운 전쟁준비에 대해서 국제조사를 해야 한다고 요구했지만, 그때마다 '도쿄의 군국주의자'들은 그와 같은 조사는 '사무라이' 민족에 대한 모욕이라며 항의 성명서를 대담하게 발표해서 세계를 침묵시켰다.

⊙ 병원선을 위장한 일본의 무기수송선
※이사진은 일본이 패전한후 미군에 의해 끌려가는 모습이다.

그럼에도 불구하고 가면 뒤에서 움직이는 일본의 흉계를 잘 알고 있는 한 단체가 미국에 있었다. 일본의 전략가들은 이 단체 조직원들을 미국 정계로부터 이탈시켜 그들이 하는 말을 미국인들이 믿지 않도록 해야만 한다고 생각하였다.

이 일은 일본의 외교관과 선전책동가들이 협력해서 이루어내도록 되어 있었다. 그들은 미국의 정세를 교묘하게 요리하고 있었다. "일본은 평화를 바란다", "미·일간의 전쟁이라는 것은 터무니없는 얘기다", "일본과 미국에는 주전론자와 전쟁 경고자가 있지만 일본은 이러한 전쟁을 증오한다"는 등의 슬로건을 내걸어 미국인들이 도처에서 듣고 읽을 수 있도록 했다.

세계는 이와 같은 성명이 끊임없이 나오고 있으므로 만약, 누군가가 감히 일본의교묘하게 숨겨놓은 전쟁계획을 폭로할 경우 그는 '트러블 메이커'라 해서 상당한 비난을 받았다.

미국의 평화애호 시민들은 외국정부의 정책을 의심하고 비평하기 보다는 오히려 민주주의 원칙에 충실한 그들 자신의 정부 정책과 그 동기를 의심하거나 비평하였다. 따라서 일본이 '해군력의 동등同等권'을 들고 나와 요구하면 미국인들은 "우리 나라와 영국에 의해 강요된 비율이 불공평한 것이라면 당연히 일본을 의심해서는 안 된다"라고 하는 부당한 주장을 대변해 주고 있다.

다음과 같은 노무라 키치사부로野村吉三郎 해군대장의 성명 내용들은 미국인들이 무의식중에 일본에게 유리하게 부화뇌동하여 미국의 여론을 주도하게 되는 역할을 하는 전형적인 선전방법이었다.

1935년 1월호의 〈외교外交〉잡지에 게재된 '일본 해군력의 평등 요구'라고 하는 제목의 기사에서 그는 대략 "주력함의 비율제한은 일본인의 자존심을 상하게 하는 결정적인 내용이 되는 바 이는 열등감을 느끼게 하며 치욕이라 생각한다"고 밝혔다.

그는 또 극동에 위치한 일본의 입장에서 감안할 때 이것을 받아들일 수 없는 이유는 "그 비율이 극동에 위치한 일본이 정책을 수행하는데 필요한 무력을 박탈하고 있다"라고 말하고 있다.

그는 한술 더 떠서 이와 같은 이유로 인하여 이 비율을 폐지하고 일본에게도 여타 국가와 동등한 지위를 부여하지 않으면 안 된다고 주장하였다.

그렇게 되면 일본도 국가의 안전을 보장할 최소한의 군비에 만족하게 될 것이다. 그러나 다른 열강들이 일본을 열등한 지위에 두고자 한다면 메이지明治초기에 외국인들이 일본내에서 보유하였던 치외법권治外法權의 존속에 강력히 반대하였던 바와 마찬가지로 일본의 모든 국민들은 일본의 해군력 불평등권을 유지하려는 조치에 강력히 반대할 것이라고 말하였다.

이 기사에서 노무라 해군대장은 이 비율이 일본에게 열등감을 강요당하게 될 것이고 이것은 일본의 국가안전을 위협하고 있으므로 이 비율에 반대한다고 강조하였다. 그러나 그는 일본의 영토 확장과 중국 정복계획 또는 외국군과의 전쟁 등 일본 군사계획에 포함되어 있는 내용에 관해서는 어떤 암시도 하지 않았다.

지금에 와서야 그의 기사를 읽어서 알게 된 것은 노무라 해군대장이 고의로 그 계획의 일부를 군사비밀로 취급하고 있었고 아울러 1935년에는 사람들이 그의 성명을 액면 그대로만 믿고 있었다는 사실 때문이다.

이와 같이 일본 해군제독과 외교관들이 세계여론을 자기들에게 유리하게 만들고 있는 사이에 일본은 런던의 해군회의 개최시일이 다가올 때까지 해군력을 계속 증강시켜 나갔다.

해군회의 때에 일본은 총 99만8,208톤에 달하는 154척의 '미완성 군함'을 보유하게 되었다. 이같은 숫자는 미국의 총 74만3,300톤의 군함 91척 보다 훨씬 많은 것이었다. 당시 영국은 총 16만5,350톤에 달하는 50척의 군함건조를 추진하고 있었다. 미국은 총 28만150톤에 달하는 84척의 군함을 새로이 건조 중에 있는 것에 비해서 일본은 총 11만5,807톤에 달하는 40척의 군함을 건조 중에 있었다.

이 비교는 공표된 숫자에 기초하고 있는 것에 불과하다. 그러나 일본은 이 40척 외에 얼마나 많은 군함을 비밀리에 건조하고 있는지에 대해서는 타국에서는 전혀 알 수가 없다.

반면에 일본이 발표한 숫자가 정확하다고 해도 1936년까지의 협정 제한을 지키려고 하면 2,078톤만큼의 군함밖에는 건조할 수가 없는 것이다. 그러나 이 협정숫자의 제한치까지 도달하려면 영국은 아직 9만697톤, 미국은 7만1,135톤을 더 건조해야만 했다.

미국 해군전문가의 말에 의하면 일본이 런던회의에 참석하였을 때는 사실상 이미 '세계에서 가장 우수한 해군'을 갖고 있다고 했다. 그러나 일본은 이와 같은 유리한 숫적 우위에 만족하지 않고 '둘도 없는' 해군을 만들려고 결심한 것이다.

1904년 뤼순旅順항에서 러시아 함대를 격멸한 도고 헤이하치로東鄕平八郎 원수를 기념하여 1935년에 일본 해군성은 다음과 같은 안내책자를 발간하였다.

"일본해군은 이제 현대화 된 모든 장비를 갖추고 어느 곳에서든지 동양으로 신속하게 올 수 있게 되었다. 일본은 동양의 해역을 제패할 수 있는 우수한 힘을 갖지 않고서는 극동의 평화를 유지시킬 수가 없다.

그러나 지난 1세기 사이에 동양을 지배해 온 일부 국가는 일본의 입장을 이해하려 하지 않는다. 이 국가들은 그들의 지배력을 지속시키려 하고 있다. 그 대책으로서 강력한 해군력의 배경을 필요로 하고 있으므로 이것이 이 지역에서 군축문제의 해결을 가장 곤란하게 하고 있다.

현재 일본만이 동양의 평화를 유지시킬 수 있기 때문에 이들 국가들은 평화유지의 임무를 일본에게 의당 부여해야만 할 것이다. 오직 일본만이 동양에 있어서 유일한 안정세력이라는 것을 일본인들은 국가적 신조로 삼고 있는 것이다"

이상에서 살펴본 선전성명과 같이 해군력 비율을 개정하려고 하는 강력한 요구로 인해 마침내 5개국 회의가 1935년 12월 9일 런던에서 열리게 되었다. 그러나 당시에 존재하던 해군력 비율에 대한 조항은 1936년까지 유효한 것이었다.

드디어 12월 12일 회의에서 영국·프랑스·이태리·미국 등 4개국은 '천하무적의 해군'을 만들려고 하는 일본 대표단의 집요한 요구를 단호하게 거절하였다. 이 4개국은 일본과 함께 회의를 구성하고 있었다.

일본은 각국의 방위조건에 관계없이 모든 국가에 차별 없이 적용될 단일 표준안을 결정하자고 제안하였으나 모든 서양 국가들은 일본의 제안을 거부하였다. 이와 같은 서양국가의 공동보조는 전체 영연방英聯邦국가들의 지지를 얻었다.

영국이 이러한 일본의 제안을 반대하는데 앞장섰다. 미국 대표단의 수석대표인 노르만 H.데이비스Norman H.Davis는 연설에서 다음과 같은 내용을 강조했다;

1. 일본의 제안은 해군력의 축소보다는 오히려 거대한 증가를 초래할 것이다.
2. 절대적 평등이라는 것은 관계국가의 해군력 필요성의 차이를 고려하지 않은 것이다. 즉, 영국의 광대한 제국帝國과 미국의 거대한 해안선은 비교적 협소한 일본 지역과 차별화 되지 않으면 안 된다.
3. 만약 이 새로운 제안을 수용하게 되면 워싱턴협정에서 수립되어 런던회의에서 합의된 균형이 깨질 것이다. 그리고 미국으로서는 현재의 국제정세하에서 그러한 변경을 정당화할 명분을 발견할 수가 없다.

그 다음 날인 12월 13일, 4개국은 일본의 제안을 거부하고는 일본대표단이 3년 전 제네바 국제연맹國際聯盟에서 탈퇴할 때와 똑같은 방식으로 퇴장해 버렸다.

1935년 12월 14일자 〈아사히신문朝日新聞〉은 다음과 같은 사설을 게재하였다;

"만약, 런던 해군회의가 결렬되면 미국은 의당 그 책임을 져야 한다. 미국은 공격력을 증대시킬 수 있는 해군력을 키우려고 기도企圖하고 있다. 미국은 일본의 계획에 대해서 가장 강력한 반대자라는 것을 스스로 증명하고 있다. 영·미 양국이 갖고 있는 세계정책에 비추어 보면 그와 같은 태도는 조금도 놀라울 일은 아니다"

이러한 모든 선전은 순전히 미국을 겨냥하여 발표된 것이다. 물론 자국민에게 배포되는 일본어판 신문은 이것과는 다르게 선전하였다.

그들이 외부세계에 발표한 성명에는 그들이 노리는 특별한 목적을 가지고 있었다. 따라서 외국의 일반 독자들은 그것을 간파하지 못하고 다만 왜곡된 신문보도 내용만을 읽기 때문에 미국인들이 불공평하다고만 생각하고 있다.

◉ 일본군의 기만선전을 위해 사용된 사진

이와 같이 느끼고 있으므로 "우리는 평화를 위하여 진정으로 활동하고 있는 것이 아니고 좀 더 강한 국가가 되려고 시도하고 있는 것이다. 그래서 일본과 마찰을 피할 수가 없게 되었다"라고 믿도록 하는 것이다.

이것이야말로 일본의 선동가들이 미 본토에다 조성해 놓고 있는 날조된 수작 그 자체이다. 이렇게 함으로써 일본은 미국의 여론을 오도하는데 광분하고 있는 것이다. 일본으로부터 온 신문지상의 성명을 읽는 일반 독자들에게 판단능력을 일깨워주는 가장 좋은 방법은 이 성명내용과 일본의 행동을 비교해서 읽도록 하는 것이다.

그들의 언행이 일치하지 않는다는 사실은 바로 그들의 성명이 모순이라는 증거이다. 그러나 사람들은 속아 넘어가기 쉽고 남을 믿기 잘하는 세상 속에서는 사실을 확인검토해 보려고 하지 않고 액면 그대로 곧이듣는데 있다.

이와 같은 일본의 기만술책을 찾아내기 위해서 그들의 먼 역사까지 거슬러 올라갈 필요는 없다. 4~5년 전에 국제문제에 관하여 일본이 발표한 비슷한 성명을 다시 한번 되새겨보고 이것을 오늘날 아시아에서 일어나고 있는 사태와 비교해 본다면, 그들의 선동적 성명과 실제 행동에서는 조화라든가 일치성을 전혀 찾아볼 수가 없다.

"왜 미국은 일본이 원하고자 하는 것을 갖도록 내버려 두지 않을까?"라는 문제에 대한 답으로써 1937년 1월, 〈아메리칸 머큐리The American Mercury〉지에 발표된 후랫처 플랫Fletcher Platt 기자의 기사 개요를 아래에 인용코자 한다;

"모든 해군관계자들이 과거 10년 전부터 개인적으로 알고 있던 사실 즉, 1924년 이후 일본해군은 군함건조에 있어서 세계를 속여 왔다는 사실을 알릴 때가 되었다. 이 사실은 다음과 같다. 일본은 해군협정에 규정된 소형 함선 대신에 1만 톤급의 순양함을 건조하였고 구축함으로 규정된 것 대신에 1만 톤급의 경순양함을 건조하였으며 또한 일본을 출항하여 연료의 재공급 없이 파나마운하 근해에서 작전할 수 있는 방어용 잠수함을 건조해 왔다

이와같은 여러 가지 상황으로 인하여 런던회의에서 표면적으로는 매우 합리적인 요구인 것처럼 보여지는 일본 해군력의 실상이 '공통적 수준보다 더 강함'을 간파한 미·영 양국의 해군 장성들이 쉽사리 동의할

수 없는 이유인 것이었다.

이에 대한 공식적인 설명은 일본의 해군력이 '공통적 수준 이상'을 유지하게 되면, 일본으로 하여금 서부 태평양에서 결정적으로 해군력의 우위를 내어주게 됨으로 미국은 필리핀의 확보와 중국과의 통상권익을 유지할 수 없다고 하는 것이 미국 당국의 입장이었다.

이에 대해 논쟁할 여지조차 없는 명백한 해답은 미국이 필리핀과 아무런 이해관계가 없고, 또한 중국과 통상권익에 흥미가 없다고 말하는 것같은 식의 무의미하고 어리석은 말이 될 것이다.

그러나 실제로 사태는 그것보다 훨씬 중대하였다. 즉, 미국 해군장성들은 일본이 그들의 요구에 미치지 못하는 협정에 구속되는 것을 완강하게 거부할 것이라는 것과 또한, 일본을 공평하게 만드는 해군협정이야말로 일본으로 하여금 사실상 서태평양뿐만 아니라 미국 캘리포니아 연안에 있어서 일본 해군력의 우월성을 누리게 하는 것을 알고 있기 때문이다.

일본이 러시아로부터 뤼순항을 찬탈했을 때, 미국은 뼈에 사무치게 미국이 일본에게 당했구나 하는 사실을 알고 있는 사람이라면 그 누구라도 이 수역에 있어서의 일본의 우세를 자연스럽게 받아들일 수가 없는 것은 당연한 귀결인 것이다.

그러나 일본이 해군력 제한 약속을 겁없이 공공연하게 위반하는 상습국가로 등장한 것은 1931년의 런던해군회의 이후부터이다.

사실상 일본은 자기들이 바라는 척수와 톤수의 구축함을 건조한 후에 해군 협정상의 숫자에 맞도록 그 톤수를 제멋대로 발표했다는 결론을 내릴 수밖에 없었던 것이다"

일본은 그들이 군사적 준비를 완료한 후에는 가려져 있던 가면을 벗고, 옛날 페리Perry 제독이 일본을 방문 했을 때와 같았던 모습의 정중하고 온순하게 머리를 숙이는 민족이 아니라, 이제는 전 세계가 경외敬畏하지 않으면 안 되는 민족이라는 것을 세계에 자랑하기 시작하였다.

그러나 일본이 그렇게 했다고 해도 그들이 비밀스러운 군사계획을 사전에 공개한다는 것을 의미하는 것은 아니었다. 그들은 결코 공개하지 않을 것이다. 그것을 공개한다는 것은 그들에게는 자살행위이기 때문이다.

그들은 오히려 커튼 뒤에서 그들의 계획을 완성하여 행동준비가 끝나는 대로 기습적으로 전 세계를 경악시키게 할 것이다. 그러니 일본이 그 정체를 나타내게 될 때는 그 말에 의해서가 아니라 행동으로 나타낼 것이다. 그때까지 일본은 외부세계에 자신들의 의도를 끝까지 은폐하려 할 것이다.

그러나 그들의 이와 같은 은폐 노력에도 불구하고 예리한 판단력을 갖고 있는 많은 미국인들은 일본이 기도하고 있는 것이 무엇인가를 꿰뚫어 보고 있었던 것이다. 그 한 예로서, 미국 상원의 고故 키 피트만 Key Pittman의원도 그러한 사람 중의 하나였다. 그는 자신의 신념을 발표할 수 있는 용기를 갖고 있는 인물이었다.

1935년 12월 19일, 네바다주의 라스베가스시에서 피트만Pittman 의원은 다음과 같이 설파하였다;

"조만간에 미국은 그의 생존을 위하여 피할 수 없는 전쟁을 치르지 않으면 안 되는 때가 올 것이다. 우리가 그 전쟁을 오랫동안 그냥 기다리고만 있으면 그 전쟁의 결과가 어찌 될 것인지는 심히 우려되는 사항이다. 거의 피할 수 없는 사태에 직면하게 될 것으로 생각되는 바, 만약 일본이 필리핀을 점령하려 든다면 우리는 어떻게 대처해야 하겠는가? 즉 우리는 후퇴할 것인가, 아니면 분연히 일어나서 싸울 것인가?"

이같이 깜짝 놀랄만한 성명은 평화 속에 유유자적悠悠自適하고 있던 미국의 신문독자들뿐만 아니라 일본 군국주의자들에게도 청천벽력이 되었다. 흥분한 도쿄 당국은 곧 바로 신랄한 성명으로 응수하였다. 가시돋친 입을 가진 외무성 대변인인 아마우 에이지天羽英二는 다음과 같이 발표하였다;

"우선 피트만Pittiman 의원은 동양의 사정을 잘 알지 못한다. 그의 주장은 진지하게 생각하여야 할 일고의 가치도 없다. 우리는 그와 같은 책임있는 지위에 있는 정치가가 그러한 말을 했다는 것에 대하여 매우 유감으로 생각한다. 피트만의원의 성명이야말로 상식의 결여를 나타내고 있는 것에 불과하다"

또한 주미 일본대사 사이토 히로시齋藤博 역시 미·일간의 전쟁 가능성이라는 것은 터무니없는 상상이라고 공식성명을 통하여 미국인들에게 호소하였다;

"일본이 원하는 것은 미·일간의 돈독한 우호관계를 지켜가는 것만이라고 하는 나의 말을 미국인들은 믿어주기를 바란다. 우리는 미·일 전쟁은 진실로 바보스러운 짓이라는 것을 잘 알고 있다. 우리는 상호간에 이해관계를 존중해야 하는 좋은 고객관계인 것이다. 해군력의 평등문제는 일본이나 미국뿐만이 아니고 모든 해양국가들을 위해 제안된 것이다"

미국 내의 희망적 관측자들 사이에 이러한 일본 측의 회답이 미국상원의원의 폭탄선언보다 더 큰 영향을 미쳤다. 워싱턴의 한 신문은 사설을 통하여 다음과 같이 논평하였다;

"상원의원 피트만의 놀랄만한 폭로는 믿을 수가 없다. 국무성보다 훨씬 성공적으로 미국의 평화를 유지할 수 있다고 믿어 왔던 상원上院에 매우 무책임한 트러블 메이커들이 있다는 것이다."

그러나 후에 일어난 몇몇 사건들은 사이토 대사가 반박하려고 기도했던 피트만 상원의원의 말보다 그들 자신의 말이 한층 진실과 거리가 멀다는 것이 증명되었다. 사이토는 어쩌면 사태의 진실을 알 수가 없는 처지에서 다만 일본정부가 절대로 미국을 결코 공격하지 않을 것이라고 하는 자신의 신념을 피력한 것일지도 모른다.

그러나 사이토와 같이 유능한 외교관으로서는 있을 수 없는 과오를 범한 것이다. 틀림없이 그는 진실 그 자체에 대해서는 두 눈을 감고 '무지해서 속아 넘어가기 쉬운 서양을 기만하려고 했던 전임자'들의 관례에 따른 것에 불과했던 것이다.

아무튼 그 후에 일어난 사건 등을 볼 때 '침략과 공격이 없는 확실한 제도'라고 말할 수는 없다. 일본이 중·일전쟁이나 그 이전의 모든 전쟁에 설득력이 없는 구실로 전쟁을 일으켜 왔던 야비한 전략에 비하면 미국의 파네이호Panay 격침사건은 미국이 일본에 대해서 선전포고할만한 충분한 전쟁사유가 되는 것이다.

1917년 미국이 독일에게 선전포고를 해야만 했던 원인 중의 하나가 루이스타니아호Luistania의 격침사건이 아니었던가? 지금까지 미·일 양국가간에 평화가 유지되고 있어도 "일본이 호전적인 의도가 없다거나 미국이 전쟁을 일으킬 원인이 없었기 때문이었다"라고는 말할 수 없다. 오직 미국은 일방적인 일본의 도전적 환경에 직면했지만 꾸준한 인내와 포용정신을 크게 발휘해 왔다.

미국이 지금 당면하고 있는 암담한 시기를 탈피할 수 있는 가장 확실한 방법은 미국 국민의 각성이다. 지금은 이미 "일본이 전쟁은 없다고 선언하고 있기 때문에 우리도 경계할 필요가 없다"라는 말로 그냥 주저앉아 있는 미국인들은 많지 않을 것이다.

만약, 미국 시민들이 1935년의 피트만의원의 경고를 좀 더 심각하게 받아들여서 일본과의 일전一戰을 불사하고서라도 미국 시민의 생명과 권익을 보호할 준비를 갖추었더라면 1937년에 발생하였던 파네이호 Panay 사건같이 어처구니없는 경험을 맛보지 않았을 것이며, 1940년에 그 많은 미국 시민들을 동양으로부터 철수시켜야 했던 수모도 겪지 않았을 것이다.

1936년 1월 16일 일본의 오카다 케이수케岡田啓介 수상은 다음과 같이 말하였다.

"나는 해군력 증강 경쟁이 닥쳐오리라 믿지 않는다. 그러나 일본 국민은 장차 어떠한 사태에 봉착하더라도 이를 극복할 수 있는 준비를 갖추어야 할 것이다."

일본함대 사령관 타카하시高橋 해군 중장은 다음과 같이 호언하였다;

"만약, 일본 해군이 미·영 연합군과 싸운다고 하면 그 확률이 10대 1
이 될지라도 우리는 이길 자신이 있다"

이러한 성명서들은 일본정부 지도자들과 해군 당국자들에 의하여 발
표된 것으로서, 특별히 미국과의 해군력 경쟁에 돌입하면 재정적 부담
이 증가하리라는 일본 국민들의 우려를 불식시키기 위한 수단으로 발표
된 것이었다. 이처럼 위협적인 움직임에 대한 미국의 반응이 없을 리가
없다.

피트만의원은 이에 대한 답으로써 다음과 같이 말했다;

"일본은 그들이 미국보다도 더 강한 해군력을 보유해야만 할 타당한
논리를 제시하지 못하고 있다. 일본이 방위해야 할 해역은 미국이 방위
할 해안선의 10분의 1도 되지 않는다. 그럼에도 일본은 그들 함대의 무
제한적인 확장을 기도하고 있는 명백한 증거가 있다. 일본은 해군회의
에서 탈퇴했기 때문에 미국은 일본의 해군력 증강 계획을 축소시키기
위해 어느 국가와도 협의할 수 없도록 되어 버리고 말았다"

일본은 해군협정 만료기일 1년 전부터 모든 해군력 제한을 폐기하려
고 노력하는 한편, 공공연히 군함 건조경쟁을 추진하고 있으면서도 미
국에 대해 해군력 증강을 제한하자는 제의를 하였다.

1938년, 히로타 코키廣田弘毅 일본외상은 '주요 열강 간의 공평함과
정의심에 호소해서' 세계 열강의 해군력 증강 경쟁을 종식시키자는 희

망을 나타내는 성명을 발표하였다. 그러나 미국정부는 이와 같은 일본의 제안을 묵살하는 입장을 견지했다.

이러한 일본의 교묘한 선전술책은 일반 미국시민과 특히 미국정부를 이끌어가는 평화론자들에게 호소해 보려는 속셈에서 비롯된 것이다.

런던회의에서 미국과 동등하게 하려는 협정 체결이 실패함에 따라 일본은 미국과의 군함 조선경쟁을 성공적으로 추진할 수 없다는 것을 인식하게 되었다.

따라서 이러한 선전술책은 미국시민의 '공평심과 정의감'에 호소함으로써 미국정부의 해군력 증강 정책을 견제하고자 하였다. 일본은 과거에 이와 같은 술책으로 커다란 성과를 거두어 왔었다. 그들은 이 같은 책략이 먹혀 들 때까지 계속해서 사용할 것이다.

미국국민은 다른 국민들처럼 감언이설에 동요되거나 그들 자신의 정치적 목적을 달성하기 위하여 외국 정부를 비판하는 일들은 하지 않는다. 그렇지만 그들은 자신들의 정치노선의 신조에 따라서 자신들 정부와 그 정책에 대해서는 비판할 수 있는 자유가 최대한 부여되어 있다.

따라서 그 당시 미국에는 그들의 생활신조에 부합하려는 의미에서 습관은 아닐망정 일본을 미국의 우호국가로 간주하려는 것이 일반적인 사회 분위기였다. 교활한 일본 외교관들은 이와 같은 호기를 놓치지 않고 이 기회를 교묘하게 이용하고 있다.

제 4 장

중·일 전쟁의 불이 번지는데...

THE BEGINNING OF SINO-JAPANESE WAR

4

중·일 전쟁의 불이 번지는데...

THE BEGINNING OF SINO-JAPANESE WAR

우연의 일치인가, 동양적인 숙명인가, 일본인 자신들이 '신神의 백성들'이라고 주장하는 일본 신神의 가호가 있는지는 알 수 없지만 아무튼 일본인들이 '강도나 다름없는 새로운 침략' 전쟁을 개시하려고 할 때마다 그들에게 편리하게 '주문시킨' 것과 같은 사태가 세계 도처에서 일어난다고 하는 것은 매우 흥미있는 일이다.

일본이 열강들과의 해군력 비율 문제로부터 벗어나는데 성공한 후인 1936년은 이미 예견된 '가장 위급한 시기'가 도래된 해였고, 오래 전부터 예고되어 있던 전쟁의 길이 열린 해였다.

대부분의 사람들은 일본이 쓰고 있던 양의 가죽을 벗어 버리고 그들의 정체를 드러낼 것이라는 예측을 하고 있었다. 동서양의 관측통들은 일본으로부터 다음의 공격 희생자는 러시아일 것이라고 믿고 있었고 사실 그들 본래의 계획은 관측통들이 예견했던 대로 그렇게 획책하고 있었다.

계획대로 일본은 소련 국경을 따라 군사력을 집결시키기 시작했었지만, 여기에서 그들은 두 개의 큰 장애물을 발견하였다. 그 하나는 소련은 모든 '시베리아' 국경선을 따라서 이미 군사적 방어망을 구축한 것이다.

⊙ 소련군을 공격하는 일본군 19사단 74연대 병사들

지난 1904년 때와는 달리 소련은 일본의 침략으로부터 닥쳐올 큰 위기를 직시하고, 그들의 방위계획을 추진했기 때문에 일본군은 소련에 놀라운 위력을 보여줄 수 없을뿐만 아니라 바이칼호까지의 성공적인 기습을 감행할 수가 없다는 것을 깨달았다.

두번째 장애는 미국 내의 일반여론이 반反 코민테른 Anti-Comintern 전쟁을 통하여 일본을 지지할 수 있는 여론의 뒷받침이 없었던 것이다.

더우기 1904년의 정세와는 크게 달라서 소련의 효과적인 선전은 미국 내에서 광범위한 반일反日감정을 조성하는데 성공하였고, 한편 일본은 미국으로부터 정신적, 물질적 지원이 없이는 승산이 없었다.

앞을 내다보는 일본인들의 생각으로는 영국과의 전쟁은 전혀 불필요한 것이었다. 왜냐하면 그들이 되풀이하여 말했던 것과 같이 극동에 있어서 영국의 지배권이 유지될 날들이 얼마 남지 않은 것이 뻔하기 때문이다. 오히려 일본의 육·해군은 미국과의 일전을 주고 받는 것을 환영할 것이다.

그 이유는 미국과의 전쟁을 통해서 자신들이 '천하무적'임을 증명해 보이려고 기회를 엿보고 있었기 때문이다. 따라서 일본의 전략은 불시에 러시아를 공격하여 승리를 쟁취하고자 하는 본래의 계획을 이행하는 것이 아직도 그들을 위해서는 최상의 선택이라고 생각하는 것이다.

중국 만주에 진격한 일본군은 바이칼호에서 시베리아 횡단철도를 파괴시키기 위하여 외몽고로 공격해 들어갈 태세를 갖추고 있었다. 일본은 그 중요한 수송로를 차단함으로써 동부아시아와 블라디보스톡을 손쉽게 떼어놓을 수가 있기 때문에 그 지역은 마치 잘 익은 과일과 같이 그들의 손아귀에 떨어질 것이라고 생각하였다. 실제로 일본과 몽고가 각각 그들의 소유권을 주장하던 지역이었던 볼호湖 Lake Bor 부근에서 발포사건이 일어났다.

1935년 7월 1일 주일 소련대사는 일본정부에 항의각서를 전달하였다. 이 각서에서 "일日·만滿 양국에 의한 소련 국경 침입사건은 소蘇·일日 관계와 극동의 평화에 심각한 영향을 초래할 것이다"라고 말하고 있다.

이와 같은 위험을 잘 알고 있는 소련은 바이칼호 북방에 급히 제2의 시베리아 횡단철도를 서둘러 완성하였다. 소련의 무기와 기관총과 폭격기를 외몽고 수도 울가Urga에 집중시켜 마치 전쟁준비를 갖춘 것처럼 장엄한 위용을 갖추었다. 몽고와 소련의 군사력은 일日·만滿군과의 균형이 최소한 2대 1을 능가하기에 이르렀다고 보고 되었다.

1935년 7월 7일, 소련의 우라스 츄발Vlas Chubar 부수상은 모스크바에 집결한 대 군중을 향해서 일본 군국주의자들은 '극동에서의 충돌'을 획책하고 있다고 맹렬하게 비난하였다. "일본의 태도는 위협적이지만 어떠한 위협도 우리의 평화정책을 변경시킬 수는 없다. 또한 우리에게 허용된 모든 수단과 방법을 동원하여 소비에트연방Soviet Union을 방위하려는 우리의 준비를 저지할 수는 없다"라고 그는 덧붙여서 말했다.

그 당시 소련의 신문들은 사실 그대로의 진의를 파헤친 보도를 통하여 "일본은 최근 만주와 북부 중국에서 획득한 영토에다 새로운 영토를 확장시켜나갈 구실을 만들기 위하여 고의적으로 사건을 일으키려 획책하고 있다"라고 밝히고 있다.

전쟁의 승산이 반반정도가 되면 시간을 끌어서 100%의 승산이 있을 때까지 기다리는 것이 일본군 전략가들의 특징이다. 그들이 승리를 거두었던 전쟁을 자세히 살펴보면, 적대국이 어떠한 준비나 경계를 하지 않을 때에 도전했다고 하는 사실이 나타났다.

일본의 육군상 가와시마川島는 만주의 광범위한 실태조사 여행을 마친 후 귀국하여 국가정책위원회에서 "일본이 소련을 견제하기 위해서는 만주내의 병력을 대폭 증강할 필요가 있다"라고 보고하였다.

또한 "소련 군대 20만명이 국경선을 따라 일본의 군사력으로는 도저히 대항할 수 없을 정도로 좋은 자리에 잡은 요새와 진지에 배치되어 있다"고 보고했다.

만주군은 영하 30도의 혹독한 날씨에서도 전투를 계속 수행할 준비를 갖추고 있지만 일본정부 당국자들은 극한 상황의 날씨 구실로 시베리아 침략을 잠정적으로 중지하였다. 그러나 진짜 이유는 도쿄신문東京新聞에 발표된 다음과 같은 카와시마의 성명을 통하여 그들의 속내를 엿볼 수 있다;

"소비에트연방의 공산군은 총병력 130만이고 극동군은 적어도 25만 명이나 된다. 이들은 전 일본의 상비군과 거의 같은 규모의 병력이다."

조무래기 골목대장의 사고와 행동은, 누가 세게 때리면 놀라울 정도로 재빠르게 굴복하는 경향이 있다. 일본정부는 갑자기 모스크바에 대하여 달콤한 제안을 하였다. 그들은 국경분쟁을 해결하기 위하여 공동위원회에서 다수석을 점유하려고 했던 지금까지의 요구를 철회하였다.

그리고 그들이 한때는 전쟁의 구실로 삼으려고 생각했던 사건을 평화적으로 해결하려고 했다. 오카다 케이수케岡田啓介 수상은 소련과의 전쟁에 돌입하는 것이 아무래도 겁이 났던 것이다.

그러나 야심만만한 청년 군국주의자들은 더 이상 참고 견딜 수가 없었다. 그 결과가 이른바 '청년장교혁명사건'이 발생했다.

⊙ 山王호텔앞에서 일본 반란군이 모여있다.(2·26事件)

1936년 2월 26일 첫 새벽, 1천 명의 군인들이 조용히 도쿄에 진출하여 그 중심지를 점령 장악했다. 이 사건에 관한 신문보도는 금지되었고 전선전화도 차단되었다. 혁명부대는 오카다수상의 관저를 점령하고 그 일부는 귀족 클럽과 고위급 평화주의자의 집으로 향했다.

그들은 오카다 수상에게 "나와서 국가를 위하여 죽어라"고 요구했다. 이 때 한 남자가 나왔다가 사살되었다. 그로 인해서 오카다수상이 사살되었다고 발표되었다. 이 때문에 오카다 내각 관료의 한 사람인 고토後藤가 수상으로 임명되었다.

그러나 사살된 것은 오카다松尾 수상이 아니고 오카다의 생명을 구하기 위하여 대역을 했던 처남 마쓰오인 것으로 판명되었다. 그 당시 군부 예산 증액에 반대했던 코레키요 타카하시高橋是淸 대장대신大藏大臣과 천황天皇의 평화주의 고문으로 알려진 해군대장 사이토 마코토齋藤實 백작과 군 교육총감 와타나베 조타로渡錠太郎 대장은 암살되었고 스즈키 칸타로鈴木貫太郎는 중상을 입었다.

히로히토裕仁 일황은 긴급회의를 소집해서 근위대에게 반군을 진압하도록 명령을 내렸다. 즉시 해군부대가 도쿄로 집결하여 계엄령이 선포되고 반란군 점령지역에 있는 시민들을 소개시켰다.

이 폭동의 동기는 내각과 의회의 반反 군부적 감정에 항거하기 위한 것이라고 보고되었다. 생각해 보건데, 이 문민文民정부는 일본의 만주침략 이후, 미국에서 점차 팽배해 가고 있는 불리한 반일감정에 비추어 정복의 진격을 다소 완만하게 하려고 노력하고 있었음이 분명한 것 같다.

한편 "자신들은 무적이다"라고 하는 대단한 자만심에 젖어있던 청년장교들은 정부가 그들로 하여금 서양의 최강국에 도전할 수 있도록 성원해 줄 것을 염원하고 있던 중에, 이러한 불만이 장기간 쌓이고 쌓여서 마침내 반란으로 폭발한 것이다.

이들 장교들은 비밀군법회의에서 재판을 받았다. 정부는 전시 검열령을 선포하고 신문의 호외 발행을 금지하는 등 세심한 주의를 기울여 재판의 보도가 일반에게 새어나가지 않도록 했다.

그 후 정부는 여러 번 변호하듯 그 반란의 목적은 '일본을 5:5:3의 해군력 비율로 속박해 놓으려고 하는 각료들을 몰아내는 것'이었다고 설명하였다.

불필요한 유언비어들을 피하기 위해 공표된 판결문은 다음과 같다;

"순진한 청년 장교들의 마음 속에 고민과 사색이 일어나게 되었다. 그들은 선과 악을 분별하지 못하게 되었다.

그들은 천황天皇 측근에 있는 대신들이 런던 해군협정이 있은 후, 천황의 대권을 농단하고 있다고 여겨왔다.

또한 그들은 이 대신들이 법을 초월하여 처신하고 있음으로 합법적인 수단으로는 그들을 처치할 수 없는 것으로 생각하였다. 따라서 그 대신들에게 천벌을 가하는 수단으로 초법률적인 무력수단을 동원했던 것이다"

이 청년장교들은 일본의 해군력 경쟁의 상대국인 미·영 양국 또는 그 중 한 나라와 전쟁을 개시할 시기가 아니라고 생각하고 있는 일본 정부 내의 나약하고 답답한 요인들을 반드시 타도하겠다는 강렬한 동기에서 이 폭동을 일으켰던 것이다.

이에 따른 일본인들의 군중심리 상태를 아는 사람이라면 누구나 인정할 것이다. '1936년의 위기'라고 하는 전국적 흥분 속에서 군국주의자들은 일본을 '숭고한 천명으로 인도하는 길'을 막고 방해하고 있는 서양제국을 공격하자고 주장하였다.

그러나 문민 정부는 그것을 과감하게 실행할 수 있는 용기와 능력이 없으므로 필연적으로 문文·무武 양 그룹 충돌이 극도의 긴장을 야기시켰으며 또한 이 시기에 많은 암살사건이 발생하였다.

1931년 이래 정치적으로 암살된 인사 중에는 수상 2명, 장군 1명, 실업가 1명, 유명한 금융업자 2명이 포함되어 있다. 국가를 위하는 것이라면 정부고관이나, 시민을 가리지 않고 '살해'하는 것을 애국이라 생각했고 일반대중은 이 자객刺客들의 명예를 지키기 위하여 신사神社와 사원을 세웠다.

1934년 '성스러운 무사들 클럽'에서 '기도회의 음모'를 통하여 당시 일본에 체재하고 있던 세계적인 영화배우 찰리 채프린Charlie Chaplin을 암살하려고 기도한 것은 미국에 전쟁도발의 구실을 주기 위한 수작이었다.

1935년 2월에는 애국단체인 부신카이武神會의 회원인 나가사키 가수케長崎가 도쿄의 신문사 사장이 미국 야구선수 베이브 루스Babe Ruth의 일본 초청을 후원했다 하여 그를 저격하였다.

이와 같은 군부軍部 반란이 있은 후 일본은 적당한 수상감을 발탁하는 데 어려움을 겪었다. 천황天皇은 새 수상을 임명하기 전에 관례에 따라 사이온지 긴모지 노老 공작의 의견을 물었다. 그는 메이지明治천황 시절 대신의 한 사람으로서 생존해 있는 가장 연로한 정치가였다.

그는 45세의 고노예 후미마로를 천거하였다. 고노예는 귀족원 의장이며 소속을 가지지 않은 군국주의적 귀족의 한 사람이었다. 행정에는 경험이 없었지만 추천을 받아들여 즉시 조각에 착수했다.

그는 각료 내정자들에게 전화로 통보하여 수 시간 내에 조각에 성공하였다. 그래서 이 내각은 후일에 '전화내각'이라는 별명이 붙게 되었다.

새로운 수상 고노예 후미마로는 이 사태를 더 이상 지연시켜서는 안 되므로 빠른 결단을 내리지 않으면 안되었다. 우선 중국을 정복하는 것이 가장 손쉬운 일이라고 생각해서 일본정부는 이 길을 택하기로 결정했다.

1937년 7월 7일, 베이핑北京의 별칭 부근 마르코 폴로 다리Marco Polo Bridge에서의 중·일 양군의 충돌은 아무런 선전포고도 없이 중·일전쟁의 빌미로 이용되었다.

이렇게 하여 침략한 일본 육·해군은 맹렬한 추격을 통해 중국의 중요 산업중심지를 차례로 점령하고 중국군이 사용하는 한두 개의 도로를 제외하고는 전 해안선을 외부 세계로부터 완전 봉쇄하고 말았다.

이와 같이 발표하기에는 너무나 소름끼치는 전쟁뉴스들은 이 봉쇄선을 넘어가기 전에 철저히 차단되고 말았으며 다만 극히 제한적인 일부 보도만이 많은 우여곡절 끝에 겨우 외부세계에 발표되었다.

1939년까지의 전쟁에서 일본이 그들 제국에 병합시킨 모든 부와 투자를 포함한 영토의 규모는 아래의 일람표를 보면 쉽게 짐작할 수 있다.

년 도	지 명	면적(평방마일)	인 구
1895년	일본본토	148,756	72,222,700
1895년	대 만	13,890	5,212,719
1895년	The Pescadors	50	60,000
1905년	Saghalin	13,930	331,949
1910년	한 국	85,228	22,355,485
1915년	Kwantung	1,438	1,656,728
1931년	만 주	503,013	35,338,000
1939년	중 국	900,000	150,000,000
합 계		1,667,134	287,242,398

인명피해

전투 또는 대도시의 폭격으로 200만~250만 명의 중국인이 살상되었다고 추산된다. 그리고 4,000만 명 이상의 중국인들이 내륙지방으로 피난하였다.

일본은 일본군 약 7만 명이 중국에서 전사 또는 부상했다고 발표하고 있지만 외국 옵서버들은 일본군의 사상자는 수십만 명이 될 것으로 추산했으며 중국정부는 일본군의 손실을 백만 명이라고 추산하고 있다.

＊ 1939년 12월 11일에 제출된 야넬 제독의 보고서도 이 숫자와 거의 일치하고 있다. 중국군의 전사자는 121만8,462명으로 기아와 궁핍으로 죽은 전체 중국인의 수는 500만~1,000만으로 추산하고 있다.

＊ 필자주 : 1939년 12월 2일에 제출된 야넬 제독의 보고서도 위의 숫자와 상호 부합된다. 전사한 중국장병은 121만 8,462명에 이르며 기아와 궁핍으로 인해 죽어간 중국인의 수는 대략 500만~1천만으로 추산된다.

외국의 금화monetary 손실

1938년 중국세관의 조사에 의하면 전쟁에 의한 중국 내의 외화손실은 약 8억 달러로 보여 진다. 그 중 반은 영국의 손실이고 2억 달러는 미국, 나머지는 독일의 손실이다. 이 추산은 1939년에 입수한 것이다.

이 논제를 더 펼쳐가기 전에 전 세계정세에 깊이 관계 되어있는 극동사태의 일면을 고찰해 보기로 하자.

숲속에 맹렬한 불길이 타오르면 산에 살고 있는 사람은 누구나 곧바로 자신의 집을 염려해서 어떻게 하든 집을 구하려고 한다. 그러나 산불의 참사를 경험해 본 적이 없는 사람들은 산불이 무서운 파괴력을 갖고 있다는 사실을 이해하지 못한다.

따라서 산불을 심각하게 받아들이는 사람이 적다는 것도 다분히 이해할수는 있다. 어떤 사람은 "불은 산 쪽에서 일어났으므로 그 불이 여기까지 오려면 오랜 시간이 걸릴 것이다"라고 생각한다.

또 어떤 사람은 "자신의 집이 불타고 있으니 다른 사람에게 불을 꺼 달라고 하면 그것은 당신의 일이므로 우리 일은 아니다"라고 말할 것이다. 또 어떤 사람은 "그 불은 옆 마을이나 옆집까지 태울지는 모르지만 그 큰 불이 멀리 떨어져 있으면 그 불은 우리에게 아무런 피해를 주지 않을 것이다."라고 한다.

이와 같은 논리를 갖고 사태를 바라 본다면 자신의 집이 아직은 큰 불에 휩싸이지 않았으니 제아무리 큰 화재라 할지라도 다른 동네의 일이니 아무런 관계도 없다. 반면에 그의 집이 이미 잿더미로 변해버린 사람은 이제 더 이상 염려할 일이 전혀 없게 된 것이다.

따라서 이토록 커다란 재난을 혼신의 노력으로 제지하려고 힘쓰는 사람은 이미 자기의 재물이 큰 화재에 휩싸여 타고 있는 사람들뿐인데 슬프게도 그들은 이미 때를 놓쳐버렸다는 좌절감과 절망뿐일 것이다.

이같은 이야기는 숲에 살고 있는 사람들이 산불에 대해서 그와 같이 무관심한 태도를 취해서는 안 된다는 것을 모든 사람에게 각성시키기 위하여 흔히 있을 수 있는 하나의 예화例話이다.

그러나 이것은 오늘날 자신들을 하나하나 파괴해 가고 있는 전쟁에 대해서 관망적인 자세로 일관하고 있는 세계 각국의 태도와도 일맥상통하는 것이다.

1905년에 한국에서 일어난 불이 가장 최근의 사태로까지 발전된 예를 살펴보자. 이 불은 그 후 점차 확대되어 중국·만주·이디오피아·오스트리아·체코슬로바키아·폴란드·알바니아·노르웨이·덴마크·벨기에·프랑스를 침공하여 이 국가들을 무참히 파괴하였고 지금도 어디에서 그 불이 끝날 것인가 알 수가 없다.

몇 해 전, 아니 얼마 전까지만 해도 모든 국가는 이 불이 자신들과는 하등의 관계가 없는 것으로 생각해 왔다. 이와 같은 무관심한 태도는 곧 "이 다음은 누구 차례인가?"라고 하는 질문으로 바뀌어 왔다.

현재 유럽 제국의 반수 이상이 세계지도상에서 소멸되어 버렸고, 나머지 소수국가는 "언제 우리 차례가 올 것인가?"하고 자문하고 있다. 생각해 보면 이들 모든 나라는 자신들의 이기심으로 인해 이러한 악운을 자초하여 짊어지게 되는 것이다.

만약, 모든 국가들의 일반적인 경향이 이와 같은 이기심뿐이라면 어느 국가를 막론하고 구원받을 기회가 없을 것이다.

중국인들에게 강요당하고 있는 전쟁이 백인에게도 겨냥하고 있다는 사실은 백인들이 아무리 부인한다 해도 그 명백한 사실에는 결코 변함이 없을 것이다. 이 전쟁이 계속되면 그 후에 오는 결과가 이 사실을 명확하게 보여줄 것이다. 이것이 미국인들이 특히 관심을 갖고 지켜봐야 할 중·일전쟁의 한 단면이다.

제 5 장

"외국기자들은 나가라"

FOREIGN NEWS PAPERMAN MUST GO

5

"외국기자들은 나가라"

FOREIGN NEWS PAPERMAN MUST GO

중국의 상업중심지를 점령하고 나서 외국인들에게 조약상의 권리를 계속해서 보장해 주는 것은 일본인에 있어서는 사자가 출몰하는 목장을 관리하는 것과 같은 것이다.

그러므로 외국인들을 떠나게 하지 않으면 안 되었다. 일본인들은 이 목표를 에둘러 수행하려고 하였으므로 자연 시간이 걸렸다.

그러나 신문기자들은 지금 즉시 내보내지 않으면 안 되었다. 언론의 자유라는 것은 언제나 일본의 정치적, 사회적 생활제도에서는 용납될 수 없는 것이었다. 지금 일본은 반항적이면서 정복 당하지 않고, 또한 정신적으로 정복할 수가 없는 중국민들의 반 이상을 복종시키지 않으면 안 되었다.

이 일은 계속적인 대량 학살, 분형焚刑, 투옥의 계획과 함께 현대와 중세기의 야만적인 방법을 조합한 갖가지 기묘한 책략을 이용하여 정복한 중국 지역을 글자 그대로 불지옥으로 만들것이다.

이와 같이 중국대륙 본토민의 인구를 감소시키는 정책은 바로 일거양득의 효과가 있다고 일본인들은 믿고 있다. 즉, 반일정신을 말소시킴과 동시에 일본인 자신들이 살기 좋은 곳으로 만들어 주는 의미가 있다.

"한국인, 만주인, 중국인은 말살되어야 한다. 그렇게 되면 우리 일본인은 보다 안락하게 살 수가 있다"라고 그들은 말하고 있다. 이것이 바로 서양의 '문명국가'에서 주창하며 실천되고 있는 현대의 생활철학인 '적자생존'의 이론이라고 그들은 주장하고 있다.

이러한 사상을 염두에 두고 있는 '현대화'된 일본인들은 자신들이 동양에서 가장 문명화된 국민이라는 소리를 전 세계로부터 들으면서 조선과 합병한 이래 한국, 칭다오靑島, 기린吉林, 그리고 만주 곳곳에서 이러한 '감족정책減族政策'을 실행하여 왔다.

⊙ 일본은 만주에서 마을사람 전원을 모아놓고 친일파를 시켜 주민들을 본보기로 처형했다.

'죽은 자는 입이 없으므로 말을 할 수 없다' 하지만 이 끔찍한 고문 희생자의 일부는 지금도 목숨을 연장해 가고 있다. 그들의 몸에는 '일본의 현대화' 된 비인도주의非人道主義에 대한 증거의 흔적이 남아있다. 그 사람들의 일부는 지금 미국에 살고 있다.

◉ 중국인이 일본군에 의해 생매장 되고 있다.(南京:1937년 12월)

◉ 총검으로 살해된 중국인(津浦:1938년 4월경)

1919년 3월 1일 한국 독립선언문에 서명한 33인 중의 한 사람은 하와이에서 한국인 교회의 목사로 일하고 있는데 일본경찰이 그 목사에게 자백을 받기 위해 불고문을 하였으며 지금도 그 당시 입은 고문의 상처에 계속 약을 바르지 않으면 안 될 지경이다.

　이와 같은 고문은 모두 비밀리에 행해졌다. 또한 외부세계에는 이 진상이 전혀 알려지지 않도록 하였다. 일본인들은 중국에서 보다 더 큰 규모로 이러한 만행을 저질렀을 것이다.

⊙ 일본군에 학살된 중국인(南京:1937년 12월)

　그들이 중국을 정복할 수 있는 단 하나의 방법은 이것밖에는 없었다. 그렇기 때문에 그들은 가장 먼저 쫓아내야 할 외국인으로 미국 신문기자들을 꼽았다.

　일본 군국주의자들은 미국기자들에 대해 특별히 증오심을 품고 있었다. 끈질긴 선전만이 그들의 보복이였다. 일본정부가 과거 30년 간 미국내에서 선전비용으로 매년 100만 달러 이상을 소비했던 이유도 여기에 있다.

그래서 일본은 미국 내 그들의 선전망을 통해서 자신들의 추악한 본성을 숨기고 양의 가죽을 둘러 쓴 얼굴에다 미국의 여론과 이목을 집중시킬 수가 있었다.

일본의 국영통신기관인 도메이 통신사는 잘 훈련된 일본인과 여러명의 미국인으로 조직되어 언제라도 그 임무를 수행할 준비를 갖추고 있다.

런던에 본사를 둔 로이터통신이나 AP통신, UP통신 및 그 외의 미국에 본사를 두고 있는 통신사들은 해외에 있는 그들의 본부에 보내는 통신자료를 모두 이 도메이 기자들로부터 얻지 않으면 안 되도록 되었을 것이다.

하와이 출신의 헨리 W. 킨네이Henry W. Kinney는 전 국제연맹 일본수석대표 마스오카 요수케로부터 일본통신사와 손을 잡고 같이 일을 하자는 초청을 받았다. 일본은 자기들의 입맛에 맞지 않는 모든 외국기자들을 곧바로 동양에서 추방하고자 하였기 때문에 그들은 100% 친일적인 미국인을 필요로 했다.

킨네이Kinney 씨는 하와이에서 태어나서 신문기자가 되었고, 그 후에 일본정부 공보국의 책임자로 임명되었다. 그는 자신이 일본의 진실한 친구라는 것을 입증해 보였다. 일본이 만주를 공략할 때 일본은 그를 일본군 장교와 외국인 사이의 연락관으로 기용하였다. 그의 일처리는 일본인들이 기대했던 것처럼 매우 만족스러운 결과를 가져다주었다.그는 이미 1935년 만주국의 행정이 한창 강화되었을 때 사임하였지만 일본인들이 이제 남진을 개시함에 따라 또다시 그가 필요하였으므로 그를 초청한 것이다.

만약, 일본이 성공할 경우 제3자의 견제를 받지 않고 그들의 침략계획을 실행할 수 있도록 방치해 둔다면 외부세계는 일본이 점령한 광대한 지역에 관한 상세한 보도는 외부세계에 전할 길이 없이 완전하게 차단되고 말 것이다.

따라서 신문은 진위를 가릴 수도 없으며 일본이 일방적으로 발표하려고 생각한 선전용 외의 실제 뉴스는 얻을 수가 없을 것이다. 일본이 도쿄나 만주, 베이징 등에서 발표하는 보도는 극히 교묘하게 계획되고 조작되어 있음에도 신문사나 신문기자는 아무 의심없이 그대로 받아들이고 만다.

세계의 모든 곳, 특히 미국의 모든 지역에서 부단한 접촉을 유지하고 있는 도쿄의 지도자들은 마치 의사가 환자의 맥박을 감지하듯이 그날 그날 세계의 동태를 꿰뚫고 있으며, 그곳 각계각층의 국민 대중을 상대로 일본에 유리한 영향을 미치게 하는 보도를 계속해서 내보냈다.

일본은 35년 전에 실험삼아 한국에 대해서 군사 정복계획을 세웠다. 일본은 이 계획의 실험에서 대성공을 거둠으로서 그 이후에도 이 계획을 반복해서 이용하여 왔다.

그 하나는 만주의 침공과 중국침략에서 이 계획을 사용하였던 것이다. 일본이 한국에서 언론기관을 다루었던 것처럼 중국에서도 같은 방법으로 언론기관을 다루었다.

정복자인 일본의 입맛에 맞는 일을 할 수 있는 소수의 기자들을 제외한 나머지 신문기자는 모두 일본 점령지구로부터 떠나지 않으면 안 되었다. 그리고 그곳에서 사는 외국인들은 누구를 막론하고 친일적 태도를 취하지 않으면 안 되었다. 원주민에 대한 동정 등은 당치도 않았다. 그렇게 하지 않으면 그 지역 내에서 남아 있을 수 없는 것이다.

일본인은 외국인들에게 무조건 나가라고는 하지 않았다. 그들은 완곡하고 교활한 방법을 취하였다. 군사상 필요하기 때문이라고 하는 것이 최상의 구실이었다. "우리는 여러분들의 안전을 보장할 수가 없다. 여러분들의 안전을 위하여 위험지역으로부터 스스로 철수할 것을 경고한다"라고 간교한 협박을 가하는 식이다.

그러면서 동시에 돌발사건을 조작하여 외국인의 재산을 파괴하고 생명의 위험에 처하게 만들었다. 이 같은 방법은 기대한 대로의 결과를 가져다준다.

만약, 그렇게 하였는데도 100%의 효과가 없으면 그런 외국인에 대해서는 군법을 위반했다든가, 일본의 장군이나 총독을 암살하려고 한다든가 하는 등 온갖 야만적인 혐의를 덮어 씌운다. 하여튼 일본의 '신질서新秩序'를 받아 들이지 않는 외국인은 오랫동안 잔류할 수가 없었다. 그곳에 오랫동안 남기를 원하는 외국인은 일본정권의 권위를 손상하는 언행을 해서는 결코 안 되는 것이다.

외국관광객들도 일본인이 감추고 싶어하는 것들을 볼 수도, 물어 볼 수도 없다. 관광객들이 동양을 다시 방문하려고 생각한다면 일본의 눈 밖에 나거나 반감을 사서는 절대 불가능한 일이다.

일본의 군사적 지배하에 있는 전 지역은 일본의 '신질서'가 확립됨과 동시에 오늘날의 한국에서와 같이 외부세계와의 연락이 완전 두절되고 말 것이다. 미국 내의 신문도 일본의 선전물을 게재해야 하거나 그렇지 않으면 모두 묵살할 수밖에 없을 것이다. 〈뉴욕 타임즈The Newyork Times〉 제1면 하단에는 다음과 같은 의미심장한 주석을 달았다;

"유럽 및 극동 발 통신은 발신지에서 검열을 받고 있다"

1937년 9월 일본군 대변인 하라다 중좌中佐가 베이징으로 간 외국인 기자에게 보낸 경고문을 본다면 일본군이 어떻게 빈틈없이 검열전을 시작했는가를 알 수 있다.

하라다 중좌는 우선 외국 신문기사에 오도되지 말도록 기자들에게 경고하였다. 그는 이어서 "중국이 세계의 동정에 호소하고 있는 것처럼 보여 지고 있다. 따라서 이 통신기관은 외국인에 의해서가 아니라 중국의 내부 고용인에 의해서 움직이고 있다."고 말했다.

그는 또 일본군이 광둥廣東을 한번도 폭격하지 않았다는 것처럼 되어 있는 광동폭격 기사가 마치 상하이에서 만들어서 내보낸 것처럼 말하였다. 이 말이 신문기자들의 분노를 샀고 기자들은 그 경위를 설명하라고 하라다에게 따지고 대들었다.

그는 이 광동폭격 기사를 허위보도라고 말할 수가 없었다. 조용하게 다음과 같이 답하였다. "나는 단지 한 사람의 일본인 애국자로서 말할 뿐이다. 외국인들은 중국인들에게 일방적으로 편을 들어 동정을 표시하고 있다"

일본 군국주의자들의 입장에서는 그러한 세계의 동정이 그들 자신의 행동과 어떠한 상관관계가 있다고 하는 것에 대해서 도저히 이해할 수가 없다는 것이다. 그들의 입장에서는 '힘의 정의'로 밀어붙이기 때문에 일본의 행동이 옳건 그르건 다른 나라들이 항상 일본의 우호적인 우방이 되어 줄 것을 강변하고 있는 것이다.

세계가 이 사실을 인식하지 않는다면 일본은 조만간에 세계를 응징하려고 할 것이다. 이것은 그들의 군사심리이다. 하라다 중좌가 점잖게 암시를 주었는데도 만약, 외국기자들이 이에 주의하지 않는 다면 이 기자들은 그 결과에 책임을 감당하지 않으면 안 된다.

이와 같은 정중한 경고에도 불구하고 미국식 특종기사 정신에 충실한 일부 특파원들은 아직도 전쟁실태를 생생하고 사실적인 현장뉴스로 보내고 있다. AP통신 특파원 헬도어 헨슨Haldore Hanson은 UP통신으로 발신하여 보도하고 있었는데 그의 기사가 전국의 주요신문에 게재되었다.

1937년 10월11일 헬도어 헨슨 기자가 파오팅후Paotingfu로부터 보낸 기사도 일본군의 마음을 뒤틀리게 하는 기사 중 하나였다. 그 기사에서 다음과 같이 쓰고 있다;

"중·일 전쟁에 있어 가장 피비린내 나는 전투가 끝난 후, 무참히 파괴된 처참하고 음산한 이 도시에 6명의 미국인 부인과 한 명의 남자, 그리고 나만이 살아 남았다. 미국 선교사들 상당수가 모두 등골이 오싹할 정도로 소름끼치는 경험을 거듭하고 있다. 그들 선교사들의 경험담을 나에게 전해 준 사람은 9월에 자전거 편으로 나에게 달려온 기자들이었다"

만약 헬도어 헬슨 기자가 하라다 중좌의 경고를 가슴에 간직했더라면 그토록 공포스러운 전쟁의 실상을 상세하게 언급하지는 않았을 것이다. 그와 같은 기사는 중국을 동정하도록 미국대중의 감정을 자극하는 것이 되었다.

그 대신 1894년의 중·일전쟁이나 1904년의 러·일전쟁 당시 모든 외국 특파원들이 일본군의 용감성을 격찬하였던 것처럼 일본 해군이 전선에서 보여준 모든 인도적 행동과 영웅적 태도를 보도했어야 했을 것이다.

중·일전쟁이나 러·일전쟁 당시는 이번 전쟁보다 훨씬 용의주도하게 행동했던 것 같다. 일본은 그들 자신의 태도를 바꾸지 않는 대신에 세계의 동정을 얻는 방편으로 일본에 대한 세계의 태도를 바꾸려고 결심한 것이었다.

헬도어 핸슨Haldore Hanson 기자는 베이징으로 돌아오는 도중에 일본군에 체포되어 보정Paoting부保定府로 연행되었다. 이곳에서 그는 일본 헌병에게 8시간 동안 계속해서 고문을 받았다. 그는 열병에 걸린 데다가 입에 맞지 않는 일본음식 때문에 더욱 더 건강이 악화되었다. 그래서 장로교회 병원으로 후송되어 10일 간 입원하였다. 그는 당시의 상황을 다음과 같이 적고 있다;

"일본인들은 내가 만약 이 도시를 벗어나려고 시도한다면 또다시 체포하겠다고 협박하였다. 이 메시지는 나로서는 밝힐 수 없는 특별 경로를 통하여 베이징으로 전해지는 것이다. 나는 현재 집집마다 연통이 날아가고 혹은 담벼락이 허물어진 곳에 벽돌이 산재해 있는 울 안에 살고 있다. 나의 침실도 기관총 탄환의 흔적으로 가득 차 있다"

그가 체포된지 약 3주 후에 그 사건이 베이징의 미국대사관에 알려지게 되었고 그 즉시 일본대사관에 엄중한 항의서가 제출되었다. 이 항의에서 핸슨Hanson 기자가 미국대사관에 이 사건을 통고하는 것을 허락하지도 않았고 게다가 하등의 법적 근거도 없이 4일간이나 계속 밤늦게까지 헌병대 본부에서 음식과 물도 주지 않고 억류한 것에 대하여 특별히 지적되었다.

이 사건에서 일본측은 그 징벌이 지나치게 가혹하고 부당하다는 것을 알고 있었지만 그들은 조금도 개의치 않았다. 그들의 궁극적인 목적은 자기들이 기대하는 효과를 얻어내는것 뿐이었기 때문이다.

모든 외국인은 세상이 뒤바뀜으로 인하여 이제부터는 일본인이 백인의 세계에 살고 있지 않고 백인들이 일본인들의 세계에 살고 있다는 사실을 깨닫게 하지 않으면 안 되었다.

외국인들에게 이와 같은 인상을 깊이 심어주기 위해서는 징벌의 수단으로서 공포감을 조성할 수 있을 정도의 가혹한 '본보기 징벌'을 보여주지 않으면 안 되었다. 그래서 헨슨 기자는 어쩔 수 없이 '신질서'의 희생양이 된 것이다.

일본에게 불리한 기사를 쓴 기자가 처벌되어야 한다면 사진으로 사실적인 '전장戰場' 기사를 엮어내는 카메라맨도 무사할 수가 없었다. 폭스 무비튼Fox Movieton사의 중국인 카메라맨 H.S.웡Wong 기자는 그 회사에서 10년 간 근속한 베테랑인데 반일운동에 참가했다는 혐의로 일본 군당국의 요구에 의해서 1937년 12월 상하이에서 지방경찰의 손에 체포되었다.

그러나 그가 체포된 직접적인 원인은 일본군이 폭격하고 난 다음 남부역 플랫폼에 넘겨져 있는 부상당한 아이의 사진에 있었으며, 이 사진은 미국의 〈라이프Life〉잡지에 게재된 바 있다.

그래서 웡Wong 기자도 하나의 교훈을 얻게 되었다. 외국기자들은 일본 군국주의자들의 비위를 거슬리지 않는 사쿠라 꽃이나 견직물 기모노라든가, 일본 인형을 찍은 사진 등을 제외하고는 다른 어떤 것도 미국으로 보낼 수가 없었다.

13년 간이나 일본에 주재한 저명한 외국인기자의 한 사람인 INS통신의 제임스 러셀 영James Russel Young 기자도 1940년 1월 21일 도쿄의 데이고구帝國호텔에서 체포된 바 있다. 일본경찰은 그의 혐의 내용에 관해서는 아무런 통고도 없이 그의 통신문서와 편지들을 압수 수색하고 그의 아파트를 두 번이나 수색하였다.

제임스 영James Young 기자는 종군기자로 중국으로 건너가, 중국에 대한 일본의 선전포고 없는 전쟁의 공포상을 폭로하면서 쓴 6개의 기사를 홍콩에서 본사로 발신한 적이 있다. 그는 또 일본의 비위를 건드리는 연설을 여러 차례 한 적도 있다.

그가 주일 영국대사 조셉 G.그루Joseph·G.Grew씨와 각별히 친했던 것도 그에게는 불리하게 작용했다. 그 기자가 노쿄로 돌아왔을 때 '전쟁비상시에 군사에 관한 유언비어를 유포했다'고 하는 혐의로 그를 체포하였다.

그가 스가모巢鴨 형무소에 수감되었다고 발표된 것은 2월 2일이었다. 그가 지하감옥에 구류되었던 50일 간 그는 아내와 미국대사관 직원과의 면회조차도 허락되지 않았다.

미국대사관은 그들의 체포통고를 받고는 윌리엄 T.터너Willam T.Turner 이등서기관이 직접 일본 당국과 절충해 보았지만 영Young 기자와의 면회는 그 누구에게도 허락되지 않았다고 한다.

그래서 미국대사는 자기가 입던 헌 가죽 점퍼와 그밖에 많은 방한복을 형무소에 차입해 주었다. 일본경찰은 "감방이 너무 추워서 밤에도 옷을 입은 채로 잠을 자야 하므로 잠옷은 필요 없다"고까지 말했다.

3월 15일이 되서야 재판이 종결되었다. 그 일주일 후 6개월 징역과 재판비용의 부담이 선고되었다. 그러나 법정은 '자비롭게'도 그의 형을 3년간 집행유예로 해서 그를 다시 감방으로 돌려 보내어 그곳에서 3월말까지 머물게 하였다.

미국신문에는 일본의 선전가들이 우호를 나타내는 시늉을 하면서 자신들의 부정행위를 은폐하려고 얼마나 노력하고 있는가를 똑똑히 보여주는 기사가 많이 게재되었다. 영Young 기자의 사건에서도 일본정부 당국은 그가 미국인인 까닭에 법정이 그에게 많은 호의적인 배려를 했다는 인상을 주려고 애를 썼다.

그래서 법정은 "예비심사를 급히 서둘러 재판을 매우 빠르게 결말내었다"고 말하고 있지만 만약, 그가 미국시민이 아니었다면 7주간은커녕 수 년 간 감옥에서 지내지 않으면 안 되었을 것이다.

또 하나의 큰 배려는 "민간재판소에서 재판을 했다"라고 말하는 것이다. 그러나 그가 만약 미국인이 아니었다면 "군법회의에 회부되어 총살시켰을 것이다"라고 말하고 싶었을 것이다. 또한 "그가 일본에서 나가는 것을 허락하였다"고 하는 것을 또 하나의 호의라고 생색을 내는 것은 그가 미국인이 아니었다면 일생 동안 일본에 억류되어 있지 않으면 안 된다고 하는 의도가 있었던지 모르겠지만 결국 그는 추방된 것이다.

일반 미국 신문독자들은 이 기사를 볼 때 대부분 이 기사 속에 숨겨져 있는 반미감정은 알아차리지 못하고 미국인에 대한 일본의 우호적 태도만을 내세우는 선전만을 보게 된다. 사람을 쉽게 믿고 의심할 줄 모르는 대부분의 미국인들은 지금도 일본은 미국에 대해서 우호적이고 미국에게 신뢰받을만한 가치가 있다고 믿고 있다.

이것을 보더라도 일본이 극동에서 미국의 모든 권익과 위신을 손상하였으면서도 미국의 여론을 정복하는데 성공하고 있다는 놀라운 사실을 알 수 있지 않겠는가?

〈재팬 애드버타이저Japan Advertiser〉는 해외에 있는 미국인 소유의 일간지로서 가장 저명한 것으로 알려져 있다.

코노예 근위내각은 1940년 10월 10일, 이 신문에 대해서 폐간 명령을 내렸다. 이 신문은 일본의 대변기관에 지나지 않는 〈재팬 타임〉〈재팬 매일〉과 합병됨으로써 일본의 지배하에 놓여졌다.

1910년에 이 합병지의 소유자가 된 필라델피아 출신의 B W.플라이샤 B.W Fleisher씨는 70세 고령의 건강하지 못한 몸으로 일본을 떠나와서 다시 일본으로 돌아가지 않고 있다.

이 무렵 한국인이 소유하고 한국인에 의해 운영되고 있는 일간지로서 한국 최대의 일간지인 서울의 〈동아일보〉〈조선일보〉도 같은 운명에 놓여졌다.

플라이샤씨도 많은 미국인과 똑같이 그의 인생 대부분을 일본에서 보내면서 일본과 미국과의 우호를 증진시킴으로써 태평양의 평화를 증진시키겠다는 신념으로 살아 온 사람이다.

그러나 지금은 다른 많은 미국인들과 같이 노력한 모든 것들이 단지 대일본 제국 건설에 일조한 것에 지나지 않았다는 것을 깨닫게 되었다.

그는 미·일협회 창립자의 한 사람으로 20년 간 협회의 조직에 공헌하였다. 사실상 그는 극히 친일적이므로 그들의 신문은 일본의 저명한 영자신문인 〈재팬 크로니클Japan Chranicle〉과는 대조가 되면서 수년간 친일신문으로 알려져 왔다.

지금 일본은 이제 그들의 도움이 더 이상 필요치 않으므로 그들을 매몰차게 토사구팽兎死狗烹 시키고 말았다.

이와 관련해서 수년간 나는 〈재팬 어드밴타이저Japan Advertiser〉의 주필로 근무했던 R O.매저슨Matherson 씨에 대한 내용도 몇 마디 언급할까 한다.

제1차 세계대전 직후, 도쿄로부터의 초청제의를 받고 도일할 때까지 부임하기 전 10년 간 〈호놀룰루 애드버타이저The Honolulu Advertiser〉

신문의 주필이었다. 그는 훌륭한 인격자였으므로 세계주의적인 하와이 회사에서 전적인 신임을 받았다. 그는 그 신문의 논설과 기사를 통해 호놀룰루에서 필자가 창립한 한국기독교회관과 한국인교회에 대해서 각별한 관심을 기울였다.

그는 항상 이 지역에서 소수민족계인 한국인들에게 동정을 나타내었고 그로 인해 다수의 인구를 점하고 있는 일본인들과 충돌까지 야기시켰다. 일본인은 어느 곳에 가든지 '제국건설'의 모임을 통해 이 미국 땅에서도 소小일본을 건설하려 했다. 미국 지도자들 특히 재정가들은 옛날부터 전해내려 온 '동화同化'의 이념을 주장하면서 일본을 도와 왔다.

그러나 한국인은 이 '동화'라는 뜻이 미국식이 아닌 일본식으로 되어간다는 것을 보고는 여기에 참가하는 것을 거절하였다.

따라서 한국인들은 자연 외톨이가 되어 차츰 '잊혀진 사람'이 들어가는 변방으로 밀려나고 말았다.

매저슨Matheson씨는 무시당하는 한국인이 언젠가는 미국을 위해서 봉사할 것이라는 것을 인식하여 시간이 날 때마다 한국인의 입장을 일반인에게 설득하였다.

이리하여 그는 모든 한국인의 옹호자 내지 후원자라고 일본인들로부터 강력한 비난을 받았다. 일본은 그를 도쿄로 오게하는 것이 현명한 계책이라 생각하여 그를 도쿄로 초청하였다. 그는 〈재팬 애드버타이저 Japan Advertiser〉로부터 초청을 받고 그 초청에 응하였다.

1919년, 한국에서 무저항 3·1 운동이 일어났을 때 매저슨Matheson씨는 미국에 있는 그의 신문에 그사실을 칼럼과 기사로 발표했다. 당시 일본군대·헌병대·경찰은 총검과 소총으로 야만적인 진압을 하였다. 이에 반항할 무기도 없이 평화적인 시위를 한 한국인 남녀들의 영웅적인 투쟁을 피가 끓는 기사로 생생하게 보도한 것이다.

필자는 전에 그에게 편지를 보냈지만 답장을 받지 못했다. 그 후 매저슨씨는 필자에게 믿을만한 비밀계통을 통해서 그에게 직접 편지를 보내지 말아달라고 부탁받은 바 있다. 그러나 안타깝게도 수년 후에 그가 일본에서 객사했다는 슬픈 부고는 필자에게 큰 충격이었다.

필자는 현대 저널리즘의 역사에 기록될 가장 비극적인 최신보도를 전함으로써 이 장을 닫고자 한다. 그것은 1940년 7월 27일에 체포되어 55시간 동안의 견뎌낼 수 없는 극도의 고문으로 이틀 후에 비명에 간 로이터통신Router's 도쿄특파원 멜빌 J. 콕스Melville J. cox 씨에 관한 얘기이다. 의혹으로 덮여진 이 사건의 진상규명 보도는 그 해 10월 3일에서야 런던에서 공개되었다.

관례에 따른 이 사건의 진상에 관한 일본측의 설명과 외국측의 설명에는 현저한 차이가 있다. 일본 측 설명에 의하면, 콕스cox 기자는 경찰이 그의 범죄에 대한 증거를 파악하고 있다는 것을 발견하자마자 경찰청 5층 창에서 뛰어내려 자살했다는 것이다. 그러나 외국인들은 그의 몸에 있는 고문의 상처가 매우 깊었으므로 경찰이 그를 창밖으로 던져 떨어뜨렸다고 생각하고 있다. 그 몸에 있는 상처는 자살로 뒤집어 씌우기 위한 구실에 불과하다는 것이다. 콕스 씨 부인이 제시한 증거로는 후자측의 견해가 맞는 것으로 입증되었다.

7월 27일, 그가 도쿄에서 경찰에게 체포되었을 때 경찰은 부인에게 말하기를 콕스cox씨에게 질문할 것이 있다는 것뿐이고 그에게 죄가 있는 것은 아니라고 명백하게 말했다.

7월 29일 아침, 같은 시간에 부인은 유치장으로 남편의 조반을 가지고 갔다. 오후 1시 30분에는 점심을 운반했다. 부인이 조반과 함께 차입한 편지의 답을 받고 싶다고 요구하자 경찰은 문 앞에서 기다리라고 말했다. 반 시간이 지나서야 회답이 왔는데 떨리는 손으로 쓰여진 것으로 그것이 자기 남편의 필적인지 아닌지 여부를 판독하기가 매우 힘든 지경이었다.

부인이 호텔로 돌아오자마자 남편이 부상을 당했으니 즉시 경찰청으로 와달라는 경찰의 전화를 받고, 부인은 영국대사관에 잠시 들러 사건의 개요를 알리고는 경찰청으로 급히 달려왔다. 발표된 보도에 의하면 콕스 씨 부인Mrs. Cox은 다음과 같이 말하고 있다;

"그들은 나를 5층으로 데리고 갔다. 그곳에서 가엾은 나의 남편은 온몸이 피멍투성이가 되어 송장같은 처참한 몰골로 딱딱한 나무의자 위에 길게 늘어져 있는 것을 보았다. 남편의 팔과 다리는 맥없이 흐느적거리고 그의 척추도 심한 손상을 입고 있었다. 얼굴과 손은 진청색의 피멍이 들었으며 오른쪽 눈은 감긴 채였고 머리와 턱도 부서져 있었다.

나는 35곳 이상의 주사흔적을 셀 수가 있었다. 어떤 일본경찰은 나와 나의 남편의 처참함을 비웃기라도 하듯 차가운 미소를 띄우고 있기도 하였다"

이 보도에 의하면 콕스 씨는 다음과 같이 절규했다고 한다;

"빌어먹을 놈! 이 새끼들아! 나를 내보내줘라! 나에게 어째서 이러는 거냐? 아아, 가게 해줘"
콕스부인은 계속해서 말했다;

"나의 남편은 순교자의 고통을 받고 있었다. 잠시 후 나는 남편이 조금이라도 편안하게 누울 수 있도록 하기 위하여 베개를 찾았지만 거기에는 딱딱한 일본식의 목침밖에는 없었다"

부인은 남편에게 차입해 넣었던 겨울옷이 들어있는 두 개의 가방을 가져다 달라고 경찰에게 요구하였다. 그들이 가방을 가져왔을 때 부인은 남편을 편히 지내게 하기 위해서 넣어준 물건들 중 어느 것 하나도 남편에게 전달되지 않았다는 것을 알았다.

콕스 씨는 부인의 팔에 안기어 죽어갔다. 부인은 남편의 사망시간이 경찰의 주장처럼 12시 30분 쯤이 아니고 10시~11시 사이에 치명적인 상처를 입고 그가 소생 가망이 전혀 없는 순간에 부인을 다시 경찰서로 부른 것이라고 확신하고 있었다.

부인은 다시 말을 이어, "내가 경찰청을 떠났던 시간과 호텔로 돌아와 나에게 다시 전화연락이 있던 시간 사이에 그들이 나의 남편을 5층으로 데리고 가서 피를 닦아내고 붕대를 감았다는 것은 불가능한 일"이라고 부인은 말하고 있다. 콕스 부인은 자신도 5층에서 뛰어내리겠다고 경찰을 위협하며 자기의 남편이 갇혀 있었던 지하감방으로 데려가 보여줄 것을 강력히 요구하였다.

그 감방은 어둡고 불결하며 습하고 작은 칸막이 지하 감방이었으며 천정은 서 있을 수 없을 정도로 낮았다. 출입구는 1m 높이의 문이 한 개 뿐이고, 앉아 있을 곳이라고는 방 가운데에 작은 나무의자 하나만 덩그러니 있을 뿐, 그 외는 아무것도 없었다.

그가 죽은 후, 경찰은 그의 '죄상에 대한 증거'를 갖고 있다고 말했지만 아직까지 그의 죄과를 공개하지 못하고 있다.

이와 같은 얘기는 한국인들의 사이에서는 번번이 일어나는 사건이다. 많은 한국인 신문기자들은 다른 죄수들과 동등하게 취급되어 똑같이 고문이라든가, 그밖에 추악한 조작에 희생되어서 불가사의하게 없어져가는 것이다.

그럼에도 불구하고 그들은 자신들의 슬픔과 고통을 동포들에게 알릴 방법이나 기회도 없이 비참하게 죽어가고 있는 것이다.

여하튼 그 정도까지 맹목적으로 친일적이었던 영국인이 그가 '친우'라고 생각했던 자들의 손에 그같은 대접을 받았다는 것은 참으로 아이러니컬한 일이 아닌가?

미국에서는 아직도 이 침략국가와 우호관계를 유지하는 것만이 태평양의 평화가 보전된다고 하는 신념하에 미국 국가방위를 희생하면서까지도 "일본과 사이좋게 지내지 않으면 안 된다"고 주장하는 한심한 생각을 갖고 있는 사람들이 많이 있다.

제 6 장

죽음을 두려워 않는 선교사들

FOREIGN MISSIONARIES

6

죽음을 두려워 않는 선교사들
FOREIGN MISSIONARIES

일본이 신문기자 다음으로 싫어하는 대상이 외국 선교사들이다. 그들 선교사의 사명은 영혼을 구원하기 위한 것이다. 중국에 있는 외국 선교사들이 그 사명을 충실히 수행하는 것은 당연히 중국인의 영혼을 구제하기 위하여 활동하는 것이다.

대개의 외국 사람들은 그들이 원하는 이익과 만족을 더 이상 얻을 수 없다는 것을 깨닫게 되면 하루빨리 짐을 싸서 그 나라로부터 모습을 감추어 버리지만 선교사들은 끝까지 남아서 본국으로부터 선교자금을 받아 자신들에게 올지도 모르는 생명의 위험을 무릅쓰면서까지 선교사로서의 사명을 다하고 있는 것이다.

선교사들이 일본에 체류하는 것에 대해서 일본인들이 못마땅해 하는 이유는 다음과 같다.

첫째, 주민들은 선교사를 자기들 자신은 물론 일본인들보다도 훌륭하다고 생각하고 존경한다. 백인종을 비롯하여 세계 어느 민족보다도 일본인 자신들이 우월하다고 하는 것을 입증하려고 노력하고 있는 그들에게는 이 선교사들이 결코 기분 좋은 대상은 아니기 때문이다.

선교사들이 그곳에 체류하는 동안에는 그곳 주민들은 정신적, 신앙적인 가르침을 받기 위하여 당연히 선교사들에게로 다가 갈 것이다. 그렇기 때문에 중국인들은 결코 일본인들에게 쉽게 접근하고 굴복하지 않는 것은 당연한 것이었다. 일본인은 '한 사람의 주인' 만이 존재하며 그 '한 사람의 주인' 이 오직 자신들 '일본인' 이라고 주장하고 있다.

그래서 일본인은 30년 전에 한국에 있는 선교사들에게 "떠나지 않으려면 복종하든가, 복종하지 않겠으면 떠나라"며 양자택일을 하도록 강요했던 것이다.

만약, 일본인들이 이것을 그들의 정책이라고 들어내놓고 얘기한다면 외부로부터 반 기독교적이라고 하는 비난을 받을 것이라는 사실을 잘 알고 있었다. 그렇게 되면 세계적인 문명국가로 자처하는 대 일본 제국의 명예가 크게 손상될 것은 자명한 이치인데 그들은 무슨 명목으로 그와 같은 모험을 피해 나갈 수 있던 것일까?

과거에 그들이 비열하게 사용해 온 겸손을 가장한 방법을 사용하면 그 비난을 방지하면서 소기의 목적을 달성할 수 있다고 계산한 것이다.

이리하여 일본인은 가능한 모든 구실을 대어 선교사들에게 모욕과 차별을 가하고 때로는 개인의 육체적인 테러행위까지도 서슴치 않았다.

둘째, 선교사들은 중국 내륙으로 자리를 옮기면서 어느 곳이든 장소를 가리지 않고 선교활동을 한다. 그렇기 때문에 그들은 일본인들이 범하는 모든 행위를 직접 목격한 증인이 되었다.

자연히 그들은 중국인들을 동정하게 되고 그들 편에 서게 되었다. 선교사들은 일본인이 중국인민을 굴복시키기 위해 범하고 있는 죄악과 학살을 저주하였다. 그들이야말로 일본이 행하고 있는 야만주의의 목격현장과 공포의 증거품들을 자신들 본국으로 보내어 세계인들로 하여금 일본에 대한 악한 감정을 품도록 유도하는 사람들인 것이다.

일본 군국주의자들도 다른 모든 군국주의자들과 마찬가지로 저항하는 세력들을 쳐부수고 억누를 수 있는 방법으로 고문과 분형焚刑과 집단학살의 방법밖에는 알지 못했다. 이와 같은 모든 잔인한 행위는 외국인에게 보여서는 절대로 안 되는 것들이기 때문에 선교사들이 그런 곳에 있어서는 더 더욱 안 되는 존재들이었다.

셋째, 서양의 민주주의 정신은 천황주의 사상을 갖고 있는 사람들의 생활에는 독을 미치는 것이다.

선교사들은 올바른 삶의 개념을 설교하면서 폭력으로는 오랫동안 지배할 수 없다는 것을 가르치고 있다.

사악과 부정은 그 자체의 죄과로 인하여 중국에는 응징되는 것이며 민주주의국가에 있어서는 사람들이 자유를 위해서는 자기의 목숨을 바치면서까지 수호한다는 것을 가르치고 있는 것이다.

이와 같은 것은 사무라이 민족에 있어서는 결코 용납될 수 없는 것인 것이다.

넷째, 선교사가 전도하고 있는 종교는 일본의 민족종교인 불교의 신도神道와는 대립적으로 반대되는 것들이다. 그들의 교리에 의하면 일본의 통치자들은 신의 직손直孫이므로 전 인류는 천황의 신사神社 앞에서 머리를 숙이지 않으면 안된다고 말하고 있다.

그럼에도 불구하고 기독교 신자들은 이 신사참배에 응하지 않고 있다. 일본정부는 일본과 한국에 있는 선교사들과 그들을 따르고 있는 자들에게 천황의 초상 앞에서 경의를 표하도록 강요하고 있다.

그들은 그 강요에 고심하고 있으며, 일부는 그들이 요구하는대로 행동하고 있지만 그것은 강요에 못이겨서 마지못해 하는 것이다.

일본인들은 이와 같은 갈등과 마찰의 원인은 선교사들이 존재하고 있기 때문이라고 생각하고 있기 때문에 선교사들은 결단코 그 나라에서 떠나야만 되는 것이다.

30년 전, 그들이 한국에서 이 정책을 강요했을 때 일본인들은 이것을 서서히 실행하지 않으면 안 된다는 것을 알고 있었다. 그렇지만 중국에 서는 그들을 두려워하지 않으면 안 되는 이유는 무엇인가? 그들은 자신들의 군사력을 세계에 자랑하려고 발버둥치고 있는 때가 아닌가?

따라서 중국에 있는 선교사들은 한국에서 선교사들이 당했던 고통보다도 훨씬 큰 고통을 겪지 않으면 안 되었을 것이라 생각된다. 많은 사건 중에서 일부분에 지나지 않는 이와 관련된 사건을 살펴보면, 명확하게 그 진상을 이해할 수 있을 것이다.

세계의 문명국가들은 전시상태에서 학문과 신앙생활을 보호·보존할 수는 없을 지라도 그것을 아끼고 숭배하는 특별한 노력을 기울인다. 이것은 세계 각국 성문화된 법률에 정해져 있을 뿐만아니라 이것을 지킨다고 하는 것은 인간본능의 한 부분이라고 생각된다.

그러나 일본침략자들은 이 기존관습에 정면으로 도전하여 이 제도를 그들이 던지는 폭탄의 목표로 하고 있다. 그들이 도시에 입성하는 날은 '로마의 휴일〈Roman Holiday 남을 희생시키고 얻는 이익, 또는 오락, 난동, 소란, 소요, 약탈행위〉'인 것이다.

모든 것을 약탈하고 죄 없는 부녀자들을 강간하면서 침략군 병사들이 원하는 것은 무엇이든지 기분대로 할 수 있도록 허용되었다.

한편, 특정계층의 사람들은 고대문명의 모든 유물과 예술, 과학방면의 다양한 물건들을 일본으로 노략질 해 오라는 특명을 받고 박물관·도서관 또는 예술품 전시장들을 철저하게 뒤졌다. 이것을 이용해서 도쿄를 동양문명의 중심지로 만들려고 기도했던 것이다.

이와 같은 조직적이고 국제적 강탈제도가 시작된 것은 1905년 한국의 수도 서울을 점령한 일본군에 의해서이다.

그들은 극동에서 오랜 역사를 지닌 2개의 유명한 도서관 중 하나인 규장각을 뒤져서 모든 진서珍書와 골동품을 일본으로 가져갔다. 그 후 완전무장한 일개 부대를 송도 부근의 '풍덕'이라는 곳에 파견하여 한국에서 가장 크고 오래 된 2개의 탑 중에서 그 한 개를 분해해서 일본으로 가져갔다.

이와 관련하여 일본인들은 미국에서까지도 한국에서와 같이 국보급들은 절도 행위를 하겠다는 지배적인 생각이 퍼져가고 있는 것을 알고 있다면 독자들에게는 매우 흥미거리가 될 것이다. 그들의 행동은 정의와 불의에 개의치 않고 기회가 닿는다면 그들 제국을 살찌우는 것에만 전념하고 있는 것이다. 그들은 모든 역사적 유적들을 악랄하게 약탈, 파괴시키면서 한국이 누려오던 수 세기 동안의 귀중한 문화와 문명을 무참히 짓밟았다.

일본은 조직적인 조사를 통하여 한국 역사의 과거사실에 대해서 정확하게 설명하고 있는 문서라면 개의치 않고 숨겨버리거나 대부분 없애 버렸다.

또 일본인들은 그들의 만행을 호도糊塗하기 위하여 한국의 역사를 자기들의 입맛에 맞도록 편찬해 내고 있다. 한국인은 그들이 어떤 모양의 역사를 그려내는지를 잘 알고 있다.

일본역사가 한국역사보다 2천 년이나 뒤져 있는데도 불구하고 그들이 편찬한 〈신판 한국사〉에는 한국의 초대 지배자가 일본의 신무천황의 '형제'라고 말함으로서 황당무계荒唐無稽하게도 한국이 일본의 지배하에 있었던 일이 여러 번이었다고 조작하려 수작을 부리고 있다.

그들은 세계를 향해서 그들이 태양신 또는 달의 신의 후손이라고 선전하여 세계가 속아 넘어가게 할 수는 있을지 모르겠지만 한국에 관한 역사적 진실은 속일 수 없을 것이다.

본론에 들어가기 전에 필자는 이에 관련된 가장 중요한 요점要點을 지적하지 않을 수가 없다. 후일, 일본이 한·중 연합군에 의해 항복하게 되는 날에는 일본은 한국과 중국으로부터 도적질 해간 진서珍書·골동품 등을 돌려주지 않는 한 어떤 강화조약이나 전쟁의 종식을 선포할 수 없다는 점에 유의하지 않으면 결코 안 될 것이다.

미국이 소유하고 있는 기관은 일본인들에게는 특별히 파괴의 목표가 되었다. 미국인 소유의 광둥廣東 링난대학에 일본인 침략자가 대학 구내에 폭탄을 투척하여 크게 파괴했으며 한 명의 중국여성이 폭사하였다.

또 미국교회 선교회 소유의 한커우漢口에 있는 분Boone대학도 3개의 폭탄세례를 받아 건물이 대파되었다. 동시에 같은 대학 밖에 있던 미국재산도 7개의 폭탄 투하로 인해 6명의 피난민이 희생되었다. 동 대학 구내에 떨어진 한 개의 폭탄은 건물 1층에 모여 있던 7명을 즉사시켰다. 이 사건을 두고 고의가 아니라 과실에 의한 것이라고 말할 수 있는 사람은 한 사람도 없을 것이다.

미국교회 선교회의 W. P.로버트Roborts 주교의 말에 의하면 일본인들은 1938년 6월초부터 쑤저우蘇州, 창슈昌州, 양초우陽初 및 그 외 지역에 위치한 이 선교회 산하의 교회와 학교·주택 등을 점령했으며 그때까지 그 주교의 교구 내에 있는 9개의 교회가 파괴되었다고 한다.

또 양초우陽初에서는 그 선교회의 도서관을 불태웠을 뿐만이 아니라 강렬한 항의에도 불구하고 침례교병원을 강제로 일본 육군병원으로 전환했다는 것이다.

본래 25만 달러로 추산되는 '차페이'의 침례교 선교회는 계속 된 폭격을 받아 대부분 파괴되었고, 그밖의 사용 가능한 선교회 건물은 그들이 점령해 버렸다.

이렇게 일본인은 종교적 신성을 모독하였던 것이다. 어떤 일본인은 그곳을 마구간으로 또는 탄약 저장창고로 사용했던 것이다.

다른 도시도 이와 같은 경험을 갖고 있었다. 우창雨昌에서는 일본 병사가 병원의 담을 넘어서 피난하고 있는 중국 소녀들을 겁탈하였던 적도 있다. 이와 같은 행동들은 일본군 사령부에 고발되더라도 사령부 장교들은 다만 웃을 뿐이고 오히려 고발하러간 중국인에게는 이 사건에 대해 일체 입을 열지 말도록 명령을 해서 돌려보냈다는 것이다.

일본군이 군사적 필요성을 구실로 해서 침략지역내의 교회재산을 점령하고자 할 때 그들은 늘 잠시 그곳에 머물겠다는 인상을 주려고 노력하였다. 질문을 받으면 그들은 군사적 필요성이 끝나면 곧바로 소유권자에게 반환해 주겠다고 했다.

그러나 외부로부터 그들보다도 한층 강한 힘이 작용할 때까지는 정세는 변하지 않을 것이다. 미국영사관과 국무성은 강경한 항의를 하였고 영국의 외교관들과 함께 움직였지만 권력을 쥐고 있는 일본 군부에서는 다음과 같이 답할 뿐이었다. "일본에 의해 점령된 지역은 정세가 허용될 때까지는 외국인에게는 개방될 수 없다"

파사데나주 에리시 출신인 다운스Downs 신부는 메리놀 선교회Mary knoll Mission Society 소속의 선교사로서 1938년 7월 홍콩의 자택에서 일을 하고 있었다. 그때 2시간에 걸친 폭격으로 49개의 폭탄이 그 시가지의 민간인 지역에 비 오듯이 쏟아졌었다.

다운스Downs 신부는 이같은 폭격에도 불구하고 어떠한 동요의 기색도 없이 조용하게 직무를 계속하고 있었다. 그런데 갑자기 유산탄이 담장에 떨어짐과 동시에 집이 붕괴되었다. 그는 기적적으로 부상 당한채 탈출해서 부두까지 달려갔으나 그곳에서 졸도하고 말았다.

그 후 어떤 친절한 사람에게 구조되어 미 해군선 서크라멘트호에 승선하게 되었다. 오파 골드Orpha Gould와 로살린 링커Rosalon Rinker라고 이름을 밝힌 2명의 미국인 말에 의하면 파우팅후시의 점령은 일본이 중국침략에서 보여준 모든 공포 중에서도 가장 처참하고 피비린내 나는 공포였다고 한다.

그들은 갑자기 덮치는 우박에도 불구하고 레이원에서 60마일 떨어진 파우팅후시를 6일 동안 걸어서 이 전투가 시작되기 전날에 도착했다. 오는 도중에 일본 전투기들이 3번이나 그에게 기총사격을 가하였지만 때로는 목화밭과 콩밭에 몸을 숨겨서 기적적으로 살아났던 것이다. 그들은 가장 처참한 전쟁의 실상을 목격한 사람들이다.

평화롭게 살아 온 수백명의 시민들이 남녀노소를 불문하고 사살되고 전 시가지는 일본군 장교들이 지켜보고 있는 가운데 일본 병사들에 의하여 약탈당했다. 1938년 6월 18일 산둥 빈트山東半島에 있는 남침례 선교회American Southern Baptist Mission 소유의 학교건물이 폭격을 받아 막대한 피해를 보았고, 많은 중국시민들이 애석하게도 폭사하였다.

폭격당시 이 건물에는 6개의 미국 성조기가 바람에 하늘 높이 펄럭이고 있었다고 한다. 또한 한커우시 부근의 키오산에 있던 루터교회 Lutheran Mission 선교회 소속 병원은 U.S.A 표시가 선명한 12개의 큰 성조기가 걸려서 그 존재를 나타냈음에도 불구하고 폭격당했다.

이 국기는 12마일이나 떨어진 지점에서도 볼 수 있었다는 것이다. 더욱이 일본군은 창처우에 있는 남침례 선교회를 세번 씩이나 폭격을 가하여 선교회 병원에 입원가료 중인 중국인 4명에게 부상을 입혔다.

그러나 이 병원에는 U.S.A라고 대문자로 표시되어 있었고 40피트에 달하는 성조기가 선명하게 옥상에 걸려 있었다. 그리고 국기게양대에는 큰 성조기가 펄럭이고 있었다.

1938년 1월 19일, 일본군은 홍충에 있는 뉴질랜드 장로교회 부속병원Presbyterian hospital내에 여러 개의 폭탄을 투하하여 그 하나가 우물 속에서 폭발해서 전 건물을 진동시켰지만 다행이도 큰 피해는 없었다.

1938년 2월 3일, 상하이에 있는 남감리교 선교회Southern Baptist Mission의 무어Moore기념교회 구내에도 수류탄이 투척되었다. 이 사건의 중요성은 이 교회가 외국의 영토로 간주되는 국제지역의 위치에 있다고 하는 사실이다.

이 모든 사건을 열거해 보았을 때 일본 폭격기로서는 외국선교부 건물만을 피하는 것이 불가능하다고 변명같은 거짓말을 한들 통할 수 있겠는가?

그러나 대부분의 경우, 몇몇의 예에서 보여준 것과 같은 주장과 변명으로는 그것을 정당화할 수 없는 것이었다. 즉, 일본폭격기는 단지 상부의 명령에 따라 움직이고 있다는 것은 말할 필요도 없지만 그 배경에는 이같은 작전을 의도적으로 수행하였다는 것을 엿볼 수 있던 것이다.

1938년 5월, 일본육군은 또 다시 가이펭에 있는 이탈리아 천주교회 Italian Catholic Mission를 5회에 걸쳐 폭격하여 결국 성당을 완전히 폭파해 버렸다. 그 부근에는 군 시설은 전혀 없었고 그날의 날씨도 구름 한 점 없이 맑은 하늘이었다.

성당에 휘날리는 50피트의 대형 이탈리아 국기와 성당 밖에 일부러 눈에 띄게 세워 놓은 3개의 다른 이탈리아 국기는 수마일 떨어진 곳에서도 누구나 확실하게 볼 수 있었다는 것이다.

여러 지역에 산재되어 있는 영국 및 캐나다 교회들도 그들의 국기로 표시되었음에도 불구하고 아무런 경고도 없이 여러 차례 폭격을 당했다.

제7안식교회Seventh Day Adventist Missonary의 J. P.앤더슨Anderson 씨가 탄 자동차가 우이초로 향하고 있는 대낮의 도로상에서 기총소사를 받았다. 이 공격자의 의도와 목표는 너무나 뻔한 것이다.

일본 침략자들이 외국 선교사들에게 가한 모든 학살행위 중에서 가장 야만적이었던 것은 9명의 천주교 선교사를 학살한 행위였다.

이 사건이 발생한 도시의 가톨릭 선교회의 수석주교는 어느 날 한 일본군 장교의 방문을 받았다. 그 장교는 선교회의 문 앞에 공고문을 붙였다. 그 공고문은 "선교회 사람들을 괴롭히지 말라는 것과 선교부를 잘 보호해야 한다"는 내용이라고 주교에게 설명하였다.

그러나 그 뒤에 밝혀진 사태로 보아 안전과 보호의 표시로 교회 정문에 붙여 놓았던 공고문은 '학살지시 암호'로 사실은 "비겁한 행동을 하겠다."라는 예비신호였던 것이다.

다음 날 밤, 10명의 무장군인들이 밀어닥쳐 저녁식사를 하고 있던 선교사들을 내쫓고 손을 꽁꽁 묶고 눈가리개로 눈을 가린 채 군 트럭에 강제로 태워서 군 화장장으로 끌고 갔다.

그 후, 선교사들이 어떻게 처리되었는가는 아무도 알 수 없었다. 얼마 후에 중국인들이 전하는 바에 의하면 아무 죄 없는 선교사들은 애석하게도 총검으로 사살되어 화장장의 재로 버려졌다는 것이다.

이 선교사들의 억울한 죄목은 단지 중국인들의 입장을 동정하고 있다는 것뿐이다. 이 학살 행위가 중국땅에 퍼져나가자 모든 외국인 선교사들은 소름끼치는 공포에 휩싸이게 되었다.

산서성山西省 타유안에 있는 레오날드라고 하는 중년의 성령강림교 Pentecostal Missionary 선교사에 관한 소식을 현재 알고 있는 사람은 전혀 없다. 이미 그는 '불가사의' 하게도 이 세상에서 영구히 모습이 없어져버렸다.

그의 부인 엘리아노Eleano는 극심한 공포에 사로잡혀 있었기 때문에 자기 면전에서 무슨 사태가 일어났던가를 확실하게 설명할 수조차 없었다. 그 부인이 혼자서 자기 방에 남아 있다는 것을 발견하였을 때는 그녀 자신은 기진맥진하여 의식을 잃고 있었다.

그 부인이 횡설수설하며 앞뒤가 맞지 않는 말을 종합해 보면 그녀의 남편은 밤에 침대에서 일본군에 의해 끌려 나가서 입을 틀어 막히고, 몸은 포박되어 피를 철철 흘리면서 어딘지도 모르는 곳으로 끌려 나갔다고 한다. 그가 어떻게 되었는지 아는 사람들은 일본군인들 뿐이었다.

1937년 12월 5일 체츄우에 있는 아메리칸 보드 선교병원American Board Mission hospital에 많은 중국인 부상자가 수용되어 있었는데 일본군은 그들 중 5명을 연행하여 데려가려고 하였다.

병원측에서는 부상자를 움직이게 하는 것은 죽이는 것과 같다고 하면서 인도주의적인 견지에서 허락하기 곤란하다고 거절하였다.

그러나 수일 후 일본 군인들이 강제로 병원에 들어와서 그 환자들을 끌어가고 말았다. 이와 같은 만행은 수 없이 많은 사건 중의 하나에 불과하다.

미국은 전쟁을 원하지 않았다. 그러나 일본의 육·해군은 오로지 전쟁 수단을 통해서만이 극동지역에서의 지배권을 누리는 민족이 되겠다는 욕심 때문에 전쟁을 감행하고 있는 것이다. 일본이 자행하고 있는 정복지역에서의 약탈과 능욕과 폭력은 그들의 테러 전법의 일부이며, 그들은 마치 스포츠를 즐기는 미국사람들과 같은 심정으로 이와 같은 만행을 즐기고 있는 것이다.

처음에 일본 군인들은 중국인 전투원이나 죄없는 민간인들이거나 가리지 않고 학살하는데 열중하며 만족하였다. 그러나 그들은 중국 사람들만 죽이는 것이 실증이 났다.

그리하여 일본인들은 비록 백인들을 죽이지 않을망정 그들을 공포 속으로 몰아 버리려는 잔인한 생각으로 수시로 무서운 총부리를 백인들의 가슴에 들이대며 그것에 재미를 느끼고 있었다.

많은 사건 중에서 가장 전형적인 사건으로는 버몬트Vermont주 벌링턴Burlington시 출신의 H·G·브라운엘Brownell 교수의 사건이다. 브라운엘 교수는 린난대학의 주임교수였다. 1938년 12월 1일, 브라운엘 교수가 대학 구내에 있는 일본 보초소를 조사하고 있을 때 일본 군인들은 마치 즐거운 스포츠 놀이라도 하듯 그 교수의 머리 위를 향하여 총탄을 발사하였다. 물론 그는 기절초풍하고 말았다.

이 사건은 그야말로 상상을 초월하는 악의적인 희롱이었다. 그렇지만 일본 군인들은 큰 소리로 웃고만 있었다. 공포와 모욕감에 격분한 교수가 한 일본군 장교에게 강력하게 항의하였다.

당연히 그 사건의 진상에 대한 조사를 명하거나 아니면 그 모욕적인 행위에 대하여 정중히 사과하리라고 브라운엘 교수는 기대하였다. 그러나 놀랍게도 그 일본군 장교는 그 현장에 중국 병사가 있었다고 태연스럽게 대답했다. 브라운엘 교수는 더 이상 어찌해 볼 도리가 없다는 것을 알아차리고는 그대로 침묵할 수밖에 없었다.

이번에는 다른 문제로 화제를 돌리기 전에 일본인들이 한국 안에서 활동하던 외국선교사에 대하여 그들의 정책을 완수하기 위하여 어떠한 행동을 취했는가를 폭로해 보기로 하겠다. 과거를 되돌아보는 것은 앞으로의 미래를 예견하는 뒷받침이 되기 때문이다.

일본이 고의로 맹약을 파기하고 한국을 합병하여 동맹국인 한국을 배반했을 때 일본은 미국이나 영국의 의견을 무시할 수 있을 정도로 강력해져 있다는 사실을 상기하지 않으면 안 될 것이다.

혹시 강대국들이 일본에 대해서 강경하게 반대했더라면 일본은 그렇게 도에 넘는 짓은 하지 않았을 것이다.

현재의 일본은 강대국들의 물질적, 정신적인 지원을 통해서 강력하게 된 것임에도 불구하고 그들은 이 강대국을 배신할 뿐 아니라 그들에게 도전할 준비를 하고 있다고 생각된다. 미·영 양국이 손쉽게 일본을 저지할 수 있을 때에는 그 일을 처리하지 못하였으니, 당시에는 일본의 세력이 어느 정도인가 충분히 알지 못했기 때문일 것이다.

지금에서야 미·영 양국은 일본의 검은 속을 알고서 미리 합당한 예방조치를 해야만 되겠지만 그렇게 하면 전쟁이 일어날 우려가 있으므로 손을 쓰지 못하고 있는 것이다. 양국은 시간을 끌면서 최선의 방법을 강구하는 수밖에는 별 도리가 없다. 그래서 이와 같은 위험한 상태는 계속되고 있다. 이같은 상태야말로 일본인들로 하여금 자기들은 '천하무적' 이라고 하는 생각을 고조시키는 빌미를 준 것이다.

일본은 한국에 있는 외국 선교사들의 문제를 정리하려고 할 당시, 일본인이 서양제국에게 의혹을 주는 것이 현명하지 못하다고 생각하여 그들을 정면으로 자극하지 않도록 속도를 조정하는 조치를 취하였다.

따라서 일본은 한국 안의 선교사들에게는 중국에서와 같은 학대는 하지 않고 처음에는 그들의 환심을 사려고 노력하였다. 종교단체의 가면을 쓴 반관半官 반정치半政治 단체인 일본 조합교회는 변장한 일본식 선교사를 한국에 파견하였다.

동시에 불교승려와 신도神道의 신관神官도 같이 한국으로 보내졌다. 그들의 유일한 목적은 한국의 크리스천을 개종시켜서 미국 선교사와의 친교를 끊게 하려는 것이었다.

장엄한 사원과 교회, 거기에 일본인의 YMCA회관, YMBA Young Men's Buddhist Association 불교청년회 회관을 건립하여 한국인 기독교 신도와 불교신도등에게 일본 정부가 그들을 위하여 많은 기여를 하겠다고 약속하면서 한국의 크리스천과 불교도들이 이에 가입하도록 열심히 꼬드기고 있었다.

그렇지만 한국의 크리스천들이 쉽사리 개종하지 않는다는 것을 깨달은 일본인들은 큰 실망의 빛을 나타냈다.

그러나 어떠한 단체에서도 나타날 수 있는 흔한 예로 정치적, 재정적 이유로 인하여 그들에게 포섭당하는 어느 정도의 숫자가 생기는 것은 정한 이치이다. 그것은 어디까지나 극히 일부에 지나지 않는다.

한국의 크리스천들은 전체적으로 한 덩어리가 되어 정치적 차별과 종교적 박해에도 불구하고 자신의 신앙을 고수하고 있었다.

모든 종파의 종교지도자들은 일본인의 행동과 배후에 어떤 목적이 숨겨져 있는가를 간파한 후에는 절대로 그들과는 상종을 하지 않았다.

1911년 이른 봄, 일본의 모든 기독교회 공동 위원회와 YMCA는 한국의 저명한 지도급 인사들에게 일본을 친선 방문해 달라는 공식 초청을 하였다.

⊙ 이승만이 서울을 떠나기에 앞서 서울YMCA간부들과 함께 찍은 송별모임 사진, 앞줄 가운데 앉아 있는 이승만의 오른쪽에 모자를 들고 있는이가 이경직 (李景稙)목사이다. 아래의 글씨는 이승만의 친필이다.

이 명부에 올라있는 한국측 인사들에게 호응을 얻을 수 있는 모 기관을 통하여 이 초청을 수락하여 일본에 가서 한국인들이 기독교인으로서의 깊은 신앙심을 보여주자는 강력한 권유를 받았다.

만약, 이 초청을 거부하면 일본의 감정을 상하게 하여 의혹을 받는 결과를 초래할 것이라는 것이었다.

현명한 방법은 초청에 응하는 것이며 갈 수 있는 사람들은 모두 도일하는 것으로 결정하였다. 그러나 필자인 나는 몇 몇의 뜻있는 동지들과 함께 이 초청을 거부하고 본국에 남아 도일팀에 가담하지 않았다. 일행이 일본 방문길에 오르고 필자인 나는 남아있게 되자 일본 경찰은 정당한 이유도 없이 분개하였다. 외출한 사이에 일본 경찰이 집에 와서 필자가 일본에 가지 않은 이유가 무엇인가 심하게 다그쳤다. 집을 지키고 있던 하인이 "영감께서 병환으로 누워 계시기 때문에 이 박사께서는 가실 수 없었다"고 말하였다. 사실 필자의 아버지는 그때 병상에 계셨지만 그것과는 관계치 않고 나는 이미 도일하지 않기로 결심한 터이었다. 이리하여 전 한국에 걸쳐 저명한 개신교 교회지도자들과 YMCA 지도자들로 구성된 일행이 일본에 도착하였다.

일본 도착 당일부터 귀국할 때까지 그들 일행은 일본 각지의 명승지와 유명한 사원, 신사 또는 고대건축물, 현대의 큰 빌딩 등을 돌아보면서 후한 대접을 받았다. 일행이 참석하는 만찬과 공식 연회장소에는 빠짐없이 일본신문기자들이 와서 일행을 환영하였고 인터뷰를 요청하곤 하였다.

이와 같이 한 다음 날 신문에 게재된 회견기사에는 모목사, 모박사, 모씨 이야기를 대대적으로 보도하여 "일본은 위대한 국가이므로 한국이 일본의 지배하에 있는 것은 더 이상의 행복이 아닐 수 없다."는 등의 선전 문구가 인용되었다.

이와 같은 형식으로 '일본은 한국인에게 일본이야말로 지상최대의 강국'이라는 것을 믿게 하거나 또는 독립의 의지를 저버리도록 온갖 수단과 방법을 다하였다. 또한 일본은 한국의 크리스천들에게 지도자들을 잘못된 모습으로 보이게 하려고 의도적인 노력을 하였다.

즉, 그들 일본인은 한국의 크리스천들이 신문기사를 읽음으로서 어떤 사람들은 그들의 선전에 영향을 받아 한국의 독립은 절망적이고 덧없는 꿈이라고 생각할 것이며 또 어떤 사람들은 일본을 선전하는 비애국적 언사를 발표한 지도자들을 책망할 것이라고 생각하고 있었다.

이와 같은 악의적인 일본의 이간책의 결과로 한국내의 교회는 젊은 청년들이 이탈했기 때문에 큰 타격을 받게 되었다. 그러나 지도자들은 그것을 설명할 수도 없고 그 기사의 정정을 요구할 방법도 없었다.

어느 날 밤, 이 한국의 손님 일행이 일본 총리대신을 비롯한 수많은 정부 요인들이 참석한 만찬회에 참석하였을 때, 총리대신은 여기 손님들 중에서 어느 분이 이상재李商在 선생이냐고 물었다.

그를 잘 알고 있던 어떤 사람이 '이상재 선생은 아주 검소하고 민주주의적인 인품을 가진 분'이라고 이상재 씨를 소개했다.

사실, 그는 한국에서 가장 저명한 인사였으며, 미국에서도 기독교인들 사이에 '한국의 톨스토이Tolstoi of Korea'라고 알려져 있는 인물이었다.

그가 젊었을때는 워싱턴 주재 한국공사관 1등서기관으로 근무했고 그 후에는 오랫동안 한국정부의 수많은 요직을 두루 역임하였다. 그는 훌륭하며 뛰어난 기지機知와 유머 감각을 갖춰 재미있는 에피소드가 상당히 많다.

일본정부 각료들은 이 손님들 중에 이상재라는 인물이 끼어 있는 것을 알고는 그의 인품人品됨을 뜯어 보려하고 있던 중이었다. 총리대신은 그를 소개 받자 만찬회를 주관하는 사람에게 이상재 씨를 청하여 한 말씀 하도록 정중히 청하였다.

주최자측은 이상재 씨를 소개할 때 그를 극진히 칭송하면서, "한국에

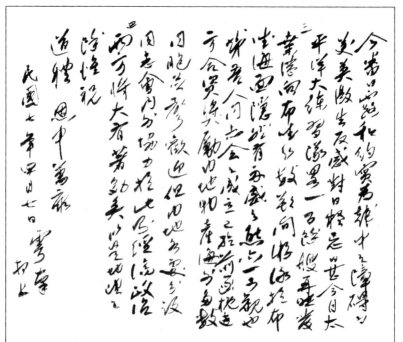

⊙ 이승만 박사가 月南 李商在 선생에게 보낸 書翰(1925년)

월남 애사 친감月南愛師親監

　지난달 초순에 믿어운 편이있어 짤막한 서신을 올리고서 진작 받아보시기만 바랐습니다.

　오는 7월 태평양 각국 대표회의때에 우리나라 대표들도 와서 참석하게 되는지의 여부에 대하여 아직도 확실한 통보가 없으니 극히 답답할 뿐입니다.

　다른나라 대표의 명단은 모두 도착하여 설비위원에게 와 있는데 유독 우리나라만은 지금까지 아무런 소식이 없으므로 그 위원이 누차 연유를 탐문하려고 왔었고 또 아울러 말하기를 만약 일인日人이 여권을 발급해 주지 않는다면 바로 이곳에서 동경東京으로 교섭 하겠다고 하는데 우리로서는 자세히 대답해주기 어려워서 소식 오기만을 기다릴 뿐입니다.

　김영기군이 이미 누차 동아일보사에 편지를 내어 물었으나 이 역시 답이 없으니 어찌할바를 모르겠습니다.

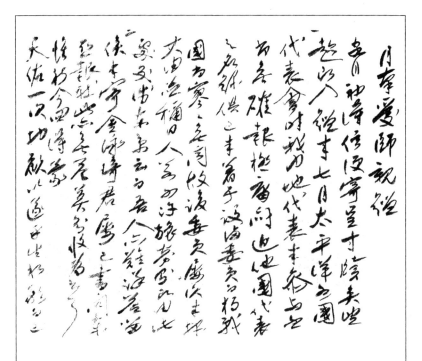

오직 이번만은 하늘의 도움을 입어 평생의 소원이 이루어지길 빌 따름입니다.

이번일로 평화조약은 실로 한·중의 장애가 되지만 미·영이 몹시 반감을 일으켜 일본에 대한 꺼리는 마음이 날로 더해만 갑니다.

이달 태평양 대 연습때 약 100 여척의 군함이 엊그제 상항桑港:샌프란시스코을 출발하여 하와이로 향해 가는데 두어달 동안 하와이 해상에서 머뭇거리며 은연중 시위의 태세가 역시 하나의 볼만한 일입니다.

다음으로 우리들 동지회의 성립은 이미 전자의 편지에 대강 말씀 드렸거니와 방금 합자하여 우리나라 물산을 장려하기로 하고 해외의 다수 동포들이 이구동성으로 환영하고 있사온데 다만 우리나라 각처에 동지회를 나누어 설치하고 안밖으로 여기에 협력해 준다면 경제방면과 정치방면에 장차 크게 실효가 있을것이니 이렇게 되기를 간절히 바라고 바랍니다.

나머지는 기체에 만강 하시기를 비옵니다.

민국 7년 4월 7일 우남 배상

서 오신 손님으로서 한 말씀 해 주십사"하고 청하였다. 이상재 씨는 조용히 앞으로 나아가 다음과 같은 내용의 말을 하였다.

◉ 귀국후 서울YMCA에서 같이 일하게 된 이승만의 옥중동지들. 이 사진은 이승만이 서울에 도착한지 한달 보름만에 찍은 것으로서 이승만 귀국환영의 뜻을 담고 있다. 왼쪽부터 김정식(金貞植), 안국선(安國善), 이상재(李商在), 이원긍(李源兢), 김린(金鱗) 그리고 이승만이다.

"여러분, 일본인들은 자신들이 세계에서 가장 강한 몇 개 국가 중 한 나라라고 생각하고 있습니다. 따라서 자신들이 원하는 일이라면 어떠한 일이라도 이루어 낼 수 있다고 믿고 있습니다. 그러나 태초부터 가장 강한 왕이 존재하여 왔다는 사실을 알고 있어야 합니다.

만약, 그 왕이 노하시면 막강한 일본의 육·해군일지라도 눈 깜빡할 사이에 격멸되어 버린다는 사실을 망각해서는 절대로 안 됩니다. 그렇지만 일본인들이 이를 명심하여 그 왕을 기쁘게 한다고 하면 일본은 진정 위대한 국가가 될 수 있을 것입니다. 그 왕은 바로 하늘에 계신 주님이십니다"

일본의 대신들은 서로 얼굴을 바라보며 고개를 끄덕이면서 "틀리지 않는 말이다"라고 소곤거렸다. 이 연설은 거듭거듭 수회에 걸쳐 일본의 여러 신문에 게재되었다. 독자들도 똑같이 이 올바른 말에 동의할 것이라고 생각된다.

만약, 독자들이 이 연설에 동의한다고 하면 일본이 한국과 중국에서 저지른 죄상으로 판단해 볼 때 일본이 '세계의 강국'이라고 자부하면서 오래오래 군림할 수 없으리라는 것은 너무나 자명한 증거가 아니겠는가?

이 여행의 결과로 봐서 외국 선교사와 한국의 크리스천을 이간시키려고 기도한 일본의 계획이 완전하게 성공했다고는 볼 수는 없을 것이다. 다음과 같은 이유때문에 테라우치寺內 총독은 평화정책을 포기하고 무력으로 해결하려고 한 것이었다.

즉, 1911년의 '기독교인 음모사건'이 그것이다. 일본경찰과 앞잡이 노릇을 하는 한국인들을 내세워 우리들이 도망갈 수 없도록 감시하기 위하여 파견되어 있기 때문에 한국 기독교의 지도자들은 그들이 무슨 음모를 꾸미고 있다는 것을 이미 알고 있었다.

필자는 사냥개들 일본 침략군의 비밀 앞잡이 노릇을 하는 한국인을 통칭함 중에서도 최고 악질 앞잡이였던 '윤평희'란 자를 기억하고 있다.

그자는 윤치호尹致昊 씨와 필자가 중앙 YMCA의 일로 서로 협력하고 있었기 때문에 우리 두 사람을 감시하는 임무를 맡고 있었다.

일본인은 "한국의 지도자들이 지하 감방에 투옥되어 고문을 이기지 못하고 옥사하였다"고 공포감을 갖는 소문을 유포시켜 결국은 우리들이 항복할 수밖에 없도록 하려는 계획으로 그들의 사냥개들에게 우리들의 일거수, 일투족을 감시하도록 명령을 하달하고 있었던 것이다.

필자는 그 당시 YMCA회관의 다락방에 몰래 숨어서 가끔씩 밤을 지내곤 하였다. 어느 날 캄캄한 밤을 이용해서 당시 필자를 돕던 어린 학생 인길仁吉 군의 협력으로 서류상자 속에 있는 일부 서류를 소각하고 일부는 옥상에 숨겨놓았다. 이것은 경찰의 눈을 피하기 위한 것이었다. 그들은 내것이라면 단 한 장의 편지까지도 철저하게 조사했기 때문이었다.

⊙ 일찌기 독립협회 회장직과 서울YMCA부회장직을 역임했으며 개성(開城·송도)에 한영서원(韓英書院:The Anglo-Korean Academy)을 설립한 한국 감리교계 지도자 윤치호(尹致昊). 그는 '105인의 사건'의 주모자로 몰려 체포되어 징역 6년형을 선고받아 3년간 옥고를 치렀다. 1913년 '한국교회핍박' 이승만 저서에 실렸던 사진.

다음 날 아침 일찍 나의 아버지는 Y.M.C.A 회관으로 급히 달려와서는 마구 흘러내리는 눈물을 닦으면서 만나는 사람들에게 "내 아들한테 무슨 일이 생겼는지 알고 있습니까? 그들이 내 자식을 고문하여 다리를 부러뜨려 버렸습니다. 윤평희의 말에 의하면 내 아들은 거의 죽어가고 있답니다."라고 슬픔에 몸부림치시면서 큰 소리로 외쳤다. 그런데 필자가 그 다락방에서 무사히 살아있는 것을 발견하시고는 나의 가친家親께서는 이 세상에서 가장 행복한 사람같이 기뻐하였다.

⊙ 1908년 서울 종로2가에 신축된 황성기독교청년회관(皇城基督敎靑年會館:서울YMCA). 이승만이 귀국한 다음 1911년에 왼쪽끝부분에 체육관이 증축되었다. 이승만은 이 건물내 3층의 지붕밑방에서 기거했다.

수 백명 이상의 많은 한국지도자들은 정도의 차이는 있겠지만 누구든 각자 이와 같은 고통을 체험하였다. 우리들은 자신에게 닥치는 위험을 감지해서 미리미리 최악의 사태에 대비해서 만반의 준비를 하였다.

만약, 우리가 수개월 앞당겨서 재빠르게 한국을 떠나지 않았더라면 나는 투옥되었을 것이고 투옥되었으면 살아서 다시 세상에 나오지 못했을 것이다. 한국에서의 악랄한 학살과 탄압의 광풍 속에서 여러 차례

기적처럼 생명의 등불을 지켜온 것만으로도 재미있는 한 권의 책으로 엮을 수 있을 것이다.

필자의 주변에서 일어난 일련의 시련들은 인간으로서는 도저히 극복할 수 없을만큼 뼈 아픈 곤경과 생명의 위험이 따랐지만 그때마다 보이지 않는 손길이 나로 하여금 소생할 수 있는 길로 인도해 준 하나의 사례인 것이다.

필자가 여기에 언급하고 싶은 것은 한국의 고명한 기독교 순교자들이 혹독한 일본 간수看守들의 손에 짓눌러 있을 때 필자는 조국을 떠나서 자유를 만끽滿喫할 수 있는 미국으로 다시 돌아갈 수 있는 행운을 얻을 수 있었다는 점이다.

그 당시 대부분의 이름있는 한국 기독교인들은 '총독암살음모'라는 터무니없고 억울한 죄목의 누명을 쓰고 모조리 체포되었다. 그분들은 일본인들이 자백을 받아내려는 심문과 취조에서 말 못할 심한 고문을 받았다. 이 자백이라는 것이 경찰의 손으로 미리 작성되어 억지로 피의자들이 그 자백서에 서명만 하는 것으로 되어 있었으므로 그들은 그 서명을 강요했던 것이다.

만약, 이 죄 없는 사람들을 위해서 기독교도들이 하나같이 동정과 격분으로 들끓지 않았더라면 강요된 서명에 의해서 그들의 유죄를 증명하는 증빙서류가 되어 영구히 역사상에 남았을 것이다.

그러나 사태는 일본인의 뜻대로 되지 않았다. 요원의 불길처럼 솟구치는 대중 여론의 힘 때문에 다시 공개적인 재판을 하지 않으면 안 되게 되었다.

이 재판에서 피고들은 "서명은 본의가 아니고 강요된 것이다"라고 부인하였다. 그럼에도 불구하고 그들 중 9명은 추방되고 3명은 고문

후유증으로 인해 사망하였다. 나머지 123명은 재판을 받기 위해 1912
년 6월 28일, 서울지방법원으로 이송되었다.

이와 같은 터무니없는 재판 과정에서도 피고측의 증언은 일체 허용
되지 않았으며, 그 최종 판결은 고문에 의해 만들어진 자백에 기초하여
1912년 9월 26일에 선고되었는데 해당 피고인들의 형량은 각각 5년
내지 6년에 이르는 징역형을 받았다.

이렇게 함으로서 일본인들은 한국인 기독교인들이 갖고 있는 불굴의
기독교 정신을 파괴하는데 일단 성공했다고 생각하는 것 같았다. 그러
나 이것이 최후는 아니었다. 즉, 이것은 아직 시초에 지나지 않았다.

⊙ 이승만이 미국에 유학할때나 유학을 마치고 귀국할
   때 이승만에게 자문역을 맡았던 장로교 선교사 언
   더우드(Horace G. Underwood)목사. 이 사진은
   이승만의 (하버드 앨범)에 들어있다.

한국인이 수호신처럼 존경하고 있는 미국 선교사들이 강하게 일어나고 있는 한 한국인들은 다시 독립정신을 불태울 것이며 옛 지도자들 대신에 새로운 지도자가 나타나게 되리라는 것을 알아차리고 있었다. 그렇기 때문에 이와 같이 일부 미국인을 추방하지 않으면 안 되는 절대적인 필요성을 느끼고 있었다.

이래서 호레이스 언더우드Horace Underwood 박사 외에 여러 명의 미국인들을 총독 암살사건의 연루자로 재판에 회부시키기 위한 비밀계획이 날조되고 있었다. 이토록 날조된 사건에서 피고인이 되어 심문 중에 고문으로 사망한 사람들은 강요된 허위 자백서에 서명하느니 차라리 죽음을 선택한 것이다.

미국의 언론기관들은 이 사건의 진상을 규명키 위해 적극 나섰다. 각 선교기관은 뉴욕-도쿄-서울간을 끊임없이 연락하여 이 사건에 관한 상세한 정보를 요구하였다.

뉴욕장로교 외국선교회 총무인 아더 J. 브라운Arthur J. Brown 박사는 '한국인 음모사건The Korean Conspiracy case'이라고 하는 단행본을 출판하여 그 속에 있는 사건내용은 모두가 일본측에 의해 날조된 것이라고 기술하였고, 〈뉴욕헤럴드N·Y Herald〉지 베이징 특파원 J. K. 올Ohl 기자가 이 재판을 취재하기 위하여 서울에 급파되었다고 설명하였다.

이 기자가 취재하여 타전한 기사에서는 사건 모두가 일본 경찰과 법정에서 날조된 일련의 사건이라고 만천하에 발표되었다. 남감리교 감독교회 총무인 W. W. 핀슨Pinson 박사는 이 사건의 진상을 파헤칠 목적으로 급파되어 한국으로 왔다.

당시 도쿄에 있던 하버드대학교 명예총장인 챨스 M. 엘리엇Charles·M. Elliot 박사는 "만약, 일본이 그들 피고인들에 대한 심문 과정을 옳게 개선한다면 일본은 문명국가로서의 지위가 공고해 질 것이다"라고 언급하였다.

한편, 미국 내 교회에서는 한국에서 박해당하고 있는 기독교인을 위한 특별기도회가 열리고 있다고 전해졌다.

당시는 아직 일본이 세계를 향하여 선량하고 행실 좋은 이웃나라임을 보여주기 위해서 전력을 다하고 있었으므로 일본으로서는 미국에서 고조되고 있는 자신들을 향한 나쁜 감정들을 무시할 수가 없었다.

이 무력정책을 선택한 일본총독은 항소심법원抗訴審法院에 대하여 이들 한국인들의 재심을 명령하였고, 재심에서 조정 방법을 강구하도록 하라고 명령하지 않으면 안 될 필요성을 느꼈던 것이다.

결국 새로운 재심판결의 결과는 6명의 가장 저명한 지도급 인사들을 제외하고 전 피고인들은 석방시켰다.

그러나 기소된 6명 중 5명은 6년 징역, 1명은 5년의 징역을 선고했다. 이것은 단지 그들의 체면 유지책에 불과한 것이며, 사실은 어떤 사람이 석방되고 어떤 사람이 구속되어야 하는지 아무런 설명도 이유도 없던 것이다.

뉴욕의 장로교 외국선교회에서는 워싱턴 주재 일본대사에게 정식 항의서를 제출하고, "한국인들을 처벌한 이유가 무엇인가"를 물었다. 이에 대해 일본대사관의 대변인은 이 선교회에 대하여 "만약 미국 선교기관들이 그 과오를 인정하고, 대사면을 신청하면 특별히 호의를 갖고 그들을 석방하겠다"라고 제안해 왔다. 물론 그것은 정면으로 거절되었다. 그래서 피고들은 새로 즉위한 일본 천황의 즉위식 기념으로 내린 대 사면령으로 석방될 때까지 습기차고 어두운 암흑의 철창에서 신음하고 있었던 것이다.

이것으로서 이른바 '한국기독교인 음모사건'은 일단 종말이 되었다. 그러나 이것이 한국인 기독교인들에 대한 박해의 종말은 아니었던 것이다.

년 한국에서 독립운동이 일어났을 때, 모든 선교회 소속 병원은 일본인들의 총검과 소방용 쇠갈퀴에 찢겨 부상당한 무수한 한국인들로 채워졌다. 그들 중에는 치료를 받으면서 꺼져가는 생명을 지키려고 사투를 벌이고 있는 사람도 있었다.

⊙ 제암리교회 부근에 있는 삼일운동 순국기념탑

개화된 일본인들은 환자가 병원을 나가면 죽게 된다는 것을 뻔히 알고 있음에도 불구하고 모든 위험 인물들을 강제로 병원에서 소개疏開시켰던 것이다.

한국인들은 이와 같은 사실을 신문보도를 통해 미국에 알리기 위하여 노력하였으나 그 기사들은 억울하게도 모두 반일선전으로 왜곡되어 버리고 말았다.

물론 일반 미국시민들은 반일선전으로 오인하였기 때문에 그 보도를 믿지 않았던 것이다. 그로부터 세상이 변하여 지금에 와서는 많은 미국시민들은 이 보도가 진실이었다는 것을 누구도 의심하지 않는다.

이토록 특별히 기억될만한 독립운동의 결과로서 국내의 기독교인들은 물론 지린吉林, 칭다오靑島, 심지어는 시베리아Siberia 국경지대의 한국 기독교인들까지도 대량 학살을 당하였던 것이다. 그리고 교회는 불에 타버렸고 수많은 지역에서 한 촌락 전체가 파괴되기도 하였다.

그들에 대한 오직 하나의 죄목은 기독교인 뿐만 아니라, 불교도, 유생儒生, 그리고 천도교 등 전국민이 지지하였던 무저항적이고 비폭력적인 혁명운동에 참가하였다는것 뿐이다. 이렇게 기독교인들은 국민 전체를 위하여 십자가를 지지 않으면 안 되었다.

그때 일본인들이 자행한 수많은 학살행위 중에서 '제암리 학살사건'은 가장 극악무도하고 비도덕적인 학살이었다. 물론 우리들이 가장 악명 높은 사건이라고 하는 것은 미국에게까지도 알려졌다는 것을 말함이다.

한국에서 한국인들 사이에만 알려진 사건들을 고려하지 않고 하는 말이다. 한국인은 물론 그러한 학살사건에 대한 문서기록을 만들거나 보관할 수 없으며, 대량 학살의 목격담을 한국인들 사이에서는 입에 담고 마음대로 전할 수 없었다.

이 학살사건의 희생자 중 "누가 어떻게 해서 죽었는가?"라고 묻게 되면 이 희생자의 친구나 친척들은 어깨를 움츠리고 머리를 좌우로 흔들면서 화제를 다른 것으로 바꿀 뿐이다.

'죽은자는 말이 없고 살아남은 자는 안타깝게도 감히 입을 열어서 말할만한 용기도 없기' 때문에 많은 한국인들이 받은 생명과 재산의 피해는 영원히 기록될 수 없을 것이다.

필자가 말하려고 하는 이 사건은 그 사실을 알고 있는 외국인들이 확실하게 기록해 놓은 것이다. 기록의 일부는 출판되어 미국내 도서관이나 클럽 등에 배포되었다. 그러나 지금에 와서는 이런 귀중한 책을 입수하기에는 곤란한 점이 많다. 왜냐하면, 일본인은 할 수 있는 한 이와 같은 것들을 없애버리기 위해서 조직적인 노력을 경주해오고 있기 때문이다.

그런 가운데 당시의 신문이나 의회기록들은 일본인들의 파기를 면하여 아직도 그와 같은 기록과 이야기들을 보존하고 있다. 필자는 이러한 것들을 대부분 내 노력으로 수집해서 보관해 왔다.

다음으로 1919년 4월 15일의 '제암리 학살사건'으로 화제를 바꿔보자. 일본군인들은 수원에서 약 70리 떨어진 제암리라고 하는 마을에 들어가서 강연이 있다고 하여 모든 성인남자 기독교도들에게 교회에 모이도록 명령하였다.

이에 따라서 29명이 교회에 모였다. 그런데 갑자기 일본군들이 교회를 포위하고 창을 향하여 총을 발사한 것이다. 이처럼 총격을 가해 교회 안에 있던 사람들을 사살하거나 중상을 입히고는 이 교회에 불을 질러버린 것이다. 도망치려고 뛰어 나오던 청년들은 총으로 또는 총검으로 모두 죽임을 당했다. 6구의 시체가 교회 밖에서 발견되었다.

아직 화염 속에 있는 교회당 안의 남편을 구출하기 위하여 뛰어들려고 한 2명의 부인은 일본병사의 손에 잡혀서 잔인하게 살해당하였다.

그 중 한 사람인 19세의 젊은 청년은 총검에 찔려 죽었고, 40세 정도의 또 한 남자는 총에 맞아 죽었다. 이 두 사람은 아주 열렬한 기독교 신자였다. 일본 군인들은 학살극이 끝나자 그 마을에 불을 지르고 떠나 버렸다.

어느 선교사 부인은 남편이 경험한 쓰라린 고통을 다음과 같이 전하고 있다.

1919년 3월 4일 그의 남편은 '만세' 소리를 듣고서 바로 길가로 나갔다가 약 한 시간 후에 돌아와서는 "주여! 어떻게 이런 일이 있나이까?"라고 외쳤다는 것이다.

일본 경찰들이 소방용 쇠갈퀴와 곤봉으로 아무런 무기도 가지지 않은 맨 손의 한국인들을 찢어 갈기며 무참히 도륙을 하고 있지 않은가?

두 명의 일본 경찰들에게 연행되고 있는 한국인의 처참한 모습을 본 것이다. 그 한국인은 두개골이 깨져 버린데다가 다리는 질질 끌리면서 처참하게 끌려가고 있었다.

⊙ 새로 단장한 제암리교회 전경(경기도 화성군 향남면)

이외에도 너무 끔찍하고 몸서리 쳐져서 말과 글로는 일일이 들어내기조차 어려운 처참한 사건들이 더 많이 있지만 모두를 기술하기에는 가슴이 너무 저려오는 일이다.

이와 같이 일본인의 야만적 행동은 이미 그 도를 헤아릴 수 없고, 그들의 학살은 옛날 회교도나 흉노족보다도 몇 배 더한 만행인 것이었다.

이와 같은 극악행위가 다른 나라에서 발생했더라면 세계의 거센 항의와 비난의 폭풍을 불러 일으켰을 것은 명약관화한 것이었다.

그러나 이것은 아침 해가 떠오르는 '조용한 아침의 나라' 깃발 밑에 숨어서 행해졌기 때문에 세계 각국은 모두가 동방의 작은 야만인들의 비위를 상하게 하는 것이 두려워서 벙어리가 되고 귀머거리가 되고 말았던 것이다. ＊저자주 : 리더스 다이제스트 1938년 7월호 [남경의 약탈],동지同紙, 동년 10월호 [우리들 남경에서 있었다.] 참조

일본인들은 한국에서 범한 것과 같이 중국에서도 기독교도들을 학살하였던 것이다.

이 희생자는 중국 본토의 기독교도만은 아니었다. 즉, 선교사들도 그들과 같이 고난을 당하면서 그것을 피할 방법도 없이 함께 수난을 당할 수밖에 없었다.

외국 선교사들은 중국 본토에서 일본군대에 의하여 수많은 고통을 당했지만 그것은 아직 시작에 불과한 것이었다. 곧 닥쳐올 최악의 고통이 서서히 그들에게 엄습해오고 있었다.

과거의 사실을 안다고 하는 것은 곧 다가올 장래를 알 수 있다는 얘기다. 이와 같은 의미에서 1919년 독립운동이 발발한 후에 한국에 있던 외국 선교사들이 체험한 한두 가지 사건은 특히 주목할 만한 것이다.

그 중에서 야비하기로 이름난 사건은 오하이오주 맨스필드시 출신의

엘리 M 모워리M.Mowry 목사에 대한 사건이다. 그는 서울 연희전문학교 교수로서 평양의 남녀고등학교 교장이었다.

그는 범죄자를 자택에 숨겨주었다고 하는 혐의로 체포되었다. 소위 범죄자라고 하는 것은 그의 비서와 5명의 연희전문 학생이었다.

그들에 대한 재판은 그 교수가 변호사를 선임할 여유를 주지 않기 위하여 기소 후 전격적으로 하루만에 행하여 졌다. 그러나 재판관은 그들 친구들이 사전에 청원 했더라면 공판을 연기할 수도 있었다고 했다. 그것도 재판이 끝난 후에 말한 것이었다.

결국, 그 교수는 6개월의 중금고형重禁錮刑이 선고되었는데 그 후 4개월로 경감되었다. 결국 이 사건은 상급법원에 항소하여 단지 100엔의 벌금형으로 확정되었다.

이 사건에서 무엇보다 야비한 것은 일본 경찰이 그 교수에게 광대 모자를 씌워서 형무소와 재판정을 오고 가게 하여 그가 받은 깊은 상처에 한층 더 모욕을 가했던 점이다.

처리된 방법은 다르지만, 이 사건과 유사한 것으로 영국인 존 토마스 John Thomas 목사의 사건이 있다. 그가 한국 충청남도를 여행하던 3월 20일, 노상에서 휴식을 취하고 있을 때 돌연 아무런 통보도 없이 일본 군인과 민간인의 습격을 받았다.

그가 여권을 제시하자 그들은 여권을 도로상에 던지고는 짓밟아 버렸다. 일본정부가 발행한 선교허가증조차 밟아버렸다. 한때는 건강한 체격을 가졌던 목사였지만 이때 맞은 상처가 심해 그의 몸은 다시 원상태로 회복되지 않았다.

존 토마스 목사에 대한 어느 선교병원에서의 진찰결과는 전신의 상처가 29군데나 된다고 한다. 이로 인하여 그는 더 이상 선교사로서의 임무를 수행할 수 없을 정도로 건강을 해쳤기 때문에 한국의 선교사업에서 은퇴할 수밖에 없었다.

서울의 영국 총영사관은 즉시 이 사건에 대해 일본정부에 항의를 제기하였다. 이에 일본정부는 그 구타사건을 깊이 사죄하고 손해배상으로 당시의 금액 5천 엔2,500달러를 지불하였다.

미국 부인들을 일본군들이 공격했을 때는 한 마디의 의례적인 사죄도 없었던 일을 생각해 보면 이것은 일본정부가 영국인에 대해서 일본인들이 품고 있는 보다 높은 존경심을 드러낸 것이라고 생각된다.

〈재팬·크로니컬〉지가 '토마스 씨 피습사건'이라고 제목을 붙인 다음과 같은 기사는 한 번 읽어 볼 가치가 있다고 생각한다.

"선교사들의 비행을 보도하는 것에 대해서 이름이 나 있는 재한在韓 일본특파원들도 3월 20일의 동양선교협회의 존 토마스John Thomas 목사의 피습사건에 관해서는 완전히 침묵을 지키고 있다. 토마스 씨는 석방될 때 일본어로 작성된 문서에 서명할 것을 강요당했지만 문서가 의미하는 것을 알지 못하기 때문에 서명을 거부하였다. 이것은 명확하게 이 사건의 책임을 피하기 위한 것이었다"

이 사건이 처리된 경위는 중국이나 그 외의 지역에서 이와 같은 일이 일어난 경우 일본인들에 대한 요구와 비교될 수 있을 뿐만이 아니라 이와 같은 문제에 대한 일본 언론계의 침묵은 국적을 달리하는 사람들이 사건의 당사자가 되었을 경우에 노도의 폭풍우가 일어났을 반응과 같은 충격이 큰 대조를 이루고 있다. 서울의 언론계조차도 이 토마스 씨의 사건에 관해서는 아무 것도 알지 못하고 있었다.

만약 '모우리Mowry 씨 사건'이 1940년에 발생했더라면 미국정부는 이와 같은 사건을 용납하고 있지는 않았을 것이고, 어떠한 항의 없이 그들이 고통을 받도록 그대로 방치하지는 않았을 것이다.

그러나 당시 일본에 대한 백악관과 국무성의 태도는 현재와는 달랐다. 모욕을 당한 것은 모우리 씨가 아니고 미국 자신이었던 것이다.

선교사들도 다른 사람들과 똑같은 보통의 인간이다. 그토록 악랄하게 조직적으로 행해지는 가혹한 탄압은 너무나 무자비해서 견뎌 내기에는 불가능한 일이었다.

그들이 일본인 앞에서 굴복하거나 또는 그 나라에서 떠나지 않으면 안 되었다. 그 후 여러 명이 한국을 떠났고 어떤 사람은 추방되었으며 대부분은 일본의 친구로서 남게 되었다. 남아있게 된 선교사들은 말을 꼭 해야 될 때에는 일본의 비위에 맞는 말만 해야 했다.

한편, 한국을 떠난 선교사들도 남아있는 선교사들이 받게 될 고통을 생각해서 일본의 잔인무도함을 입 밖으로 내보내지 못하고 있었다.

그래도 중국에 있는 선교사들은 당분간 한국을 떠나 있지만 중국에 대한 성실한 우정만은 유지하고자 노력하였다. 따라서 중국인들이 가지는 대중적인 정서는 한국에서의 슬픈 시대와 같이 기만당하는 느낌은 없을 것이다.

미국이 다른 대륙의 일에 간섭할 필요가 없다고 생각하는 사람들이 미국 내에는 아직도 많이 있다. 대부분의 사람들은 미국의 전쟁준비는 '국가방위를 위하여 필요한 것이고 미국이 공격당했을 때에 한해서만 자국을 방어하는 것'이라고 말하고 있다. 그러면서도 그렇게 말을 하고 있는 사람들은 미국이 이미 공격받고 있다는 사실을 알지 못하고 있는 것이다.

만약, 독자 여러분이 1937년 12월 12일 미국함 파네이호 Panay에 승선해서 무사하게 목숨을 건졌다면 미국이 고의로 공격받았다고 하는 사실을 잊을 수가 없을 것이다.

또 중국에서 일본군들에게 공습을 받고 있는 미국 소유의 대학이나 선교회, 또는 병원의 미국 피난민들이 이리저리 밀리고 있는 것이라면, 적기敵機가 미국을 습격해서 예일Yale, 하버드Havard 또는 프린스톤 Princeton 대학이나 월터리드Walter Reed 병원에 아직 폭탄이 투하되지 않았다고 하는 단순한 이유만으로 자신들이 공격받지 않고 있다고 말할 수는 없을 것이다.

그 차이가 있다면 하버드나 프린스톤이나 예일대학이나 월터리드 병원이 이곳 미국 내에 위치하고 있는 것에 반해서 중국은 수 천 마일 떨어진 곳에 위치하고 있다는 사실뿐이다.

많은 미국인들은 그렇게 멀리 떨어져 있는 곳에서 발생하고 있는 사태에 관해서는 염려할 필요가 없다고 생각하고 있을 뿐이다. 그러나 미국에서 멀리 떨어져 있다고 해도 중국 내의 미국인은 미국인이 아니라고 주장할 수는 없을 것이다. 오직 미국 본토 안에 있는 사람들만 생각한다고 하는 것은 말도 안 되는 것이다.

어느 곳에 살고 있든간에 미국인은 미국인일 뿐이다. 중국이나 한국에서 미국인을 공격하는 적은 이쪽 국내에 있는 미국인을 공격하는 것과 다름이 없다. 그렇기 때문에 미국이 아직 공격당하고 있지 않다고 하는 말은 진실이 아니며, 또한 미국이 일본과 평화를 유지하고 있다든가 동양문제에 관해서는 일체 간섭할 필요조차 없다고 하는 말은 진실되지 않는 것이다.

더군다나 미국인들이 전쟁을 회피하려고 결심을 하고 있는 것이라면 전쟁기운이 서서히 달아오르는 것을 방관하지 말고 이것이 미국의 해변으로 다가오지 못하도록 막는 것이 가장 현명한 방책이 아닐런지?

중국인과 한국인들에게 가능한 한 모든 물질적 지원을 통하여 일본이 미국에게 도전할 수 없도록 다급하게 만드는 지혜로운 정책을 강구하지 않는 이유는 과연 무엇일까?

수 년 전, 미국은 일본이 한국을 식민지화 하는 것에 대해서 하등의 항의조차 하지 않았다. 그 후 미국정부는 일본이 만주를 손에 넣으려고 하는 것을 막지 못했다. 지금 일본이 중국을 정복하려고 하고 있다. 일본이 이와 같은 모험을 감행할 수 있었던 것은 세계가 그들의 계획을 간파할 수 없었기 때문이다.

이제 세계는 그것을 잘 알고 있다. 그리고 미국인들은 그들이 짐을 싸서 중국을 떠난다면 미국은 필리핀, 괌 등 태평양 상의 다른 영토로부터도 철수하지 않으면 안 된다고 하는 것을 명확하게 알게 되었다.

이와 같이 되면 미국이 지켜야 하는 서해안의 제일선은 하와이와 미국본토의 태평양 해안이 될 것이다. 이와 같은 철수가 과연 평화를 의미하는 것이 될 수 있겠는가?

아니다, 이와 같이 되면 더 큰 모험을 하도록 일본을 유혹할 따름이다. 아직도 시대에 뒤진 정책을 주장하는 사람들은 당면한 위협에 맹목적이라고 할 수밖에 없을 것이다.

미국이 이러한 기로에 서서 진정으로 취해야 할 평화정책은 독립을 위해서 싸우고 있는 유럽의 모든 국가들과 아시아에 있어서 중국과 한국인들에게 가능한 한 모든 물질적인 지원을 해 주는 길뿐인 것이다.

1940년 10월 7일 일본정부가 서울과 도쿄에서 동시에 발표한 바에 의하면, 일본과 한국에 있는 모든 기독교회 단체들이 해체되고 기독교

감리교회라고 하는 새로운 단체를 통해서 정부의 감독하에 놓여 질 것이라는 것이었다. 이 조치의 중요목적은,

"모든 외국의 영향력을 제거해서 공산주의, 개인주의 및 일본 국가정책과 상반되는 다른 모든 교리敎理를 규탄하는데 있다."

고 발표되었다. 중국내의 교회들도 조만간에 한국과 같이 일본정부의 통제하에 놓이게 될 것이라는 것이다.

제 **7** 장

레이디버드호와 파네이호 피습

THE 'LANDBIRD' AND THE 'PANAY' INCIDENTS

7

레이디버드호와 파네이호 피습

THE 'LANDBIRD' AND THE 'PANAY' INCIDENTS

중·일전쟁이 시작된지 약 6주간이 지났을 무렵 일본 침략군은 그들의 중요한 점령지구안에서 지반을 확고하게 구축하고 거류 외국인에 대한 대대적인 공격을 시작하였다.

중국에 거주하는 전체 외국인 중에 복종시키는데 가장 힘에 붙이는 외국인들은 미국인과 영국인이었다. 그밖의 외국인들은 어찌해 볼 도리가 없는 불가항력적인 현실 앞에 변변한 저항도 못하고 순응할 수밖에 없었지만 영어를 사용하는 민족인 2대강국의 국민들만은 만만치가 않았다.

이 2대강국의 국민들은 사회적, 경제적으로 또 그 외의 여러 면에서 가장 우월한 특권을 누리고 있으며 또한 중국인들은 이 2대강국 국민들을 일본인이나 동양의 어느 민족들보다 우수한 국민으로 우러러 보고 있었다.

그 때문에 일본인들은 그들 자신을 중국인들보다 우수한 민족임을 과시하기 위하여, 그리고 백인들에 대해서도 대화大和민족은 백인들보다 우수한 존재라는 것을 보여주기 위해서 외국인을 난폭하게 짓밟으며 뻐기는 행동을 저지르고 있다.

더구나 일본인들의 입장에서는 점령지구 내의 중국인들을 완전하게 자신들의 지배 하에 두지 않으면 안 되었기 때문에 일본의 권력에 굴복하지 않는 백인은 누구를 막론하고 추방시켜야만 하였다.

일찍이 '도서제국島嶼帝國'의 건설에 최대한으로 협력해 주고 있던 영국인들은 지난 날의 가깝던 우방인 일본의 배은망덕한 처사에 꾹 참지 않으면 안 되는 난처한 처지에 놓이게 되었다.

일본이 외국인에 대해서 감행한 가장 심각했던 것들은 주중 영국대사의 부상사건, 영국 포함砲艦 레이디버드Lady bird호 공습사건, 또한 미국 포함 파네이 Panay호 격침사건 등 세 건이 있다.

1937년 8월 26일, 상하이 근교의 도로에서 주중 영국대사 하우 네치 블허게센Sir Hugh Knatchbull Hugessen 경이 영국국기 유니언잭Union Jack이 나부끼는 자동차를 타고 상하이 부근 도로를 달리고 있을 때 일본군 조종사의 기총소사를 받아 중상을 입는 사고가 발생하였다.

영국정부는 이에 대해 강경한 태도를 보이면서 일본측에 사죄와 보상, 그리고 이와 같은 사건이 재발하지 않도록 하는 보장을 요구했다.

일본측의 임시방편적인 최초의 회답 통지문에 의하면, 2대의 자동차를 중국군 병사들을 태운 군용차와 화물차로 오인해서 2대의 일본기가 기총사격과 폭격을 가했다는 것이다.

더 더욱 가소로운 것은 영국대사의 부상이 일본군 비행기 기총소사로 인한 것이라는 확실한 증거가 없다고 주장한 것이다. 또, 이 통지문에서는 상하이에 주재하는 관계당국자들은 이와 같은 사건이 차후에 재발하지 않기 위해서는 전쟁지대를 통과할 경우에는 반드시 일본군 사령부의 허가를 사전에 받아야 한다는 것을 제안하고 있는 것이었다.

물론, 이 통지문은 영국외무성의 강한 불만을 야기시켰다. 따라서 영국정부의 제2차 각서가 주일 영국대사 로버트 크레기Sir Robert L.Craigie 경을 통해서 일본에 통지되었다.

이 각서에는 일본측의 각서가 영국정부를 실망시켰다는 것이고 영국은 앞서의 '일본각서전문'을 공표할 준비를 하고 있다고 기술하였다.

당시 일본에 대한 런던의 여론은 실망과 분노로 들끓고 있었다. 일본외무성은 다음과 같은 내용의 두번째 회답을 발송하고, 그 사건의 발생에 대한 일본정부의 깊은 유감의 뜻을 표명하지 않을 수 없었다;

"현재의 상황에서는 현장조사가 곤란하며 부상 당시의 영국대사 승용차 위치에 대한 여러 보고에는 약간의 차이가 있다. 대사가 부상을 당했다고 최초로 보고 된 위치에서는 일본군 비행기가 기총소사나 폭탄 투하를 하지 않았다는 것이 확인되었다.

그러나 일·영 양 당국자가 동시에 행한 신중한 조사에서는 영국대사 승용차를 중국 군용버스나 화물자동차로 오인한 일본군 전투기에 의해 본 사건이 발생된 것일지도 모른다고 결론지었다.

그러므로 대사의 부상은 일본기의 공격에 의한 것인지 모르겠지만 그 경우에 설령 고의로 공격한 것이 아니라 할지라도 일본군 전투기의 소행일는지도 모르는 일인바, 이 사건에 대하여 일본정부는 심심한 유감의 뜻을 영국정부에 정식으로 전하고자 한다.

본 사건과 관련된 조종사에 대한 처벌문제는 재론의 여지없이 제3국

국민을 고의적으로, 또는 부주의로 일본군 전투기가 사살 또는 부상을 입혔다는 것이 확인될 때에는 언제라도 합당한 조치를 취할 것이다”

이 회답은 런던의 험악한 공기를 어느 정도 누그러뜨려 영국측이 일본정부로 보낸 최후의 각서에 영국정부의 만족을 표명하였고, 그 결과 양국 정부는 이 사건의 종결을 선언하였다.

이 ‘일본정부 사죄전보’ 라고 하는 것은 옛날 봉건시대 때 하루 동안에 3명의 적을 죽이는 ‘권리’를 의미하는 ‘3자루의 칼’ 을 휴대했던 ‘사무라이’ 이야기를 현대에 와서 되풀이 하고 있는 전형적인 설화인 것이다.

「어느 날 ‘사무라이’ 가 얼큰히 술에 취해 있었다. 그때 그의 눈에 멀리서 오고 있는 한 명의 적을 발견하였다. 그는 자기가 지니고 있는 칼 한 자루를 뽑아서 적이 가까이 올 때까지 매복하고 기다렸다가 그 적이 가까이 왔을 때 날쌔게 칼로 찔러 죽여 버렸다.

그리고 나서 죽은 자의 머리를 내려다보니 적이 아니고 자신과는 아무 관계없는 엉뚱한 사람이었다. 무고한 사람을 살해한 것에 대해 후회하였다. 그래서 ‘사무라이’ 는 머리를 깊이 숙이고 “진심으로 사과합니다”라고 한 마디 하였다」

이 사무라이 정신에 대한 이야기를 자랑삼아 하기를 좋아하는 자존심이 강한 일본인들은 전 세계인들로부터 자기들은 하루에 3명의 적을 죽일 수 있는 특권을 누리면서 만약 죽은 사람이 다른 경우에는 한마디의 사과만으로 처벌도 받지 않는 특권을 가진 옛날의 사무라이로 대하여 줄 것을 기대하고 있는지도 모르겠다.

일상적인 평화시대에 대영제국을 상대로 이와 같은 국제적 범죄와 한술 더 떠서 국민과 재산에 대해서 대대적인 공격을 감행한다면 영국연방제국은 무장을 갖추고 총궐기하여 전쟁까지는 발전시키지는 않더라도 단호한 보복을 외쳐야 할 것이다.

그러나 영국은 최근 일본에 대해서 강경방침을 취할 수 있는 입장에 있지 못하며, 일본은 그들의 우수한 군사력을 과시하는데 심리전적인 호기를 이용하고 있다.

레이디버드Lady Bird호 고의적 도발

1937년 12월 7일과 13일 양 일 간에 걸친 난징南京과 무후蕪湖 공습 때 일본공군은 난징에서 50마일 떨어진 양쯔강楊子江에 정박 중인 영국 포함 레이디버드호를 폭격하였다. 이 폭격으로 1명의 해군수병이 죽고 3명이 부상당했다. 이 부상자 중에는 조지 오도넬George O.Donnel 해군대령과 H. D.바로우Barlow 중령이 포함되어 있다.

또 그때 3척의 영국 포함 버터필드Butterfield호, 스카렛Scarat호, 크리켓Cricket호도 일본해군의 연안포대로부터 포격을 받았다. 또한 영국 국적의 상선 타퉁Tatung, 터크오Tuckwo, 쉬스Suiws 3척도 포격 및 폭격의 대상이 되었다.

무후蕪湖의 미군병원에 근무하는 간호원 윌마Wilma양은 당시의 상황을 다음과 같이 말하고 있다;

"여러 대의 비행기가 병원위를 통과한지 2~3분 밖에 경과되지 않았지만 나는 병원 일에 몰두 해 있었기 때문에 그 일에 별로 신경을 쓰지 않았다.

갑자기 폭탄이 떨어지는 소리가 들려서 창쪽으로 재빠르게 뛰어갔다. 4대의 일본비행기가 파상적으로 폭탄을 투하하고 있을 때였다. 바로 터크오Tuckwo호에 직격탄이 명중되는 것을 보고 나는 전율하였다.

강렬한 화염이 순식간에 일어나겠다고 생각했다. 그때 터크오호 뒷부분은 완전히 화염에 쌓여서 불길이 솟아올랐다. 그 밖에 투하된 또 다른 폭탄은 아마도 16발은 실히 될 것인데 온통 강 속에 떨어져 정크선과 소형 선박이 타격을 입었다.

그 후의 광경은 도저히 말로 설명할 수가 없다. 정신이 나가서 두려움에 떨고 있는 많은 사람들이 매우 당황하면서 병원 바로 옆 강물 속으로 뛰어들었다. 또 다른 사람들은 그들을 구하기 위해서 필사적으로 물 속으로 뛰어들었다.

정박되어 있던 모든 영국 선박에서는 유니언잭Union Jack이 한 눈에 들어올 정도로 선명하게 나부끼고 있었다.

이번 폭격에서 가장 처참한 광경은 사망자나 부상자들이 아니라 행방불명된 부모를 찾기 위해 병원으로 온 아이들의 절규와 부둣가에서 사라져버린 아이들과 가족들을 찾고 있는 어른들의 광경이었다.

병원에서 지금까지 70명의 부상자를 수용해서 그 중 30명이 대수술을 받았고 그중 3건은 수족절단 수술이 포함되었고, 아직도 3곳의 수술실은 응급부상자의 구출을 위하여 총력을 다하고 있는 중이다"

물론 이 사건 발생 후에도 런던과 도쿄 사이에 각서 교환이라는 낡은 수법이 뒤따랐다. 일본측은 이 사건 발발 후에도 전에 있었던 사건과 같은 수법으로 호도하려고 자기변명과 책임회피 수법을 들고 나왔으나 미국의 포함 파네이Panay호 폭격사건 후 영국은 미국과 함께 강경한 태도를 취하여 '사태의 심각성을 강조하고' 즉각적인 예방책을 강구하도록 요구하는 격렬한 내용의 각서를 일본정부에 전달하였다.

이든Eden 영국 외상은 흥분에 들끓고 있는 영국 하원에서,

"영국은 어제의 일본측 사과에 만족하지 않으며 일본정부의 설명이 충분치 않다고 생각한다. 따라서 이번의 일련의 사태에 대한 영국의 태도를 분명하게 천명할 각서 전문을 내일 공표할 것이다"
라고 언명하였다.

영국의 일반국민 감정이 극도에 달하여 영국 내각은 일본문제에 대한 하원의 토의를 보류하지 않으면 안 될 시경에 이르게 되었다.

이든 외상이 "불충분하다"라고 비판한 각서는 영국측의 항의에 대한 12월 15일, 히로타廣田 외상이 회답으로 전달한 것으로 이 각서는 같은 날 도쿄에서도 공표되었다. 그 내용은 다음과 같은 것이었다.

"본관은 12월 12일, 일본군의 오인으로 인해 발생한 난징·무후 지구에 있던 영국군함 레이디버드호, 스카렛호, 크리겟호에 대한 폭탄투하 및 발포사건에 관하여 일본정부는 심심한 유감의 뜻을 갖고 있다는 것을 여기에 표명하고 일본정부를 대표해서 각하에게 진지한 사과의 말씀을 전달하게 된 것을 광영으로 생각합니다"

일본인의 입장에서는 이 각서가 필요 이상이라고 생각되었다. 태양

의 여신 천조대신天照大神의 아들인 천황을 대신하는 일본정부가 단순한 착오로 인하여 단 한 명의 영국 수병을 죽이고 또 수명의 영국 시민에게 부상을 입히고, 또한 70여 명의 중국인들에게 부상을 입혔다는 별로 크지 않은 조그마한 사건 때문에 정식으로 사죄한다는 것은 일본인들의 겸손을 나타내는 것처럼 생색을 내고 있는 것이다.

그러나 영국측은 보다 더 만족스러운 회답을 기대하면서 항의를 계속하여 12월 28일, 또 하나의 일본측 각서가 히로타 일본외상의 명의로 크레기Craigie 대사에게 전달되었다.

정통한 관계 소식통에 의하면 이 각서의 내용에 인용된 어구의 자구들 모두가 지난번 파네이Panay호 사건에 대해서 미국정부에 보낸 각서 내용과 거의 일치한다는 것이다.

히로타 외상이 각서를 수교한 당일 일본해군의 근위대좌 콘도는 영국대사관의 해군무관 H·B·로링Rawling 대령를 방문해서 양쯔강 공격사건의 전후 사정을 설명하였다.

일본 외무성은 앞에 지적한 공격은 단지 오인에 의한 것으로 영·미의 함정을 중국선단으로 잘못 봤기 때문이며, 또 일본의 고급관리들은 전투지역 내에 외국함선이 정박해 있다고 하는 것은 꿈에도 생각지 않았다고 하는 군부의 주장을 재 강조하는 성명을 발표한 것이다.

당시 영국은 다른 지역에서 레이디버드Ladybird호보다도 더 중대한 사건들에 직면해 있었기 때문에 마지막에는 네빌 챔벌린Neville Chamberlain수상의 유화정책이 그대로 유지되어, 본 사건의 해결에 관한 별도의 공식성명 하나 없이 이 사건을 매듭짓게 되었다. 이것은 일본에 대한 영국의 우호적인 제스처의 좋은 예였다.

미국을 화나게 한 파네이 Panay호 격침

일본군의 군률조직과 상관에 대한 절대복종의 정신을 아는 사람이라면 누구라도 미국의 포함 파네이Panay호 사건이 누군가의 착오 혹은 우연한 사고로 발생했다고 생각하는 사람은 한 명도 없을 것이다. 일본측은 최초에 그러한 사고는 전혀 없었다고 하는 자세로 부정해 왔다.

만약, 미국정부 당국이 이 사건에 대해서 이전과 같이 유화정책을 적용했더라면 일본측의 일관된 부인정책은 미국으로로부터의 응징을 받지 않고 순조롭게 묵살될 수도 있었겠지만, 이번만은 미국정부가 강경 태도를 취해서 모든 목격자의 보고와 실황 뉴스 영화 등을 공표함으로써 일본정부에게 피할 수 없는 근거를 제시하였다.

결과적으로 일본측에서는 그들의 죄과를 시인하고 배상을 지불하지 않을 수 없는 처지에 놓이게 되고 말았다.

1937년 12월 12일, 일본군은 포의 진지를 양쯔강 부근으로 이동하였다. 그리고는 중국 난징수비군을 향하여 엄청난 폭격을 퍼부었다.

수많은 포탄이 양쯔강 위를 덮었고 그중에는 미국함정 파네이호와 그 근처에 정박하고 있던 수척의 영국 함정 바로 옆으로 떨어지기도 하였다.

파네이호 함장인 하우스Haghes 대령은 빗발치는 포탄세례를 피하기 위하여 함정이 북상할 것을 명령하였다. 파네이호가 서서히 북상하기 시작하자 잡지기자 1명, 뉴스 촬영기사 2명을 포함한 7명의 미국인들은 다른 조그만 보트를 이용하여 함정으로 옮겨탔다.

영국함정 역시 밖으로 탈출하기 위해서 파네이호와 같이 느린 속도로 북상하고 있었다. 얼마 안가서 영·미 양국 함정은 포탄이 빗발처럼 퍼부어대는 중심지역으로 향하고 있다는 것을 알게 되었다.

불과 수 십 미터밖에 떨어지지 않은 거리에서 거대한 물기둥이 일어났고 양국 함정은 위험한 지점으로 아찔하게 다가가고 있었다.

포탄은 15초 간격으로 함정의 좌우 강물 위에 떨어졌다. 파네이호는 신중하게 천천히 계속 북상하고 있었고 포탄은 파네이호의 계속되는 항행에 경고라도 하듯이 작렬하였다.

이러한 와중에 승선자의 대부분은 전투지역으로부터 빠져나온 미국인 피난민이었고 그들은 이와 같은 위기에서도 놀라울 정도로 침착하고 여유 있는 태도로 대처하고 있었다.

하우스 대령과 그 부하들은 침착한 태도를 잃지 않고 있었다. 승객들은 뉴스촬영의 카메라맨들이 취재당시 위험했던 일들과 경험담을 익살을 부리면서 하는 말에 귀를 기울이고 있었지만, 달라진 상황에 긴장된 분위기만큼은 그들의 얼굴에서 떠나지 않고 있었다.

파네이호는 국가적으로 긴급한 사명을 부여 받아 미국시민을 보호하는 한편, 난징에 있는 미대사관과 한커우로 퇴거해 있는 미국 대사와 긴밀한 연락을 유지하는 임무를 맡고 있었다.

그날 아침 9시 45분, 우측 강 언덕에 있던 일본군은 파네이호에 정선신호를 보냈고 일본군 장교 한 명이 총에 착검을 한 여러 명의 수병을 인솔하고 승선하였다. 그 일본군 장교는 서투른 영어를 지껄이면서 실로 수많은 질문을 퍼부었다.

하우스 대령은 이 일본장교에게 미합중국은 일본이나 중국 어느 나라와도 가까운 우방이라는 것과 지금 자신은 스탠다드 석유회사 Standard Oil Tankers의 유조선이 포화를 피하도록 난징으로부터 28마일 떨어진 북방까지 호송하고 있다는 것을 설명하였다.

잠시 동안의 질문과 답변이 끝나자 그들은 바로 떠나버렸으며, 앞으로 이 지역에 어떠한 포격 또는 폭격이 있을 것이라는 가능성에 대해서는 한 마디의 경고도 없었던 것이다.

파네이호는 그 사건이 일어나기 바로 전에, 좌우 수 마일이 깨끗하게 보일 정도로 넓은 강 위 한복판에 정박 중이었다. 오후 1시 20분께 관측병은 4천 피트 상공에 폭격기가 나타났다고 보고하였다.

2대의 폭격기가 공격개시 1시 27분에서 2시 25분까지 급강하 하여 고도 100피트에서 200피트의 저공비행으로 내려오며 완전한 전투태세를 갖추었다. 2대의 폭격기는 급강하 하자마자 순간적으로 3발의 폭탄을 투하했는데, 그 중 2발은 배 가까이 수중에 떨어져 파편으로 말미암아 흘수선吃水線 밑에 구멍들이 생겼다. 파네이호는 다른 한 발의 직격탄을 맞아 함정 머리 부분에 있는 3인치 포가 파손되었다.

하우스 대령은 폭풍으로 내동댕이쳐 타륜舵輪에 부딪쳐서 다리가 부러졌다. 그리고 직격탄의 강렬한 충격으로 함정내의 사무실 비품이 날아가 승무원 한 사람이 중상을 입었다. 함정안에 있던 모든 사람들은 이 폭격은 오폭된 것이라고 생각하였다.

갑판의 앞 부분과 뒷 부분에는 페인트로 그려진 성조기가 선명하게 나타나 있었다. 그 위의 하늘은 구름 한 점 없이 쾌청하였으며 파네이호에는 7개의 성조기가 나부끼고 있었다.

그 성조기 중에서 적어도 한두 개의 성조기는 어느 곳에서 보아도 바로 식별할 수 있었을 터인데도 일본전투기는 첫번째 폭격을 마치자마자 급상승하였다가 다시 파네이호로 되돌아와서 강렬한 폭격을 계속 반복하였다.

앞의 폭격보다 더욱 격렬하게 귀가 찢어질 정도의 폭발로 선체가 흔

들리면서 유리·나무·철강 등의 파편이 여기저기 흩어졌다. 적어도 직격탄 20발이 명중한 것이다. 동시에 일본기는 갑판에 기총사격을 계속했기 때문에 폭격에 의한 것보다도 더욱 많은 희생자가 나왔다.

다리가 부러진 하우스Haghes 대령은 부상으로 인한 충격과 출혈로 의식을 잃고 쓰러져 있었다.

A. F. 앤더스Anders 대위는 파편이 날아와 목구멍에 심한 상처를 입게 되어 말을 할 수가 없게 되었다. 증편된 일본폭격기들은 한층 더 맹렬한 폭격을 퍼부어댔다.

파네이호의 승무원들은 격분한 나머지 재빠르게 기관총 포좌로 달려가 공습해 오는 일본기를 향하여 격렬하게 사격을 가하였다. 앤더스 대위를 포함해서 2명의 병사가 파편을 맞아 포좌 옆으로 쓰러졌다.

급강하 폭격을 반복하고 있던 일본기들은 파네이호의 기관포 사격을 피하여 가며 그 후로부터 30분간이나 적당한 고도를 유지하여 폭격을 계속하였다. 하우스 함장은 기동할 수도 없었고 출혈은 더욱 더 심해졌다.

더욱이 앤더스 대위는 목구멍에 입은 상처 때문에 명령을 하달할 수가 없었다. 하우스 함장은 침몰해 가는 파네이호 갑판 위에서 피로 물든 챠트Chart에 글씨를 써서 전함을 포기하도록 명령하였다. 중상을 입은 사람들을 작은 구명정으로 옮겨서 강가의 육지로 향하고 있을 때 또다시 한 대의 일본군 전투기가 급강하하여 그 보트에 기총사격을 가해오고 있었다.

그리하여 첫번째의 구명정에 타고 있던 부상자 한 명이 기총사격의 직격탄을 맞았다. 구조용 수단이라고는 단지 이 구명정 한 척밖에는 없었기 때문에 침몰 직전에 놓여 있는 파네이호의 승무원들과 민간인 모두를 구출하기 위해서 몇 번이고 왕복하지 않을 수 없었다.

마침내 전원이 파네이호에서 철수를 완료할 즈음 상부 갑판은 물속으로 침몰되었다. 일본기는 침몰되고 있는 파네이호의 상공을 계속 선회하고 있었으며 병력을 승선시킨 일본함대가 현장으로 달려오고 있었다.

파네이호의 생존자들은 이 함대가 자신들을 추적해 오고 있다고 판단하여 일본 전투기와 함대가 돌아갈 때까지 민첩하게 갈대 속으로 도피하였다. 숲속에서 그들은 소용돌이치는 양쯔강의 파도 속으로 성조기를 나부끼면서 함정 뒷부분부터 서서히 침몰해 가고 있는 파네이호를 넋을 잃은 채 바라보고 있었다. 확인된 사상자 명단에는 사망자 3명, 부상자 18명으로 그 중에서 중상자가 11명이나 되어 있었다.

파네이호 사건에 대한 일본측의 억지 주장에 직면한 미합중국은 이 사건의 진상을 정확하게 규명하기 위해 모든 구체적인 증거를 모으는 데 백방의 노력을 다하였다.

4인의 위원으로 구성된 조사단은 1937년 12월 17일, 어거스타Augusta호에 모여서 철저한 진상조사를 진행시켰다. 이 조사단은 할 수 있는 한 많은 생존자를 만나라는 훈령을 받았다. 또 필요한 경우 목격자를 소환할 수 있는 권한도 부여받았다.

만약, 피조사자들이 조사과정에서 법을 위반한 사실이 있다면 조사단은 야넬Yarnell 제독에게 평결서를 제출하도록 되어 있었다.

모든 증인들은 그 폭격사건 발생 중에 비난 받을만한 행동을 한 사람을 보았는지에 대한 심문을 받게 되었다. 이 조사단의 업무수행 방식은 비밀로 되어 있지만 그 경위보고서는 해군성의 결정에 따라 워싱턴에서 발표하도록 되어 있었다.

'오리발' 내미는 일본

일본측은 우선 사건 일지를 혼돈시켜 문제의 핵심을 다른 데로 돌리려는 시도를 하였다. 일본 해군성이 12월 13일 상하이에서 발표한 성명서에 의하면 이 폭격사건은 11일 토요일에 발생한 것으로 다음 날인 일요일에는 발생하지 않았다고 발표하고 있다.

더욱이 이 성명서에는 일본전투기가 스탠다드 베큠Standard Vacuum 회사 소유로 되어 있는 중국소속 선박으로 잘못 알고 폭격했다는 것이다.

그 다음 날, 일본 당국은 자신의 꾀에 자기들 자신이 속아 넘어가는 자승자박自繩自縛의 수렁에 빠져 버렸다. 일본이 재중 미국인 재산과 생명에 위협을 가하는 첫번째 목적은 미국인들을 중국으로부터 정면충돌 없이 조용하고 교묘하게 추방시키는 것이었다.

따라서 이와 같은 불법행위의 진상을 규명하려 하지 않고 그냥 어물쩍 넘겨버리려는 수법이었다. 그러므로 일본측 대변인은 곧 이 폭격사건은 절대로 착오에 의한 것이지 결코 고의성은 없었다고 강력히 주장하지 않으면 안 되었다.

상하이에 주재하던 일본의 한 대변인은 미·영 양국이 앞으로 파네이호 사건과 같은 사건의 재발을 막을 수 있는 가장 효과적인 방법은 "제3국 군함들은 모두 양쯔강으로부터 철수하는 것이라고 통보되었다"라고 말함으로서 그들 자신의 속내를 스스로 폭로하고 말았다.

이같은 말은 파네이호 폭격사건 이면에 숨어있는 일본의 흑심이 자연스럽게 드러나고 만 것이다. 만약 미 해군당국이 일본측의 암시를 눈치채고 양쯔강에서 조용히 철수했더라면, 일본의 속내를 대변한 이 대변인의 시의적절한 성명이 효과를 톡톡히 거둔 것으로 인해 훈장이라도 받았을 것이다.

그러나 불행하게도 미 해군당국의 야넬 제독Yarnell은 일본의 속셈을 간파하고 곧바로 성명을 발표하여, "중국해역의 미 해군함선은 거류민들의 보호를 위하여 필요한 한 계속 주둔할 것이다"라고 언명하였던 것이다.

이 성명은 분명하게 일본을 불리한 입장으로 몰아 넣었다. 이 대변인은 〈동맹통신同盟通信〉에 발표한 담화에서 자기는 그러한 제의를 한 적이 없다고 부정하였다. 동시에 그는 "만약, 그 성명으로 인하여 그러한 생각을 야기시켰다면 그 생각은 잘못된 것이다"라고 변명하지 않을 수 없게 되었다.

이 인터뷰를 발표했을 때 그 일본측 대변인은 분명하게 그 자신이 최초에 발표한 성명 내용을 고스란히 잊어버리고 있는 듯하였다. 이어서 일본당국은 곧 모든 특파원들을 전화로 불러내어 최초의 성명을 철회하고 그와 연관된 모든 기사들은 소각해 달라고 요청하였다.

그로부터 며칠 후 하세가와長谷川 해군중장은 일본전투기가 잘못 폭격한 후 생존자 구출용 구명정Sampan에 기총사격을 가한 적이 없었다는 공식 성명서를 발표하였다. 이것은 일본 당국자들 대부분이 처음부터 집요하고 일관되게 부정해 온 문제였다.

그들은 침몰 중에 있는 함선이나 구조선을 공격하는 것은 문명국 국민들의 눈에 비신사적이고 야만스럽게 보일 것이 뻔한 사실이라는 것을 잘 알고 있기 때문에 그 점이 두려웠던 것이기 때문이다.

과거 40년 간에 걸쳐 일본의 국가적인 큰 야망은 일본인들 자신이 구미歐美와 같은 문명국 대열에 오르는 것이었다.

그러나 그들의 기관총 사격행위는 그들의 야만적인 본성을 스스로 폭로한 것으로서 세계로부터 가장 멸시받는 저질적 수준의 국민들로 취급될 수 있는 것이다. 그렇기 때문에 도쿄의 군국주의자들은 이 보도를 자기들 나라에서 조차 강력히 부정했던 것이다. 일본 국민은 천황의 명예를 손상시킬 수 있는 것이라면 어떠한 거짓이라도 '정말'로 믿고 받아들이는 신민臣民들이었다.

하라다原田態吉 대장의 12월 20일 보고는 참모장교들의 조사결과를 종합한 것이라고 하였다. 이 보고서는 상하이에서 발표되었지만 워싱턴에서 발표된 미 해군성의 성명과는 전적으로 상반되는 것이었으며 일본의 핵심적인 의도는 미국의 공격에 대한 '자위自衛' 행위에 불과하였다. 미국측의 발표내용과 뚜렷하게 상반되는 점을 열거해 보면 다음과 같다;

1. 일본해군은 침몰 중에 있는 파네이Panay호에 대해서 사격을 가하지 않았다.
2. 파네이호는 강 연안에 정박중인 일본군에 대해서 3발의 포격을 가했다.
3. 이 공격에는 일본 전투기 3대만 참가하였다.
4. 사건발생 시각에 이 포함은 이동 중에 있었다.

이 성명 때문에 하라다 대장은 외국 신문기자들의 예리한 질문 공세를 받고, 매우 난처한 입장에서 횡설수설 모순된 답변을 할 수밖에 없었다;

"나 자신이 사건발생 현장에 있지 않았으며 멀리 떨어진 난징에서 진상 조사를 지휘하였다"

고 구차한 변명을 늘어 놓았다.

또한 그 사건에 직접 관련된 일본장교를 한 사람도 직접 심문하지 않았으며 당시 일본군은 양쯔강 양안兩岸에 있었고, 모터보트를 사용하고 있었다는 것 등을 시인하지 않을 수 없었다. 이것은 사건현장 부근에서 일본군 수상선水上船(잠수함에 대하여)이 전혀 없었다고 주장하였던 이전의 성명과는 전적으로 모순되는 것이었다.

그들은 거리가 멀리 떨어져 있었기 때문에 파네이호에 페인트로 그려져 있던 성조기를 분별하는 것이 곤란하였다고 강하게 주장하였지만 나중에는 침몰하고 있던 파네이호에 일본군들이 승선했다는 것도 시인하고 말았다.

하라다 장군은 다음 날에는 그 전날 밤 상해로 귀임한 니시 요시아키嘉明 중좌의 조사결과에 나타났던 사실은, 총탄이 발사된 일이 있었을지도 모른다는 내용의 성명을 발표하여 처음의 성명과는 또 다른 모순된 말을 하였다.

동시에 그 니시西中 중좌는 "일본 기선汽船이 구조보트와 파네이호에 대하여 사격을 가하지 않았다"라고 하는 하라다 대장의 주장을 다시 재확인했던 것이다.

더 이상의 증거를 제시할 필요는 없을 것이다. 자기들의 과오를 바로 잡기 위하여 사실을 규명하는 것을 거부하였기 때문이다. 반면에 일본은 그들이 바라는 것은 어떠한 일이 있어도 그들이 말하는 것만이 진리이다. 법은 물론이려니와 어느 누구라도 일본을 의심하는 것을 허용하지 않음으로써 세계를 향하여 자신들을 믿도록 강요하고 있다.

그러므로 그 외의 주장들은 불필요한 것이며 그들이 범해 온 죄악과 부정행위 따위는 도무지 일본과는 거리가 먼 것으로 여기고 있는 것이다.

속일수 없는 공격현장 필름

유니버셜 영화사Universal Newsreel의 노르만 U. 알레이Norman U. Alley 와 파라마운트Paramount 영화사의 에릭 메이엘Eric Mayell 두 카메라맨 은 파네이호 사건의 생존자들이다.

그들은 일본군의 실제 공격 장면들을 필름으로 촬영한 사람들이다. 당시 그들의 가장 큰 고민은 어떻게 일본군의 검열을 피하여 이 필름을 미국까지 보낼 수 있느냐 하는 것이었다. 이를 위하여 두 사람은 매우 고심했다.

파네이호 사건이 발생한지 6일 후, 상하이에 도착한 알레이 씨는 이 필름을 입수하려고 하는 일본측의 의도를 알아 차렸다. 도착한 날 밤, 그는 일본해군 당국자로부터 케세이Cathay 호텔로 방문해 달라는 요청 을 받았다. 이미 일본측의 의도를 알고 있었기 때문에 그는 거절하였다.

이틀 후인 12월 20일, 4척의 소함대가 카메라맨 알레이와 그가 찍은 필름을 싣고 마닐라를 향하여 급하게 항해하고 있을 때 일본전투기 한 대가 따라 붙어서 함대 위의 상공을 위협적으로 선회하였으나 아무 런 일 없이 그대로 돌아갔다. 그는 마닐라에서 차이나 크리퍼China Clipper 비행기 편으로 갈아탔다.

그리고는 3일 후 호놀룰루에 도착하였다. 그가 필름을 한 해군대위 에게 인도해 주자마자 즉시 그 대위는 진주만으로 급송하였다. 진주만 에 주둔하고 있던 미 해군은 유나이티드 에어 라인즈Unite air Lines 특별기편으로 그 필름을 캘리포니아를 거쳐 뉴욕으로 보냈다.

그리고 알레이 카메라맨이 아직도 호놀룰루로 향하고 있는 시각에 파네이호 사건의 실황 기록영화 필름이 백악관에 도착했다는 뉴스속보가 보도되었다.

이 필름이 워싱턴까지 힘겹게 전해진 경위는 다음과 같다.

이 기록영화는 두 명의 카메라맨에 의해서 촬영되어 간신히 상하이에 도착하였다. 이것을 감지한 일본군은 이 필름을 탈취하려고 갖가지 수단을 강구하였다.

그때 두 카메라맨은 함께 공동조계共同租界에서 만난 해병대의 책임자인 미 해군 대위에게 보호를 요청하였다. 해군대위는 그 필름을 야넬 Yarnell 제독에게 전달하였고, 야넬 제독은 그 필름을 미국으로 향하는 첫 비행기 시간에 댈 수 있도록 광둥廣東으로 급송하였던 것이다.

이들의 민첩한 조치로 인하여 일본인이나 미국인들은 사건 실황을 담은 유일한 기록필름이 아직도 태평양을 횡단하고 있는 중이라고 생각했던 그 시각에 미국정부는 그 필름을 충분하게 검토할 시간적 여유를 가지게 된 연유인 것이다.

미국인들은 그 사건의 진상을 알기를 열망하고 있었고, 이 필름들은 일본 군대들의 공격 장면들을 생생한 필름으로 미국민들에게 증거를 제시해 주는 역할을 했다. 일부 친일분자들은 '전쟁열기'를 부채질할지도 모른다는 이유로 필름공개를 하지 말것을 강력하게 요청하기도 하였다.

그러나 그들의 반대와 걱정보다는 모든 미국 국민은 "검열을 받지 않은 필름을 볼 권리가 있다"는 대통령의 강력한 주장을 거역할 수가 없었기 때문에 그들 요구는 실패로 돌아가고 말았다. 대통령은 그 증거물을 국민에게 공개하고 국민 자신들이 판단하도록 하는 것이 정부의 의무라고 생각했던 것이다.

배상 할 수밖에 없는 일본

처음에 일본은 완강한 자세로 그들이 자행한 폭격과 기관총 사격, 그밖에 자기들에게 불리하다고 여겨지는 모든 상황들을 일체 부정하고 오히려 자위自衛라고 주장하면서, 모든 잘못은 미국인들과 중국인들에게 있다고 하여 책임을 전가하고 항의하였다. 이와 같은 억지변명으로 그들은 미국 국민들을 기만하려고 하였다.

만약, 미국이 이번에도 종전과 같이 낡은 묵살정책을 답습하여 평화적이고 유화적인 방법으로 파네이호 사건을 해결하려고 하였더라면 일본의 부정 일변도의 그릇된 술책은 또 한번의 성공을 걷을 수도 있었을 것이다.

그러나 이번에는 워싱톤 당국이 일본으로하여금 속임수로 어물쩍 넘어갈 수 있는 기회를 주지 않았다. 미국 정부는 즉시 휴즈Hughes 함장의 사건전말을 신문에 발표하여 국민들로하여금 어떠한 사태가 발생되었는가를 제공하고 알 기회를 준 것이었다.

일본측 해명에 대한 반박조치로 미 국무성은 해군 조사단의 조사보고서 사본 일부를 첨부하여 미국 정부가 이 조사단의 보고를 전적으로 신뢰하고 있다는 성명서를 동봉하였던 것이다. 12월 13일, 미국 대통령은 도쿄주재 미국 대사에게 보내는 다음과 같은 서면각서를 코델 헐 Cordell Hull 국무장관에게 직접 구술口述하였다;

"일본 외상과 만나면 대통령은 양쯔강에서 발생한 미국포함과 그 외 중국 소속이 아닌, 미국 소속 유조선에 대한 무차별 폭격사건으로 인하여 큰 충격을 받았으며 대단히 염려하고 있다는 것을 천황께 전달해 줄 것을 요청하고 있다고 전해주시오.

그리고 이 사건의 모든 진상은 현재 수집중에 있으며, 이것을 조만간 일본 정부에게 제시될 것이라는 점도 말해 주십시오. 일본은 진심어린 유감의 뜻을 표명하고 이에 대한 충분한 배상을 지불할 것과 이와 같은 공격이 다시는 재발하지 않도록 조치하겠다는 보증을 미국 정부에 제시할 것을 미국 대통령이 희망하고 있다는 것을 전달하시오"

수일 후, 헐Hull 국무장관은 조사단의 정식보고서의 내용이 기총사격 사건을 기술한 통신 속보의 내용과 일치하고 있다는 것을 확인한다고 발표하였다.

파네이호의 구출용 구명정sampan에서 총탄구멍이 발견되었다는 사실과 더욱이 두 척의 군용 모터보트가 침몰해 가는 파네이호에 접근하여 기관총 사격을 가했다고 하는 두 가지 새로운 정보가 일본에 전하는 미국정부의 정식 항의각서 속에 삽입되었다.

동시에 헐Hull 미 국무장관은 일본이 과거에도 여러 번에 걸쳐서 이와 같은 사건이 재발하지 않을 것임을 보장하였던 점을 지적하고 이와 같은 상황에 처하여 최종적인 조치로서, 미국정부는 일본정부가 정식 문서로 사과를 표명하고 '완전하고 만족할만한 배상을 지불하는 동시에 중국 내에 있는 미국의 재산과 이권'이 다시는 일본군으로부터 공격을 받거나 불법간섭을 하는 일이 없도록 보장하는 구체적이고 명확한 절차를 밟을 것을 요구하는 취지의 엄중한 항의각서를 일본정부에 전달하였다.

사태가 여기까지 이르자 일본 측은 이 사건을 기만과 부인으로 얼버무려 덮어보려고 시도하다가 오히려 사태가 복잡하게 꼬이는 것을 알아차리고 12월 15일 히조타 코키 외상은 그루 주일 미 대사에게 다음과 같은 사죄 각서를 직접 전달하였다;

"일본정부는 피해 전액을 보상하는 동시에 이 사건에 책임이 있는 자들을 적절하게 처벌할 것이다. 또한 이러한 사건의 재발 방지를 위하여 현지의 지휘관들에게 엄중한 명령을 시달하였다.

일본정부는 이러한 최악의 불행한 사건이 일·미 양 국간의 우호관계에 영향이 없기를 충심으로 희망하고 있다. 일본정부가 솔직하게 표명한 이러한 진지한 태도를 귀하의 정부에 전달해 줄 것을 부탁한다"

일본은 이 사죄 각서에서 미국 측의 주장이 정확하였다는 것을 솔직하게 시인하지 않았다. 일본은 당초 그들의 주장과 미국측 주장의 큰 차이가 시간이 지남에 따라 일본인들의 기억에서 완전 소멸될 것을 바라면서 자국민에 대한 체면을 유지하도록 한 것이다.

일본은 우호관계를 유지하고 싶다고 말했다. 어떻게 우호관계를 유지하자는 것인가? 최근의 사태 발생을 비춰 참조해 볼 때, 소위 일본이 말하는 양국의 우호관계의 원만한 유지란 일본이 미국의 왼쪽 뺨을 때리면 미국은 다시 오른쪽 뺨을 대줘야 하는 상태의 이해관계에서만이 미·일 양국의 우호관계의 유지가 이루어 질 수 있다는 것이다.

하여튼 간에, 미국은 어떠한 외교 각서를 보낸다거나 또는 어떤 주장이나 항의하는 바를 밝히는 것을 중지하고 1938년 3월 23일, 파네이호 및 3척의 미국 유조선 습격에 의해 발생된 사상자와 물질적 손해에 대한 배상으로 221만4,007 달러를 청구하였다. 이 내역은 물적 피해액이 194만5,770 달러, 사상자에 대한 배상액이 26만8,377 달러였다. 그렇게 해서 이 청구서는 헐 미 국무장관의 메시지와 함께 일본외무성으로 보내졌다.

그 메시지 내용은 다음과 같다;

"이 손해액은 신중한 검토를 거친 결과로서 실제의 물적 손해와 인적 손상으로 인한 손해액을 최소한으로 책정한 것을 합산한 액수이며, 징계상의 항목은 전혀 포함되어있지 않다"

4주일 후, 일본외무성 대변인은 파네이호 폭격사건에 의한 손해배상 요구액 전액을 기입한 환어음을 미국대사관에 전달되있다고 발표함으로서 이 사건을 마무리 지으려 했다.

가장 중요한 것은 이러한 불법사건이 이후로는 반복하지 않겠다고 하는 보증인 것이다. 당시 고조되어가는 미국여론을 두렵게 생각한 일본정부는 다시는 이런 사건이 발생할 가능성을 없게 하기 위해서 최대한의 노력을 기울이겠다는 것을 엄숙하게 서약한 것이다.

과연 1938년 4월 이래 이 서약이 제대로 준수되어 왔던가? 그 후, 미국에 대한 모욕과 오만과 무례한 태도는 도를 거듭하여 쌓여 갔고 중국 거류 미국인의 생명과 재산에 대한 일본의 가해는 세계에 너무나 잘 알려져 있는 그대로였다.

앞의 사건이 해결된 후 사태는 점점 악화일로로 치달았기 때문에 미국 국무성은 할 수 없이 미·일통상조약의 폐기를 선언하는 지경에까지 이르렀다.

다시 한번 반복하지만 대일교섭이라는 것은 무력으로 보여주는 것 이외는 다른 방법은 없는 것이다.

일본의 속셈을 꿰뚫고 있는 야넬 제독

야넬Harry E. Yarnell 제독은 일본의 기세를 꺾어버릴 수 있는 방법에 대해서 가장 잘 알고 있는 백인 장군의 한 사람이다.

만약, 그에게 당시의 전후정책을 위임했더라면 숫적으로 적은 병력을 갖고 압도적으로 우세한 병력을 선제하여 사태를 유리하게 해결할 수 있으리라는 것은 의심의 여지가 없을 것이다. 그러나 미 정부에서는 그에게 지지를 보낼 만큼의 준비가 되어있지 않았다.

그것은 미국민이 아직 사태의 진상을 충분하게 이해하지 못했기 때문이다. 그의 노력은 일천한 관계로 제한되어 있지만 야넬 제독은 다만, 뛰어난 용기와 영단 그리고 민첩한 행동만으로써 여러 차례에 걸쳐 미국의 권익을 잘 지켜낼 수 있었다.

독일·이탈리아를 제외한 모든 서방제국은 그들의 이권을 수호하기 위해서 최대의 노력을 기울였지만 어떤 효과를 거두었는가에 대해서는 알 수가 없다. 그들은 자신들의 약점이 어디에 있었는지 알지 못했다. 그들은 일본이라는 나라는 '힘의 정의正義에 따른 강력한 힘', 즉 실력만이 일본을 굴복시킬 수 있다는 것을 모르고 있던 것이다.

일본이 아직 강력한 군비를 갖추지 않은 경우에 이러한 사건이 있었다고 하면 그들은 외교적인 항의나 강경내용의 각서만으로도 충분한 효과가 있었을 것이다. 그러나 그러한 시기는 이미 지나버렸기 때문에 오직 우세한 무력적인 실력만이 일본과 상대하여 얻고 싶은 결과를 가져올 수 있을 것이다.

비록, 서구 열강들이 일본을 설득하여 문호개방의 원칙에 동의를 받아낼 수는 있더라도 기회균등의 실질적인 이익에 관한 엄연한 현실 앞에서는 별무효과일 것이다. 표리부동의 명수인 일본을 상대로 정상적인 대결을 통하여 성공할 수 있는 서구 열강은 하나도 없을 것이다.

눈을 돌려 샌프란시스코에 있는 화려한 차이나타운을 일예로 들어보자. 그곳은 미국법률의 보호를 받고 있는 문호개방지역open door이다. 그러나 그곳 상권의 85%는 일본인이 장악하고 있다.

그들은 어느 곳에서나 '제국주의 팽창'이라는 공동의 지상목표를 구현하기 위하여 서로 합심하고 노력하는 민족주의자들인 것이다.

모순된 논제인듯 싶지만, 일본인들은 자신들의 앞길을 가로막는 자는 누구를 막론하고 대립각을 세우지만, 동시에 그들은 누구든지 자신의 권리를 찾기 위하여 싸우는 용기있는 사람은 존경하는 경향이 있다.

그들의 영웅 숭배벽은 대단한 것이다. 그들은 서양인들을 추방시키려는 의도를 갖고 시작한 비도덕적 도발을 계속하고 있는 와중에서 자신들을 매우 감탄시킨 한 사람의 인물을 발견한 것이었다.

당시 중국해역에 배치되어 있던 미합중국 아시아 함대사령관 야넬Yarnell 제독이었다. 그는 적과 동지를 불문하고, 함대가 임무수행을 할 때 그 누구도 방해하는 것을 용납하지 않는 장군으로 이름이 나 있었다.

일본군부에서는 "야넬 제독은 임무수행에 필요하다고 생각되는 경우에는 어떤 결과가 오든지 가리지 않고, 또한 상부로부터 명령이 오기 전이라도 전 미주함대를 자기 책임하에 전쟁으로 이끌어갈 사람이다"라고 생각하고 있다.

그런 까닭에 자기들만이 최고이고 다른 나라 사람이라면 멸시하고 쳐다보지도 않는 우월주의 사고방식을 갖고 있는 일본인이지만 야넬 제독을 지극히 숭배하고 있는 것이다.

전쟁이 끝나게 된다면 수많은 장애물이 자기들에게 닥쳐올 것이라는 것을 잘 알고 있었기 때문에 전쟁의 호기를 틈타서 자기들이 필요로 하는 것은 무엇이든 손안에 집어 넣으려 발버둥치고 있는 것은 일본인들에게 있어서는 지극히 당연한 일일지도 모른다.

꼭같은 생각을 하고 행동하는 일본육군과 해군은 새로운 점령지역에 진출하게 되면 우선적으로 추구하는 정책은 외국인 추방이고 민간 선박은 물론 함정까지 철수시키게 하는 것이었다. 이와 같은 요구는 외국인의 생명과 재산에 위험이 발생할지도 모른다는 그럴듯한 이유를 들어 보통 경고형식으로 통지되었다.

타인을 쉽게 잘 믿어버리는 사람들은 그것을 우정 어린 조언으로 간주하고, 부분적으로는 자기들의 안전을 위하여 또 일부는 침략자의 요구에 자진해서 응하고 있다는 것을 보여주기 위해서 그들의 집과 사업을 그대로 포기하고 만다. 그러나 동양에서 일본인들을 오랫동안 경험했던 일부 외국인들은 단순하게 그렇게 생각하고 있는 것은 아니었다. 그들은 침략군의 동기가 아무래도 박애博愛적인 것이라고는 할 수 없고, 설사 그들의 명령에 따라서 그렇게 한다면, 그들은 필요할 때마다 또 다른 요구를 집요하게 할 것이 뻔한 이치이기 때문이다.

만약, 선박을 일본군이 위험지역이라고 지정한 지역으로부터 철수시켰을 경우에는 전쟁이 끝난 후에라도 두 번 다시 돌아오지 못할 것이라고 하는 것을 알고 있기 때문이었다.

수차례에 걸쳐서 일본 해군당국은 일본해군 폭격기가 함선艦船의 국적 식별을 할 수 없기 때문에 적국의 선박으로 잘못 오인할 수 있다고 하는 등의 이유로 외국의 모든 함선은 지정된 색으로 도색하도록 정식으로 통보하였다.

또한 일본 당국은 양쯔강이나 그 밖의 중국 내륙수역으로 입항을 원하는 외국 함선은 모두 일본 관리로부터 사전에 허가증을 받아야 한다고 요구하였다. 그렇게 함으로써 일본군은 누구 할 것 없이 그들의 군軍 또는 민民간 당국 명령에 고분고분 하도록 외국인들을 길들이려고 온갖 수단방법을 찾느라 애쓰고 있는 것이다.

동양이나 또는 다른 지역에서 일본인을 상대해 본 적이 있는 미국인은 이러한 사실을 모두 잘 알고 있었다. 야넬 제독 역시 이러한 점들을 확실하게 간파하고 있었다.

1938년 6월 13일, 야넬 제독은 일본군의 한커우 공격이 목전에 임박해 있으므로 양쯔강으로부터 퇴거하라고 하는 일본측의 요구에 대한 답으로 미국군함은 미국인들이 위험한 곳이라면 어느 곳이라도 가서 보호할 것이라고 언명하였다. 그는 아시아에 있어서 미 해군의 군사작전의 원칙을 다음과 같이 약술하고 있다.

1. 양쯔강 상에 있어서의 이동의 자유를 완전하게 유지하고 미국 국민이 위험에 직면하고 있는 지역이면 어느 곳에 있던 그곳으로 간다.
2. 일본의 제안에 따르는 색으로 미국함선을 도색하지 않을 것이다 (일본은 적색으로 도색할 것을 제안했다)
3. 미 정부로서는 일본의 경고가 '미군 함정에 입힌 손상에 대한 그 책임을 조금이라도 경감하는 것'이라고는 생각하지 않고 있다.

일본측의 도색 제의에 관해서는 야넬제독은 "양쯔강 수역에 있는 합중국 해군함선은 백白색으로 도색되어 있고 갑판 위에는 미국 성조기가 커다랗게 그려져 있으므로 어떠한 조종사라도 이 함선의 국적을 분명하게 인식 할 것이다"라고 말했다.

야넬 제독은 양쯔강에서 일어난 사건을 전반적으로 조사하기 위하여 양쯔강을 순항巡航 시찰한다고 발표하고는 이 순항 시찰을 위하여 일본측에게 수로개방을 요청하지 않았으며 일본 해군당국은 이같은 야넬제독의 일방적인 처사에 매우 당혹해 하였다.

그뿐아니라 그는 "일본은 우리를 간섭할 권리가 없다"라고 공공연하게 성명을 발표하여 일본측에 불쾌감을 주었다. 뿐만 아니라 도하渡河직전에 일본군의 포격으로 인하여 카이펭에서 서방 30마일 떨어진 지역 일대에 강뚝이 무너져 홍수가 일어난 사실을 알고 있으면서도 임무를 수행키 위해 위험을 무릅쓰고 한 순항 시찰은 미국인들에게 용기를 북돋워 주었던 것이다.

미국 내에 있는 시민들뿐만 아니라 극동지역에 거주하는 모든 외국인들은 그토록 위험한 긴장지역에서 행한 야넬제독의 영웅적인 업무수행을 높이 평가한다는 미국 정부의 성명을 크게 환호하였다.

에디스 N.로저스Edith N.Rogers 하원의원은 제독의 성공적 작전 수행을 표창할 결의안을 의회에 제출하였으며 크라우디 스완슨Swanson 해군장관은 전폭적인 지지를 보내면서 승인하였다.

또한, 그의 군 복무 연한이 1938년 10월 1일로 끝나게 되어 있었으나, 국무성은 "외교적으로 중요한 시기동안은 언제라도 제독이 현직에 유임해도 좋다"고 하는 성명을 발표했다.

해군 고위 당국자들은 그는 임기가 만료된 후에도 아시아 함선사령관으로 유임될 것이라고 발표함으로 그같은 보도를 최종 확인하였다.

제 **8** 장

일본에게 수모당하는 미국인

U.S.NATIONALS AND THEIR INTERESTS

8

일본에게 수모 당하는 미국인
U.S.NATIONALS AND THEIR INTERESTS

외국에 살지 않았던 사람은 패트릭 헨리Patrick Henry의 그 유명한 "Give me liberty or give me death 자유가 아니면 죽음을 달라"라는 말의 의미를 충분히 이해할 수 없을 것이다.

어느 국가, 어느 국민이라도 자유 없는 생활보다는 오히려 죽음을 택할 것이다. 미국만큼 국민이 자유를 향유하는 나라도 없다. 성조기는 이 고귀한 자유의 나라를 수호하는 상징이다.

이런 기치 아래 자유의 은혜를 누릴 수 있는 특권을 가진 사람이라면 그들의 선구자들이 이 자유를 쟁취하기 위하여 얼마나 큰 대가를 지불했는가를 잠시도 잊어서는 안 된다.

건국 당시의 선구자들과 또한 그들의 고귀한 행적을 따라 참된 자유의 나라로 발전시키기 위하여 노력한 애국자들은 물론이고 제1차 세계대전 당시 유럽의 전장에서 '세계를 민주주의의 온상'으로 만들기 위한 희망과 결의 아래 생명을 바친 미국인들이 수없이 많았다는 것을 회상하는 것은 무의미한 일이 아닐 것이다.

제1차 세계대전이 그 목적을 달성하는 점에는 실패했다고 말할 수 있겠으나 그것이 갖는 교훈은 "전쟁으로는 결코 전쟁을 종결시킬 수 없다"고 하는 이유를 충분히 설명해 준 것이다.

그뿐 아니라 "민주주의는 전쟁이나 그 어떤 희생을 감내하고서라도 수호할 가치가 있다"는 역사적 교훈을 준 것이다. 제1차 세계대전은 연맹군이 최후까지 적극적인 태세로 맞서지 않았기 때문에 실패했던 것이다.

연맹국가들은 "법을 무시하는 개인이나 국가를 응징하는 것이 당연하다"고 하는 생각을 전 세계 사람들의 뇌리 속에 확실하게 심어 주었다고 스스로 만족할만한 행동을 하지 못했던 것이다.

따라서 독일이 잠시 숨을 돌리고 자기들의 실력을 배양할 시간이 필요함으로 전투를 중지하자는 의사를 타진해 왔을 때, 평화를 너무나 성급하게 갈망했던 연맹군은 이것을 받아들임으로써 전쟁은 종말을 고하게 되었다.

독일은 불가불 굴욕적인 종전조건을 받아들일 수밖에 없었지만, 잠시 숨을 돌리고 곧바로 강력한 재무장을 시작했다. 독일은 이 평화적인 절호의 기회를 이용해서 전격적인 승리를 쟁취하기 위해서 모든 상상과 예측을 할 수 없을 정도로 철두철미하게 전쟁준비에 박차를 가했던 것이다.

이것에 대한 부분적인 책임은 응당 연맹국측이 짊어져야 할 것이다. 평화가 도래한 후, 질시와 의혹에 사로잡힌 연맹국은 서로 반발할 정도였고 끝내는 세계가 추구하는 민주주의의 온상이라고 하는 공통 목적을 망각해버렸다. 그들이 모여서 회의하고 결의했던 평화는 미봉책에 불과했던 것이다.

한편, 독일은 국가 목표를 설정하고 나서는 잠시도 눈을 딴 데로 돌리지 않았다. 바이마르Weimar 공화국은 태어나서 숨도 돌리기 전에 붕괴의 운명이 되었던 것이다. 이와 같이 보면 베르사이유Versailles에 있어서 패배를 당한 것은 오히려 연맹국이라고 해야 할 것이다.

일시적 평화를 위하여 희생 당한 용사들의 고귀한 생명도 허무하게 세계는 '민주주의의 온상'으로 만들지 못했다.

연맹국은 "어떠한 제재도 받지 않은 악한惡漢은 기회가 되면 언제라도 복수를 하러 온다"라는 사실을 완전히 망각해버렸던 것이다.

연맹국이 일치단결해서 독일을 감시해야 함에도 서로가 서로를 감시하는데 여념이 없었다. 배상문제는 사태를 악화시켰다. '미국의 참전은 잘못된 것'이라는 여론이 미국인들 사이에서도 머리를 쳐들기 시작했다. 이같은 국론 분열은 바로 깡패 국가가 바라던 대로였다.

추축국가樞軸國家 : 세계 제2차 대전 당시 일본, 독일, 이탈리아가 자기들 스스로를 이르던 말들은 세계를 자신들이 분할 점령하려고 계획하고 있는 사이, 민주진영에서는 방어태세에 대하여 어떠한 조치도 취하지 않았다. 일본은 추축국의 일원으로서 아시아 전역을 지배하면서 민주주의와 공산주의를 말살할 역할을 담당하였다.

일본이 신문기자와 외국인 선교사를 어떻게 대했는가에 관해서는 앞에서 이미 기술하였다. 평화정세 하에 있어서 이와 같은 폭행에 관한 보도는 자유를 사랑하는 미국 국민의 감정을 추스르지 못할 정도로 자극하였다. 강렬한 친일 경향과 결합한 제1차대전의 반작용에 의해 발생된 반전反戰의식은 점차 고조되어 갔던 반일감정을 잠재울 수 있을 정도까지 힘을 갖게 되었다. 그것은 일본으로 하여금 언론과 신앙의 자유를 파괴시키게 하는 자유를 구가할 수 있게끔 만들어준 결과가 된 것이다.

중국을 제2의 고향과 같이 사랑했던 수많은 미국인들이 중국에서 활동하면서 생활하고 있었다. 다른 외국인들은 각각 자국의 보호를 받고 있었고 미국인들도 미국정부의 보호를 받으면서 가족과 함께 사업에 종사하고 일한 댓가의 결실을 향유하면서 살고 있었다.

그들에게 동등의 특권을 보장하는 문호개방조약, 통상조약, 그리고 수많은 국제협정이 있었던 것은 아닌가? 일본이 또 하나의 산적山賊행위를 시도하고 있는 사이, 미국정부는 그들 스스로에 대한 방위준비도 갖추지 못하고 있었다는 사실을 전혀 모르고 있는 선량한 미국 거류민들은 그들의 정부가 아직도 그들의 안전과 권익을 보호할 수 있는 능력을 지니고 있다고 굳건히 믿고 있었다.

그러나 돌연 섬나라 일본산적 사람들은 총검과 총탄과 폭탄 등을 가지고 바다로부터, 육지로부터, 또는 공중으로부터 나타나서는 도시와 촌락을 가릴 것 없이 그들의 발길이 닿는 곳마다 처참한 죽음과 파괴로 뒤덮이는 생지옥을 뒤로한 채 계속하여 앞으로앞으로 전진해 갔다.

이 중국인들에게 당면한 전쟁은 백인들도 함께 겪어야 할 피할 수 없는 전쟁이었다. 일본군들은 미국인 남자뿐만이 아니라 부녀자들에 대해서도 뺨을 때리고 발로 걷어차는 것은 물론이고 폭탄을 던지기도 했던 것이다. 일본의 새로운 '아시아 먼로주의Asia Monroe Doctrine' 외교상의 불간섭주의 라고 하는 범아시아적 구호를 소리 높혀 외치면서 일본은 아시아로부터 모든 서양인을 추방할 것을 결정했다.

◉ 포로로 잡힌 일본군인. 이사진과 같이 그들도 수모를 당해야 했다.

당면한 미국인들은 이러한 정세 속에서 할 수 있는 일이라고는 본국 정부에게 보호를 요청하는 것밖에는 아무것도 없었다. "도대체 본국 정부는 무엇을 하고 있는가?" 이것은 가는 곳마다 들려오는 질문이었다. 사실상 '워싱턴' 정부 자체도 거류민과 똑같이 무엇을 어떻게 하면 좋을지 모르고 있었던 것이다.

외교적 절차와 관례에 따라 여러 번에 걸쳐서 사죄와 배상 등을 요구하는 항의서가 도쿄로 전달되었지만 이것들은 모두 무익할 뿐만이 아니라 오히려 역효과를 가져 왔다고 판단했다.

이들 항의서가 하등의 긍정적 반응을 보이지 않는다는 점을 알면서도 이런 일을 반복하는 것은 모욕적 결과일뿐이었다. 일본정부가 한 때는 미국의 호의를 얻으려 '워싱턴' 국무성에게 별의 별 수단을 다 부리던 때도 있었다.

이제는 정세가 역전되어 오만한 일본 군국주의자들과 그들의 수족 노릇을 맡은 일본 외무성은 이러한 항의서를 아무렇게나 자기들 책상 서랍에 쳐 넣고는 교활하게도 "우리들은 조사가 끝나는대로 곧 회답을 보낼 것이다"라고 말하곤 하였다.

1940년 2월 15일, 아리타有田 외상은 당시 일본정부는 미국인에게 끼친 손해에 대한 232건의 사건이 조사 중에 있다고 발표하였다. 이에 대해 '워싱턴' 국무성에서는 일본정부의 처리를 기다리고 있는 사건이 600건에 이른다고 보도하였다.

이 문제에 관한 이야기는 다른 항목에서 좀 더 상세하게 검토하겠으며 여기에서는 우선 "미국 대통령과 국무장관이 외교적으로 할 수 있는 일은 다 했다"고 하는 지적만을 남겨놓는다.

미국 정부는 공표된 항의서를 공개하는 것이 미국 정부에게 효과적인 결과를 가져올 수 있다는 것을 인지하고 일본의 국제적 비행에 대한 분노와 유감의 뜻을 일반에게 공개한 것이다. "그 결과는 어떻게 되었을까?" 많은 사람들이 이것에 용기를 얻어서 정부가 취한 태도를 지지한다는 의향을 표명하였다. 한편 반대파에서는 "대통령과 국방장관은 미국을 전쟁으로 몰아넣고 있다"고 비난했다.

이와 같은 정세에 있어서 정부가 취할 수 있는 조치라는 것은 경제적 행동을 취하는 것밖에는 없었다. "1940년 2월 26일 이후, 미·일통상 조약은 그 효력이 상실됐다"고 공포하는 헐Hull 미 국방장관의 성명이 나왔다.

이 성명은 미국이 일본에 대해서 행한 최초의 경제적 무기였다.

"평화시와 달리 전시에 있어서는 불가피한 사정이 발생할 수도 있다"고 하는 일본 측의 주장을 수긍할 수 있는 여지도 있지만 그러기에는 수많은 물적 증거가 필요한 것이다.

그러한 사건의 대부분을 이해시키기 위한 증명을 해야 하는 역할을 할 수 있어야 한다. 어떤 사건은 비밀리에, 또 어떤 사건은 군사상의 필요에 의해서 불가피하게 행해진다는 사실인 것이다.

하여튼 일본은 자신들을 비난하는 일부 사건에 대해서는 그것이 정확한가, 아닌가에 대해서 항상 의심을 품어 왔다. 그렇다 치더라도 계속적으로 용의주도하게 계획을 꾸며 전시가 아닌 상태에서 외국인의 정부재산에 대해 범한 극악무도한 범행들은 전혀 변명의 여지가 없는 것이었다.

문명국가라 한다면, 항상 외교관과 외국 당국자에 대해서는 경의를 표하고 그들을 보호해야 하는 것이다. 문명국가의 국민으로 자칭하고 있는 일본인들은 외국 당국자들에 대해서 특정의 예우를 갖추고 있고 국제법까지는 거론하지 않더라도 국제윤리의 불문율에 따라서 그들의 특정한 자유를 존중해야만 한다는 것을 잊지 말아야 했다.

만약, 열강이 중립국으로서의 공평한 태도를 견지하고 있지 않는다면, 그때에는 일본이 선전포고를 하고 그에 따른 정당한 행동을 취할 수가 있는 일이다. 그렇게 해야 함에도 불구하고 일본은 사실상 전면적으로 약탈전쟁을 자행하고 있는 중국과 같은 나라에 대해서는 일부러 선전포고도 하지 않았다.

일본은 그와 같은 것이 종래의 국제적 전쟁관례를 범하는 것이라는 것도 충분히 인식하고 있다. 하지만 그렇게 함으로써 서양의 열강으로부터 평화시의 특권을 요구할 수 있을뿐더러 불공평하고 비열한 수단으로 모든 백인세력을 몰아내고 그 폐허 위에 자신들의 우월성을 확립하는 것이 그들의 유리한 계책이므로 그와 같은 방법을 취한 것이었다.

만약, 지도적 위치에 있는 미·영의 2대 강국이 적극적인 행동을 취할 결심을 갖고 있거나 미국 국민 전체가 이 침략을 저지하려고 하는 단결된 의욕을 갖고 있었다면 일본은 그리 쉽사리 그들의 목적을 달성하지 못했을 것이다.

눈치 빠른 일본인들은 이와 같은 저항이 없으리라는 것을 알아차리고, 자기들의 침략지에서 모든 백인들을 쫓아버릴 수 있는 호기가 도래했다고 생각했다.

중국인들은 영국과의 관계에서 일어났던 아편전쟁의 죄과와 서양국민들의 침략을 용서해서 벌써 그것을 잊어버렸다고 한다면, 일본인들은 복수의 성업聖業을 수행할 사명을 스스로 짊어지려고 할 것이다.

일본은 서양열강들의 권위를 일격에 쳐부수려는 일에 착수했을 때 예상한 것보다 엄청나게 손쉽게 이루어져 가는 것에 대하여 스스로 놀라지 않을 수 없었다.

그들이 전진함에 따라서 이제까지 신성불가침이라고 간주되어 왔던 외국인의 경제적, 정치적인 영역 즉, 외국조계租界 2차대전 전에 중국의 개항도시에서 외국인의 거류지로 개방되었던 치외법권 지역, 공동조계 치외법권과 같은 세력기반이라고 하는 것들이 잘 익은 과실처럼 스스로 수중에 들어왔다.

서양에서 히틀러와 무솔리니가 행한 것과 같이 극동에서도 이 심리학적 호기심에 고무되어 일본으로 하여금 그 계획을 수행시킬 만큼의 힘의 원천은 그들의 선조인 천조대신天照大神이 아닐는지?

파네이Panay호 사건 다음으로 중대한 사건은 주중駐中 미 존슨Jonson 대사가 중국정부의 수도 이전에 따라 한커우로 떠난 뒤 난징의 미 대사관을 책임지고 있는 존 앨리슨John Allison 3등 서기관이 구타당한 사건이다. 앨리슨씨는 교전 쌍방으로부터 특정한 외교적 예우와 면책특권을 부여받을 권한이 있었다. 동서양을 불문하고 전 세계의 외교계는 "앨리슨이 일본군의 한 보초병으로부터 두 빰을 두들겨 맞았다"고 하는 1938년 1월 27일자의 보도에 모두가 일대 경악을 금치 못하였다.

미국 국방성에 전달된 앨리슨 씨의 정식보고에 의하면 그는 이렇게 폭로하고 있다;

"나는 다른 2명의 미국인 M. S.베이트Bates교수, 챨스 릭스Charls Riggs 씨와 함께 당시 일본군대의 점령지역에 있는 한 전직 목사의 거처를 알고자 하는 부인을 만나러 갔다.

일본 검열관의 뒤를 따라 들어가고 있을 때 한 명의 일본군 보초병이 우리에게로 달려와서는 영어로 '돌아가라Back ! 돌아가라니까Back !' 하고 소리를 질렀다. 미처 돌아설 사이도 없이 그는 나와 베이츠 교수의 얼굴을 후려갈겼다.

그때 일본헌병 한 사람이 그에게 우리가 미국인이라는 것을 알렸지만 매우 화가 난 그는 릭스 씨에게 느닷없이 덤벼드는 것을 한 헌병이 간신히 말렸다. 그러자 그 초병은 릭스 씨의 칼라와 셔츠단추 몇 개를 비틀어 잡아떼었다. 본인은 이 사건을 일본대사관에 통고했다.

일본측 관리官吏들은 태연한 자세로 미국인이 들어갈 수 없는 지역에 미국인들이 들어갔으며, 일본의 보초가 우리에게 나가라고 요구한 이상 그 보초는 우리의 빰을 때릴 권리를 가진 것으로 생각하고 있다는 인상을 받았다고 하였다"

일본대사관이 보초병의 행동을 지지하고 있다고 앨리슨 씨가 보고한 것은 사실과 틀림이 없었다. 일본의 외교당국이 보초병의 손을 들어주고 있는 터에, 하물며 군국주의자들에게 있어서야 두 말할 필요가 있겠는가.

도쿄에 있는 일본군 당국의 한 대변인은 다음과 같이 발표했다;

"존 앨리슨J. Allison의 얼굴을 세게 때린 그 초병은 자신의 임무를 수행했을 뿐이므로 하등의 벌을 가할 수가 없다. 일본군 보초의 명령에 불복한 것은 어떠한 일이라도 총살시킬 수도 있는 것이다.

앨리슨에 대한 사죄는 단순히 예의상 행한 것에 불과하다. 이전부터 일본당국은 앨리슨의 행동을 예의주시하고 있었다.

지난 주 화요일, 한 헌병이 앨리슨이 타고 있는 자동차의 발판을 밟고 올라서려고 할 때에 앨리슨은 그를 밀어내면서 '바보 같은 놈'이라고 욕을 퍼부었다"

이와 같은 상황이 벌어졌는데도 미국 내의 일본인들은 어떤 방해도 없이 자유롭게 여기저기 돌아다니면서 각자의 생업에 종사할 수 있으며, 미국인이 하등의 복수심을 드러내는 태도를 보이는 예를 찾아볼 수가 없다는 것은 너무나 흥미로운 대조가 되는 것이다.

또한 이번 봄에 미국을 방문한 카가와 토요히시코賀川豊彦 씨가 마음에서 우러나는 환영을 받은 것은 미국 국민의 기독교정신의 발로라고 생각된다.

화제를 다시 앨리슨 사건으로 돌려보자. 이보고를 받은 미 국무장관은 대통령과 2시간에 걸쳐 회의를 하였다. 그 자리에는 노르만 데비스N. Davis 무임소대사와 섬너 웰즈S.Wells 국무차관도 동석을 하였다.

그 회의 결과, 일본에게 강경한 항의를 전하는 것으로 되었다. 이 항의 원문을 정확하게 인용할 수는 없지만 그 내용은 다음과 같다.

"미국정부는 이 사건에 관한 일본 측의 견해에 동의하지 않는다. 또한 이 사건이 적절하고 빠른 시간 내에 처리되지 않는다면 파네이호 폭격사건도 재검토될 것이다" 라고 전해진 것으로 알려졌다.

이 항의문은 외교적으로 큰 성과를 거두었다. 도쿄 당국에서는 만약, 미 국무성이 파네이호 사건의 재검토를 하기 시작하고 그 사건과 연관된 이면의 진상을 공개하게 되면 미국인들은 일본에 대하여 극도로 분개하여 들고 일어설 것이라는 것을 잘 알고 있었다.

따라서 일본은 이런 일에 모험을 감행할 용기가 없었다. 1938년 1월 29일, 미국 측 항의각서가 전달된 바로 다음 날, 도쿄정부는 재빠르게 태도를 일변해서 바짝 자세를 낮추었다.

일본 외무차관은 다음과 같은 정식성명을 발표하였다.

"어떠한 사정이 있었던 간에 본 사건이 발생하여 일본군 병사가 미국 외교관을 구타한 것은 지극히 불행한 돌발사건이다"

라고 말하는 한편 난징 주재 참모장교 혼고本鄕 소좌는 미국대사관을 방문하여 난징주둔 사령관의 명의로 유감과 사죄의 뜻을 전달하였다.

또한 일본정부는 심심한 유감의 뜻을 표명함과 동시에 엄밀한 조사를 마친 후에 사건에 책임이 있는 자들을 처벌하기 위한 적절한 조치를 보장하였다. 미 국무성은 일본 외무성의 사죄와 보장을 수락한다는 것을 공표함으로써 1월 31일에 앨리슨Allison 사건은 일단락 되었다.

뒤돌아보면, 파네이호 사건이 재조명되어 미국 국민을 크게 긴장시켜가면서 "미·일 관계의 전모를 충분하게 인식시키는 것이 보다 유익한 것이 아니었을까?"하는 아쉬운 생각이 든다.

필자로서는 지금까지 발생한 수많은 사건들이 미국 국민의 인내의 한계와 단결을 시험하기 위하여 교묘히 고의적으로 조작된 것이라고 믿어 의심치 않는다.

미국은 당찮은 모욕과 손해에 대해서 '외교적 배상만을 요구하는 것으로 그치고 만다는 것'을 일본이 알아채고 있다면, 그들은 미국의 의지에 대한 직접적인 도전의 시기가 도래됐다고 하는 결론에 도달하게 될 것이다.

우리는 일본이 독일·이탈리아 양 국과 동맹을 맺은 다음 소련 연방 Soviet Russia과 조약을 체결하기 위해 만반의 준비를 하고 있다는 것을 알고 있다.

"오직 일장기日章旗만이 존엄하다"

"선교사들의 뒤에 국기가 따르고 국기의 뒤에 상인들이 따른다"는 말은 일반에게 잘 알려져 있는 사실이다. 선교사들의 사명이란 항상 생명을 걸고 금단의 지역으로 들어가서 구원의 복음을 전하는 것이다. 이들의 뒤를 따라 각국의 정부가 발길을 들여놓게 된다. 국기가 가는 곳에 상인들이 진출하며 그 보호 하에서 교역을 시작한다.

그러므로 선교사들은 실로 국제교역의 문호를 두드리는 개척자이고 그들이 속한 국가의 국기는 그들의 신변을 보호해 주는 상징적인 의미가 있다. 그러나 많은 경우에 있어서 선교사들은 국기의 보호를 받기보다는 생명의 위협을 무릅쓰고 선교의 사명을 다하고 있다.

선교사들은 때때로 그 해당국가의 국민들로부터 그들이 국기의 보호

아래에서 침략의 도구로 지목받는 경우가 있기도 하기 때문이다.

1897년 11월, 카오츄膠州에 있는 중국인들이 독일인 선교사들과 충돌을 일으켜 그 중 2명의 중국인이 살해되는 사건이 발생하였는데, 그 뒤 한 달만에 독일군이 카오츄를 점령하고 그곳을 독일의 영토로 편입시켜 버렸다.

많은 경우, 성조기星條旗는 안전의 상징뿐만이 아니라 저주의 대상이 되기도 한다고 전해지고 있다. 이 성조기가 선명하고 크게 나부끼면 나부낄수록 한층 더 일본 측의 공격은 가중되었고 더욱더 격심해지고 있다는 것을 입증하는 많은 사실들이 보고되고 있다.

예를 들면, 산시성 휀초우에 있는 미국 선교회가 공습을 받았을 때 8명의 미국인과 1천 명의 중국인은 1개월 전에 만들어진 방공호로 피난하였다.

4시간에 걸친 폭격이 있었으나 그 중 단 1명도 찰과상을 입지 않았었는데 어느 한 중국인 수위가 성조기 아래에 있으면 안전할 것으로 생각하여 남아 있었지만 일본군 총탄에 의해 쓰러지고 말았다.

일본인들은 주도면밀한 계획 하에 무자비하게도 외국 국기에 대한 불가침의 법을 침범하는 반면에, 모든 외국인들에게는 일본 국기에 경의를 표하며 머리를 숙이게 할 기회를 호시탐탐 노리고 있다.

이것을 바꾸어 말하면 저항하는 아시아 국민들을 공포와 두려움의 영감에 사로잡히게 한 천황天皇을 경외敬畏하는 고분고분한 신민臣民으로 만드는 수법이었다.

"우리 일본은 미국이나 대영제국에서조차도 대항할 수 없는 대일본제국이다. 감히 누가 저항할 수 있겠는가?"라고 일본인은 말하고 있다.

"우리 일본은 서양제국의 깃발 아래 보호를 받고 있었던 인명과 재산을 수차에 걸친 폭격으로 파괴시켜 버렸지만, 그 결과로 우리가 받은 것은 단지 외교상의 항의에 불과한 것이었다. 우리 일본은 그 저항조차 대부분 과감하게 무시해 버렸다.

서양의 2대 강국인 미·영의 국민이 경의를 표하고 충성을 맹세하고 있는 국가의 상징인 국기를 끌어내려 발기발기 찢어버리고는 발로 밟았다. 그리고도 육·해군 하사관이나 외무성 하급관리가 "미안합니다 Komenasai"라고 한 마디 한 것으로 끝내버렸다. 누가 감히 일본해군의 전승全勝의 국기 밑에 머리를 숙이는 것을 거부할 수 있단 말인가? 백인들도 우리 일장기에 대해서 경례하도록 하지 않았던가?"

이것이 일본인들의 사고방식이다.

아무리 강대국이라 하더라도, 소위 현대적 문명국으로 자부하는 나라로서 다소간 자기들에게 비우호적이라 하여 타국의 국기를 함부로 끌어내려 찢고 짓밟아서 모독하는 만행은 도저히 상상할 수도, 믿을 수도 없는 일이다.

더욱이 "타국인들에게 일본국기에 대하여 머리숙여 경의를 표하도록 강요까지 하고 있는 경우에는 무어라 말할 수 있겠는가?" 그러나 이것이 바로 일본인이 지금까지 행해왔던 만행이고 또 그것은 계속되고 있다.

이와 같은 수많은 사건 중에서 극히 일부분만 여기서 거론한다.

1937년 11월 30일, 미 국무성에서는 상하이 주재 총영사 클레아렌스 가우스Clarence Gauss 씨의 보고를 일반에 공표하였다.

이 보고서에 의하면 일본해군 수병을 가득 실은 일본 견인선牽引船이 프랑스지구 강가에 정박 중인 미국인 소유의 선박 페이팅Feiting호를 나포拿捕하고는 선박에 게양되어 있던 성조기의 깃발을 끌어내리고 그 자리에 일본기를 게양했다는 것이다.

그리고 성조기는 왕푸강에 내 던져버리고, 그것을 다시 찾을 생각조차 하지 않았다.

또 하나의 사건은 파네이호 폭격사건이 일어났던 바로 다음 날 일본군 병사들은 미국병원 소유의 보트를 나포해서 성조기를 끌어내리고는 그것을 양쯔강에 던져버렸다.

병원 측에서는 그 국기를 건져 올리고 나서 이 사건을 일본사령관에게 통고하는 한편 미국정부도 12월 14일, 엄중한 항의각서를 일본 당국에 보냈다.

1938년 8월 15일, 영국 견인선 빅토리아Victoria호에 일본 수병들이 올라타서 선장을 포박시킨 후, 영국 국기인 유니언잭Union Jack을 무자비하게 끌어내리고는 대신 일장기를 게양하는 사건이 일어났다.

영국의 한 포함砲艦은 명령을 받고 사건을 조사하기 위하여 현장에 급파되었다. 일본화물선 야무라마루호號가 1938년 4월 30일, 뉴욕항구에 입항하였는데 그 선수船首에는 일본국기가 성조기보다 높게 게양되었다.

미국 항만법규와 국제적 관례는 이 항만에 들어오는 모든 외국선박에 대해서 여하한 타국 국기는 성조기보다 높게 게양하는 것을 금하고 있고 선수에는 미국 국기를 게양하도록 규정되어 있다.

해양경비대 관리는 야무라마루호에 승선해서 국기를 거두도록 명령하였다.

이와 같은 예를 시작으로 해서 행해지고 있는 많은 사건들은 기회가 있을 때마다 일본의 우월성을 조직적으로 인식시키려고 하는 일관된 고의적 처사의 한 단면인 것이다.

그들의 모든 사건들은 개별적이고 산발적으로 발생하여 상호간에 관련이 없는 듯이 보이도록 하려고 애쓰고 있는 기색이 역력하였다. 그러나 모든 사건은 상호관계로 연결되어 도쿄 당국의 지휘하에 일사분란하게 움직이고 있다고 하는 것은 부정할 수 없는 사실이다.

일본의 침략전술의 관점에서 볼 때, 일본이 승리를 거두어 한 치의 땅이라도 점령하면 점령할수록 그것이 정당한 수단이건 또는 부정한 수단이건 관계없이 일본 국민들의 자부심은 높아지는 것이다.

또한, 그들의 승리가 평화적인 방법을 통해서인가, 또는 무력적인 방법에 의한 것인가는 별개의 문제이고 그 작전에 승리를 거두는 자만이 훈장을 받거나 또는 1계급 승진하거나 하는 것에 더 큰 관심거리가 되는 것이다.

그렇기 때문에 모든 일본인은 민족의 지위를 높이거나 부를 축적하는 일에 전념해 왔다. 모든 일본선박은 항만법규를 숙지하고 그에 따라서 행동하는 것은 당연한 일이다.

야무라마루 호의 행동은 기존법규를 위반한 것이고 명백하게 미국의 명예를 손상시킨 것이었다. 그러나 이것이 소위 부주의, 태만, 혹은 부하선원들의 과실에 의한 것이었을까? 일본인은 지나치리만치 세심하여 격식과 예의상의 문제에 대해서 대단히 엄격하여 그와 같은 문제를 일으킬 정도는 아닌 것이다.

지금까지 우리는 일본이 중국이나 뉴욕항에서 성조기를 어떤 식으로 대하여 왔는가에 대하여 검토하였다. 다음에는, 자신들의 국기를 미국 내에서 어떻게 취급하도록 요구했는가를 검토해 보자.

일본이 중국이나 그 밖의 지역에서 성조기를 고의적으로 모욕하고 있는 반면, 미국영토 내에서는 미국인들에게 그들의 일장기를 향하여 존경을 표하도록 강요하려 하고 있다.

1939년 겨울, 3척의 일본해군 함정이 하와이를 방문했을 때의 일이다. 일본함정은 하와이열도를 공식적으로 때로는 비공식적으로 수시로 방문하였다.

그들이 호놀룰루 항에 매번 도착할 때마다 부두에는 멀리에서 온 동포를 환영하기 위해서 수 백 명의 일본인들이 모여들어 떠들썩했다. 그들의 대부분은 미국시민들이었다.

방문하는 해병대나 선원들에게는 넘쳐나는 일장기의 파도와 우뢰같은 만세 함성의 열광적인 군중들, 그리고 휘날리는 오색종이, 꽃다발 세례로 마음으로부터 따뜻한 환영을 보냈다. 호놀룰루 시장을 비롯해서 지방관청의 관리들도 일본인에 가세해서 환영행사에 참가하였다.

일본영사관은 방문 장병을 위한 공식 환영식의 중심이 되었다. 사람키 높이의 종려나무와 열대식물의 꽃이 만발한 큰 정원에는 가지각색의 초롱불과 깃발로 수놓았다.

초대된 내빈들은 연방정부와 지방관청의 관리, 미국 육·해군사령부의 고급장교, 상공회의소를 비롯해서 기업 또는 공공사업을 대표하는 저명인사들로 망라되었다.

내빈들은 일본인들과 함께 인사를 나눈다. 필자는 이와 같은 장소에 참가하는 것을 거절한 일부 미국인들을 알고 있는데 그들은 일본군이 중국에서 미국함선을 폭격하여 침몰시키고 수 천 명의 중국인민을 살상했던 일본인들과는 인사를 나눌 수가 없다는 것이었다.

하와이에 살고 있는 미국인들 중에 이와 같은 감정을 어느 정도 갖고 있는지는 그들이 자신의 심정을 표면으로 나타내고 있지 않기 때문에 확실하게 알 수는 없다.

어떤 때는 이러한 초대연이 있은 후에, 또 때로는 그전에 일본측 위원회에서는 일정한 날을 정하여 모든 방문객을 위하여 호놀룰루의 시가지에 있는 오아후 로Oahu 路를 자동차로 드라이브에 초대한다는 성명을 발표한다.

일반인은 같은 날, 하루 종일 자동차를 차출토록 의뢰를 받는다. 미국인과 일본인 가정, 그리고 그 외 개인이나 기관에서는 우애정신을 보이기 위하여 운전수와 함께 차를 빌려주기도 한다.

때에 따라서는 차만 차출하는 경우도 있다. 이와 같은 방문이 있을 때마다 호놀룰루 시가에는 카메라를 어깨에 걸친 흰옷의 일본인으로 북적댄다. 물론 이것은 우호국가 해군의 비공식방문에 지나지 않지만 태평양연안의 2대 강대국의 우의를 대외적으로 나타낸다고 하는 것에는 조금도 의심의 여지가 없다.

그러나 그것만이 모두가 아니다. 모든 일본인들은 각자가 제국의 건설자로서 세계 정복 계획의 불가결한 일부분을 차지하고 있는 것이다.

즉 국기 사건의 예를 보더라도 그것이 어디에서 일어났던지 간에 조직적 계획의 일부이므로 결코 별개의 사건으로 간주할 수가 없다. 이와 같은 사건의 한 예가 빈번한 일본해군의 하와이 방문 때에 발생하였다.

하와이섬 토착인을 선조로 모시고 있는 미국시민 데이비드 카마이 David Kamai 씨는 호놀룰루 수도국의 대표로서 1939년 10월 22일, 일본군함 야쿠모호의 급수료 징수문제로 승선하려고 할 때 승강구에서 총검을 가지고 보초를 서고 있던 한 수병이 올라오려고 하는 그를 제지하면서 "왜 상의를 입지 않았느냐?"고 솜씨 좋은 영어로 따졌다.

그러면서 하는 말이 "승선하려면 먼저 일본 국기에 경례를 올려야 한다"고 카마이 씨에게 말을 건넸다.

카마이 씨는 "누구에게도 경례를 할 수 없다"고 말하고 되돌아오려고 할 때, 수 명의 일본인들이 상의를 착용하지 않고 승선하는 것을 목격하였다.

하와이 사람들은 열대기후로 인해 상의를 벗고 셔츠만 입고 일을 하는 것이 관례이다. 그러는 중에 일본인 거류민 한 사람이 보초에게 말을 해서 간신히 카마이 씨는 승선할 수가 있었다.

호놀룰루의 〈스타 뷸리틴Honolulu Star Bulletin〉지는 10월 24일 사설에서 이 사건을 온건하지만 비중 있는 논지論旨로 취급하고 다음과 같은 결론을 내렸다.

"일본 군함 위에서 한 일본군 보초가 공무수행를 위하여 승선하려고 하는 한 미국시민에게 일본 국기에 대해 경례를 올리라고 강요한 사실을 국제적 사건화하는 것은 쉽다.

만약, 그것이 오해에 기인된 것에 불과하다면 그 함정의 장교가 적절한 조치를 강구할 수 있을 것이다. 그러나 만약 그것이 오만의 표시였다면, 이 사건에 관련해서 발표된 비교적 간단하면서 적절한 성명은 관계당국에게 충분한 교훈을 주었을 것이다"

이 사설에 대해서 일본총영사는 강경하게 거기에다 거의 분노를 띤 어조로 〈스타 뷸리틴Star Bulletin〉지의 사설을 부인하는 성명을 발표하였다. 이 성명에 의하면 일본군 보초가 데이비드 카마이 씨에게 일본국기에 대한 경례를 강요했다는 보도는 전혀 사실무근이라는 것이다.

"물론, 그 누구도 이 보도를 한 마디도 믿지 않을 것이다. 왜냐하면, 일본인은 결코 그와 같은 일을 하지 않았기 때문이다" 라고 주장하는 일본 총영사의 부연설명도 뒤를 따랐다.

그러나 그 다음 주, 이 일본함대는 호놀룰루를 출항해서 하와이 제도 중에서 가장 큰 하와이 섬의 수도인 히로Hilo시를 방문하였다. 그곳에서 정박 중에 이전과 완전히 똑같은 사건이 발생하였다.

그러나 이번에는 일본 군인이 알아차리지 못하는 사이에 영어와 일본어 2개 언어로 쓰여 진 표지판 밑에 임시로 설치된 출입문 옆에 서 있는 일본군 보초의 모습을 어느 재빠른 사람이 스냅사진으로 촬영하였던 것이다.

이 사진은 1939년 10월 30일 호놀룰루의 〈애드버타이저Advertiser〉지에 게재 되었는데 그 신문기사 내용을 여기에 인용하기로 한다.

"하늘이 내린 아들天子인 히로히토裕仁의 말없고 엄숙한 사자使者인 일본 전함 야쿠모호의 수병은 '오만함과 삼엄함' 그 자세의 자태로 서 있다. 일본 육·해군의 전통적 예규는 모든 일본인은 함상에 오를 때에 머리를 숙이던지, 모자에 손을 갖다 대던지 하여 보초에게 경의를 표함으로써 일본 천황에게 존경을 표시하도록 요구받고 있다. 일본에 살고 있는 모든 일본인은 이것을 잘 알고 있다.

그러나 타국인에 대해서는 하등의 의미가 없다. 지난 주 2회에 걸쳐서 미국의 호놀룰루항, 히로Hilo항에서 군함 야쿠모호에 승선하려고 한 미국인은 보초에게 경례를 하고 일장기에 머리를 숙이도록 요구받았다.

이와 같은 요구는 2번이나 거절되었다. 히로항에서 촬영된 것은 보초에게 경례를 올리라고 하는 지시가 영어와 일본어로 쓰여 져 있었다. 그렇지만 이 사진이 촬영된 직후, 이 보초는 더 이상 촬영할 수 없도록 이 표지판을 철거했던 것이다"

미국 국무성은 히로항에서 일어난 일본인의 사건에 관한 보고를 기다리고 있었다.

이 '히로' 사건은 미국세관 관리인 H. 스텐리.윌슨H Stanley.Wilson 씨가 일본군 사령관을 예방하기 위해서 승선했을 때 일어났다. 그가 승선하려고 하자 승강구 아래에 있던 한 수병이 그의 팔을 손으로 잡고 난폭한 어조로 신분을 밝히라고 했다.

그가 세관관리라고 말하자마자 그 수병은 무장한 보초를 가리키면서 그 보초에게 머리를 숙이도록 윌슨 씨에게 강요하였다. 이 강요를 거절하자 그 수병은 "이곳은 일본군함이다"라고 호통을 쳤다. 결국 윌슨 씨는 승강구를 내려온 일본인 사관에게 편지를 전해주고 물러나왔다.

그 다음 날에는 히로 수도국 수금원 조나 버취Jonah Burch 씨가 급수료 징수를 위하여 야쿠모호에 승선하려고 했는데 선상의 일본 국기에 머리를 숙이라고 하는 것을 거절했다고 해서 승선이 거절되었다.

그는 보초로부터 머리를 숙이지 않으려면 물러가라는 명령을 받았다. 그 후, 히로 수도국 주임 에밀 오소리오Emil Osorio 씨가 한 명의 일본인을 동반하고 야쿠모호로 행하였을 때는 아무런 의례 없이 승선이 허가되었다.

호놀룰루 주재 일본영사 대리와 미국세관 관리는 이 사건에 대해서 협의한 결과 아무 일도 없었던 것으로 해버렸다. 면목을 세운 유용한 방법으로, '히로' 환영위원회 회장인 마치무라 도모지 씨는 일본군함상에서 경례 지시를 하게 한 것은 모두 자신의 책임이었다는 성명서를 1939년 11월 10일에 발표하였다.

그는 일본어로만 게시판을 쓰도록 명령하였고 영어로 쓰라고는 명령하지 않았다고 해명하였다. 갑판으로 가는 자는 누구라도 보초에게 경례를 해야만 한다는 것이다. 단적으로 말하면 마치무라 씨는 일본총영사의 죄를 스스로 짊어진 것이다. 이 충돌을 일으킨 장본인은 일본군 초소의 사진을 촬영한 카메라맨이었다.

만약, 당시의 상황을 카메라맨이 사진을 찍지 않았다면 일본총영사는 단순하게 부인하는 공식성명을 발표하는 것으로 사건을 해결했을 것이다.

제 **9** 장

휴지조각이 된 9개국 조약

NINE POWER PARLEY

9

휴지조각이 된 9개국 조약

NINE POWER PARLEY

　중·일中·日전쟁으로 인하여 미국정부의 입장이 난처하게 되었다. 최근의 위기에 도달할 때까지 과거 30여년 간 미국은 일본과 우호적 관계를 유지하는데 있어서 양 국간에는 어떤 중대한 난관은 없었다. 그러나 오늘날 미국의 입장은 일본의 도전을 받아들여야 할 것인가, 말아야 할 것인가의 기로에 서 있다.

　미해결 사태는 언제나 곤란한 것이다. 그뿐만이 아니라 미국은 9개국조약과 그 외의 국제법적 협정에 따라서 현재 일본의 공격을 받고 있는 중국의 정치적 독립과 지역적 자주권을 보호해야 할 의무를 짊어지고 있기 때문이다.

　조약 서명국의 일원인 일본이 침략을 개시했을 때, 중국은 그 외의 서명국가들이 상호협력해서 어떤 합당한 조치를 취해 줄 것을 간청하였다.

　미국을 비롯해서, 그 밖에 반 추축국가反 樞軸國家들의 여론이 급속하게 반일적인 경향으로 진행되고 있음에도 불구하고 조약 가입국가들은 이러한 중국의 요구에 선뜻 응하지 못하고 있었다.

문명세계에 대한 일본의 담대한 도전은 일본이 모든 국가 특히 미국에 대해서 큰 위협이 되고 있다고 하는 사실은 의심의 여지가 없이 백일하에 드러나게 된 것이다.

이와 같은 정세 하에서 미국 대통령과 국무장관은 9개국 조약국가의 일원으로서 미국의 의무를 수행하기 위한 단호한 행동을 취하는 것이 그들의 당연한 의무라고 느껴야만 하였을 것이다. 이와 관련하여 미국 정부와 국민들이 차관·장비·보급 등의 형식으로 중국을 원조한 것은 사실이다.

그러나 초기에 미국이 좀더 적극적인 행동을 취했더라면 일본 침략의 창끝은 무디어졌을 것이고 중국은 그토록 극심한 피해와 고통을 면할 수 있었을 것이다.

만약, 미국정부가 평화 수단을 발동하는데 있어 초기에 미국 국민의 전폭적인 지지를 받았더라면 평화적 수단으로 유럽과 아시아 양 대륙에 걸쳐 국제적인 강도행위 수단인 전쟁을 직접적으로 끌어드리지 않고서도 정지시킬 수 있었다고 단언적으로 말할 수 있을 것이다.

그러나 정당정치와 세계정세에 대한 대중의 냉담과 무관심을 의식해야 했기 때문에 미온적으로 움직일 수밖에 없었다. 지금의 세계정세는 미국 국민들로 하여금 자신들의 안전이 위험에 처해 있다고 하는 것을 확인시켜 줄 때에 이르렀다.

'9개국조약'은 1921년 워싱턴회의의 결과로써 1925년에 비준을 마친 조약이다. 동 조약은 엘리후 루트Elihu Root에 의해서 결의안 형식으로 제출된 것으로 각국은 다음과 같이 각 조항에 대하여 의견의 일치를 보았다.

1. 중국의 자립권, 독립, 영토 및 행정의 보전을 존중한다.
2. 중국에서 정부를 안정시키고 유익하게 발전 유지시킬 수 있도록 충분한 기회를 부여한다.
3. 모든 국가에 대한 통상과 산업개발에 대한 기회균등의 원칙을 발전 유지 할 수 있도록 각국이 영향력을 효과적으로 발휘한다.
4. 현 사태에 편승해서 우호국 국민의 권리를 침해하게 되는 결과를 초래하면서까지 조약 참가국들이 권리와 특권을 추구하지 않는다.

본 회의의 결과에 의거하여, 미국·영국·프랑스·일본 등 4개국 간에는 이른바 4개국 조약이라는 조약이 체결되었다. 이 조약은 체결 국가 중 어느 2개 국가가 극동 문제로 대립하게 될 경우에는, 당국은 전쟁이란 수단을 동원하기 전에 4개국이 함께 회의를 개최하여 분쟁을 해결하는데 평화적인 방법을 모색하는 것으로 되어 있다.

2개의 국제적 협정 중에서 핵심 주제主題는 중국영토의 침범을 저지하는 것을 근본 목적으로 하는 '9개국조약'인 것이다. 조약체결 후 10년 간은 그들의 엄숙한 맹약에 따라서 영토 및 권익의 불법적인 확장에 관한 모든 의도를 폐기시켰기 때문에 중국은 이 조약의 혜택을 받을 수가 있었다.

당시, 일본은 중국에 관한 '21개 조항'※의 악랄한 요구조건들을 철회시키지 않을 수가 없었다. 결과적으로 보면 '9개국 조약'에 의해서 가장 이익을 본 나라는 일본이었다.

문호개방 정책이 일본의 제1차 군비확장기간 동안에 만주를 완전히 손에 넣을 수 있었던 것과 마찬가지로, 이 '9개국 조약' 을 일본의 제2차 군비확장 기간 중 중국을 고스란히 그대로 두어 어느 나라도 손대지 못하도록 만들었다.

1931년, 완전한 군비를 갖추었다고 생각한 일본은 문호개방 협약을 휴지처럼 폐기하고 만주를 집어삼키고 나서는, 타국에 대하여 문을 닫아 버렸다.

미국국무장관 헨리 L.스팀슨Henry L.Stimson은 일본의 만주침략을 저지할 방도로서 실제행동을 주장했지만 영국외상이었던 존 시몬John Simon 경은 어떠한 결단도 내리지 못한 채 주저하고 있는 동안 법을 시행할 최초의 기회를 놓쳐버리고 만 것이다.

일본은 조약에 참석했던 모든 국가를 공공연하게 무시한 채 국제연맹을 탈퇴하였다. 동시에 일본은 대륙침략의 행동을 개시하였다. 뒤늦게나마 일본의 침략을 저지하려는 공동의 노력이 기울여 졌다.

1937년 9월 20일, 제네바에서 영국대표가 중·일사변의 해결을 위하여 '9개국조약' 을 적용할 것을 제안하였다. 이와 같은 움직임은 평화지향적인 미국으로 하여금 절대적인 협력을 끌어낼 수 있을 것이며, 일본으로 하여금 조약 서명국가 회의에 참가를 거부할 수 있는 명분을 제거시킬 수 있으리라 믿었던 것이다.

※ 저자 주

일본이 1915년 1월 18일에 제기한 '21개의 요구조항' 을 다음 다섯 가지로 요약할 수 있다.

1. 산둥山東에서 중국인은 일본이 독일로부터 인계받은 권익이 일본의 소유권임을 동의하여야 한다. 중국은 이 지역 내의 어느 부분일지라도 제3국

에 이양해서도 안된다. 중국은 몇 개의 항구를 추가로 개방하고 철도에 관한 특권을 일본에게 부여한다는 성명을 발표하여야 한다.

2. 남南만주의 다롄大連, 뤼순旅順 두 항구와 동부 내몽고의 철도 조차권租借權의 유효기간을 99년 간까지로 연장시켜야 하며, 이 지구 내에서 일본인은 추가로 토지를 차용하거나 거주하거나 또는 여행하는 자유를 가진다. 광산과 철도에 관한 특권과 일본인에 의한 차관의 관리는 물론이고 일본인 관리를 고문으로 채용할 것 등을 요구한다.

3. 중국 최대의 철광개발 및 제련製鍊기업체인 한야평공사漢冶平公社는 일·중이 공동 관리할 것이며 중국은 일본의 동의 없이 이 회사의 이권을 매도할 수 없다.

4. 중국은 해안선에 따르는 항구나 항만 혹은 도서를 제3국에 이양하거나 대여하지 않을 것을 약속해야 한다.

5. 중국은 일본인을 중앙정부의 고문으로 채용하고 일부지역의 경찰은 일·중 합동으로 운영되어야만 한다. 중국은 군수물자의 50% 혹은 그 이상을 일본으로부터 사들이거나 또는 일본산의 원료를 사용하여야 하며 일본인 지휘 하에 운영될 일·중 공동관리 병기창을 설립해야 한다.

또한 일본인은 중국본토 내에서 병원·학교·교회 등의 설치에 필요한 토지를 구매하는데 특권을 가져야 하며 양쯔강을 끼고도는 철도운영 권익의 일부와 푸젠성福建省의 광산 및 공장에 투자하려는 외국자본을 검토할 권한도 일본에게 부여하여야 한다.

9개국 회의에 대한 일본의 태도

일본이 '9개국조약'에 서명할 당시에는 타 국가를 집어삼킬 수 있을 정도로는 힘이 강하지 못했을 때였다. 그러나, 이제는 중국 정복을 시도해도 괜찮다고 판단되어지자 그들은 즉각 태도를 돌변시킨 것이다.

이에 대처하기 위해 9개국 조약국들은 지극히 당연하게 일본을 불러들여 회의석상에서 그들을 청문하려는 결정을 하였다.

1937년 10월 30일, 부뤼셀Brussels에서 개최되는 9개국 회의의 정식 초대장이 10월 21일 도쿄에 전달되었다. 이에 앞서서 3주 전에 〈아사히신문朝日新聞〉은 사설에서,

"9개국조약은 이미 사문화死文化된 깃이며 설령 그렇지 않다고 해도 적어도 현 극동정세 하에 있어서는 전혀 적당치 않다. 그러나 다만 몇 가지 조건들은 본 조약의 시행을 수락할 수도 있다."

고 발표한 것이다. 이 사설은 일본정부의 본래의 태도를 비공식적으로 표명한 것으로써 결과가 이것을 증명하였다.

일본정부는 회의개최 불과 사흘 앞둔 10월 27일에서야 정식회답을 보냈다. 회의참석을 거부하는 이 회답은, "사실상 국제연맹은 일·중 간의 분규들을 정당하고 합리적으로 해결하는 과정에 오히려 커다란 장애를 주기 위한 고의적인 회의를 개최하는 것"이라는 내용의 성명을 공표하고 있었다.

이 성명은 또 일본은 '방위를 목적으로 하는 전쟁'을 수행하고 있으며 9개국 조약은 어차피 '사문화'된 것이라고 하였다. 또 일본신문 〈오쿠가이 쇼교〉지는 11월 5일자 사설에서,

"일본은 이 성전聖戰을 통하여 극동에서의 우월권을 장악하였으며 다른 열강은 일본의 양해 없이는 극동문제를 논의할 자격을 상실했다"

라는 논지를 펴고 있다.

　결국, 며칠 후인 11월 12일, 일본내각은 회의 참석을 요구하는 제2차 초청을 거부하였다. 그 다음 날 부뤼셀에 모인 각국 대표들은 다음의 3개 항목을 권고하는 최후통첩을 도쿄에 전달하였다.

　1. 즉시 휴전에 동의할 것

　2. 조정에 의해 해결할 것

　3. 9개국조약의 기본원칙에 입각해서 평화실현에 최선을 다할 것

　이 '최후통첩'은 평화적인 방법으로 평화를 구현하기 위한 완벽한 양상을 갖추고 있는 듯 보인다.

　그러나 단 하나의 결점은 이 통첩문에는 핵심이 되는 엄중한 응징적인 구속력이 없었다. 그래서 도쿄의 외교관들은 국제연맹의 이 '어리석기 짝이 없는 실수'에 속으로 쓴웃음을 지었다.

　일본은 '9개국조약'이 사문死文이고 또 폐물이라고 호언해 왔다. 독일도 조약이라고 하는 것은 휴지조각과 같은 것이라고 여겨왔다. 단지 다른 점이 있다면 미국은 독일의 위협에 대한 위험성을 충분하게 이해하고 있으면서도 극동에 있는 제2의 독일격인 일본에 대한 위험성은 아직도 충분히 인식하지 못한다는 것이다.

　바로 이곳에 확실한 위험이 존재하고 있었던 것이다. 어떠한 국가라도 아니 미국이라 할지라도 이들의 나라와 조약관계를 체결한다고 하는 것은 단순히 파멸을 의미할 뿐이다.

　일본은 그들의 방위전쟁 즉, 성전聖戰을 수행하고 있다고 주장했다. 도대체 어디에서 이 '성스러운'이란 용어가 생겨났는가 하면, 일본의 통치자들이 천조대신天照大神의 직손直孫이라고 하는 그들의 주장과 결부

시키지 않는 한 이해하기에 어려움이 있을 것이다.

방위적이란 말도 서양인의 가슴으로는 이해할 수 없는 용어이다. 일본인이 사물을 보는 방법은 서양인들과 전혀 동떨어져 있다. 예를 들면, 어떤 사람이 낯 모르는 집에 강제로 들어간다고 하면 당연 그 집 주인은 힘을 다해 내쫓을 것이다. 그와 같은 경우, 그 사람은 쫓겨나오거나, 아니면 '자기방어'를 위해서 맞서서 싸우든지 양자택일을 할 수밖에 없는 것이다.

이것이 소위 일본인이 말하는 '방위' 개념인 것이다. 9개국회의 초청에 관하여 "분쟁은 일·중 두 당사국 간에서만이 해결할 수가 있다"고 말한 것이 일본인들의 심리상태인 것이다.

바꾸어 말하면, "권총을 찬 강도와 그의 발 아래에 쓰러져 있는 희생자 사이에서의 문제는 둘이서 해결하여야 하며 제3자는 아무도 개입할 수 없다"라고 말 하는 것과 같은 것이다.

따라서 미국의 외교관들은 타국의 문제에 미국을 끌어들이려고 하고 있다는 국내의 비판을 피하기 위하여 그들의 성명서 작성에 있어서의 용어선택에 신중을 기하고 있다는 사실에 주목할 가치가 있다.

미국은 세계적인 강대국일뿐만 아니라 영향력을 발휘할 수 있는 국가의 위치에 있기 때문에, 구원을 갈망하는 학대받고 고통당하고 있는 세계 도처의 약소국가들의 호소에 대하여 귀를 막아버릴 수도 없는 노릇이다.

그것만이 아니다. 중국의 자주권과 영토의 보전에 관해서 '9개국조약' 서명의 일원인 미국은 중국을 단순히 도의적인 입장에서뿐만 아니라 법률적으로도 적극 지원하지 않으면 안 된다고 하는 의무를 지고 있는 것이다.

다른 이유는 그대로 두고라도, 이 이유 하나만으로도 미국정부는 일본의 침략을 저지하기 위해서 전쟁과는 별도로 무엇이든지 기꺼이 해야만 할 것이다.

그러나 국내·외를 불문하고 모든 정책의 결정과정에서 미국 국민은 외국과 분쟁에 휘말리는 것에 대하여 적극 반대하고 있었다. 그 이유는 평화주의자와 선전가들의 선동, 그리고 제1차 세계대전의 과거 경험 등이었으며 이로 인하여 미국정부는 매우 곤란한 입장에 처해 있었다.

일본공군의 비무장 민간지역에 대한 무차별 폭격을 비난하는 헐Hull 미 국방장관의 반복된 성명은 일본에게 국제적 압력을 가하기 위해 미국의 협력을 얻으려는 국제연맹에게 한가닥 희망을 준 것처럼 보인다. 헐 장관이 9월 23일, 일본정부에 보낸 각서에,

"대부분의 주민이 평화적으로 생업에 종사하고 있는 광범위한 지역에 대한 무차별 폭격은 부당하며 법과 인간성의 원리에 위배된 것이다"

라고 하는 견해를 명백하게 보여준 것이다.

그러나 일본은 이 각서에 대한 회답을 하지 않았다. 1주일 후에 헐 국방장관은 미국의 항의를 되풀이 하였는데 이것은 연맹의 이름으로 언급한 것은 아니고 일본의 민간인 폭격을 비난한 연맹의 결의안을 간접적으로 지지한 것이었다.

미국은 국제연맹의 가맹국가가 아니었기 때문에 연맹과 공식적인 관계는 맺을 수가 없었다. 스위스주재 미국대사 르랜드 하리슨Leland Harrison 씨는 "연맹 이사회에 참석해서 연맹이 소집하려는 회의에 미국이 참석할 자격이 없다고 하는 사실을 상기시키라"고 하는 훈령을 받

았다.

따라서, 연맹이 주최하는 회의 대신에 부뤼셀 회의가 개최되었던 것
이다. 다른 국가들은 미국의 협력 없는 회의는 성공을 기대하기 어렵다
고 생각하였고 미국도 또한 서명국가의 일원으로서 참석을 거부할 수
가 없었다. 미국의 입장이 명백해짐으로서 헐 국방장관은 미국의 무임
소대사 노르만 데이비스Norman Davis 씨가 이 회의에 미국대표로 참석
한다고 발표하였다.

데이비스Mr. Davis 대사는 미 국무성의 극동부장이고 극동문제의 권
위자 스텐리. K.혼베크Stanley K. Hornbeck 박사와 공보관 로버트 펠
Robert Pell 씨, 비서관 찰즈 보렌Charles Bohlen 씨 등을 대동해서 별다
른 열의나 기대없이 부뤼셀로 향했다.

좌우지간, 어느 정도의 성과를 얻기 위해서라도 절대적으로 필요한
국제적 협력의 분위기가 아직 전 세계에 조성되어 있지 않았다. 전직
국무장관이었고 '캘로그 브리안트 법안' 'The Kellog Briand Pact'
의 공동 입안자인 프랭크 캘로그Frank Kellog 씨가 당시 다음과 같은 성
명서를 발표하였는데, 이 사실을 마음 속으로 새기고 있었던 것이 분명
하다.

"국제적 의무의 존엄성을 신봉하는 각국 정부는 이 조약의 기본정신
이 그 효력을 발휘할 수 있는 조치를 매우 신중하게 구현해야 한다.
1928년에도 그렇게 하였던 것처럼 나는 지금도 여전히 모든 서명국이
이 조약의 각 조항과 그 기본원칙을 존중함으로써 세계평화가 유지된
다고 믿고 있다. 나는 중국에 대한 일본의 현 정책을 파리조약의 조문
이나 그 정신에 일치시킬 수 없다고 본다.

어느 나라의 정부라 할지라도 서약을 무시한다고 하는 것은 극히 유감인 것이다. 이와 같은 태도야말로 조약 자체에 파괴적인 효과를 초래할뿐만이 아니라 국제사회가 존속하기 위해 전면적으로 의존하고 있는 상호신뢰를 더 파괴하기 때문이다. 이처럼 국제적 신뢰가 없어진다면 다음에 오는 것은 국제적 무정부주의가 세계를 지배할 것이다"

부뤼셀 회의에 진정한 희망을 걸었던 평화를 애호하는 전 세계인들에게 11월 4일의 제1차 회의는 실망적이었고 굴욕적이었다는 뉴스가 전해 졌다.

이 회의에 일본이 참석을 거부한 것에 대해 회담의 무력감을 인식한 영국대표들은 "일본과 함께 놀아난다"고 보이게 하므로 체면을 유지하려 했다. 이 회의가 끝난 직후 벨기에주재 영국대사 로버트 클리브 Robert Clive 경은 벨기에주재 일본대사 S.쿠루세Kuruse와 회담하여 일본이 중·일 관계의 해결을 위하여 좀 더 광범위한 토대 위에서 토의할 다른 회의에는 참석할 것에 동의할 것인가 아닌가에 대해 알아보려고 노력하였다.

다른 국가의 대표들은 영국의 이와 같은 제안은 영국이 일본에 대해서 강경한 조치를 취하고 있다는 난처한 입장을 비켜가려는 생각에서 취해진 태도라고 공공연이 천명하고 나섰다.

노르만 데이비스Norman Davis 미국대표는 회의석상의 간단한 연설을 통해서 중·일전쟁의 종결은 세계평화를 위해서 절대적으로 필요한 것이라고 경고하였다. 프랑스 외상 이본 델보스Yvon Delbos 씨도 데이비스Davis 씨 연설에 이어서 9개국조약의 존엄성을 강조하였다.

이탈리아 대표 루이지 알드로반도 메레스코트Luigi Aldrovando

Marescottu대표는 이 회의는 일본과 중국을 토의에 참가치 않고는 아무 것도 할 수 없다는 발언을 해서 불협화음을 야기시켰다.

"이 회의는 일본에게 국제관계의 단절을 통고할 수 없다"고 말한 이탈리아 대표의 발언은 루즈벨트Roosevelt 대통령이 1939년에 시카고에서 행한 연설을 그대로 언급한 것이었다.

대부분의 대표가 완전히 실망하여 불쾌한 기분으로 회의를 마쳤다는 것은 의심의 여지가 없었다. 이 회의는 1937년 11월 20일까지 계속되었다. 영국, 프랑스 양 국은 미국이 일본을 저지하는데 마땅히 주동적 역할을 해야 함에도 불구하고 받아들이지 않을 것이라는 것과 회의조차 정기적으로 참석치 않고 있다는 것을 확실하게 말했다.

이 기간 동안의 주요 토의사항은 어떻게 일본을 견책할 것인가? 하는 것과, 주요 국가들이 최후수단으로서 어떻게 해야 중국에 무기를 차관해 줄 수 있을까? 하는 것이었다.

제1의제議題가 상정되었을 때 무솔리니Mussolini의 대일對日 우호정책에 따라서 이탈리아 대표가 반기를 들었지만 회의는 이탈리아의 항의를 무시하고 극동에서의 평화노력 실패와 유혈流血이 계속되는 책임은 일본측에 있다고 비난하는 선언서를 채택하였다.

맨 마지막 의제에 관해서는 서명 각국이 군수품 차관을 통해서 중국을 원조하자는 제안에 가세하는 것으로 의견의 일치를 보았다. 회의는 11월 20일, 무기휴회에 들어갔다. 대표들은 미국의 엄정 중립 정책이 극동의 분쟁을 조정하려고 하는 국제적 노력을 매장하고 있다고 공공연하게 비난하였다.

9개국회의를 제안한 나라도 영국이었고 또 일본의 만주정복에 항의해서 그 불행한 땅에 대한 일본의 주권을 인정하는 것을 거부한다고 하는 스팀슨Stimson 미 국무장관의 제안에 따를 수 없었던 것도 영국이었다고 하는 사실은 흥미있는 일이다.

그러나 미국 자신도 비난을 면할 수가 없었다. 만약, 미국정부가 침략국가에 대해 강력한 조치를 취함에 있어서 주동적 역할을 떠맡는 것을 바라지도 않았고 또한 그 역할을 감당할 능력이 없었더라면 처음부터 그 회의에 참가한 것이 잘못된 것이었다.

그것이 우호적인 제스처만을 보여주는데 불과했던 것이라면 회의는 개최하기 전에 이미 실패로 끝나는 운명에 있었던 것이다. 미국을 제외하고는 어느 국가도 일본에 대해서 도의적 또는 경제적 무기를 휘둘러서 효과적으로 압력을 가할 수 있는 나라는 없었다.

지금도 마찬가지겠지만 세계의 희망이 그곳에 걸려있었던 것이다. 동시에 미국 국민은 그 어떤 분쟁에도 관련되어지는 것을 거부하고 있다는 사실은 잊어서는 안 되었다.

미국 국민은 아직도 모든 것으로부터 멀어지지 않으면 안 된다고 믿고 있었다. 어쩌면 이 사실은 미국대표가 일보 전진하는 것을 거부했던 이유를 설명하고 있는 것인지도 모른다. 그렇게 해서 브뤼셀 회의는 막을 내린 것이다. 그 회의는 처음부터 큰 희망을 걸지 않았기 때문에 회의의 실패는 하등 놀랍거나 실망할 것도 없었다.

대표를 파견했던 각국도 진지한 준비를 할 수 없었다. 일본을 침략국가라고 규탄하는 결의안을 분과위원회에서 표결에 부쳤을 때 3개국이 기권하였다.

왜 그들은 일본을 침략자라고 단죄하는 결의안에 찬성하는 것을 주저한 것인가? 일본이 그와 같은 비난을 받을 것까지는 없다고 확신했기 때문인가? 아니다 ! 그들은 일본의 비위를 건드리지 않기 위하여 투표하는 것을 거부했다고 보는 것이 마땅할 것이다.

약소국들이 이와 같은 영향에 놓이게 된다면, 모든 증거가 입증하듯이, 강대국들도 이와 같은 영향에서 전혀 벗어날 수는 없다고 말할 수 있다.

앞에서도 지적한 대로, 영국은 그 회의에서 체면을 잃지 않고 꽁무니를 빼려던 최초의 국가였다. 바꾸어 말하면, 국가의 강·약을 불문하고 모든 국가들은 살얼음판을 밟는 듯한 신중한 태도를 견지하고 있었다.

만약, 각 나라 대표들이 국제급 해적행위를 즉시 저지시키지 않는 경우에는 그들 자신의 국가들 또한 이 해적행위의 피해를 받게 된다고 하는 것을 충분히 인식하고 있었다면 정세는 확실하게 달라졌을 것이다.

각 나라의 경향은 서서히 도량이 좁은 개인주의적으로 흘러가므로 무언가 집단적 안전보장을 강구하는 데에도 옹졸한 자세로 나오고 있었다.

열강들은 일본의 군사력을 과소평가하였다. 열강은 일본을 아직도 30년 전의 2, 3류 국가라고 생각해서 일본이 세계를 상대로 대담하게 도전할 수 있는 단계에 도달했다고는 전혀 의심하지 않았다. 열강은 일본이 서양 각국의 여론을 아직도 존중하고 있다고 판단하였다.

일본이 '조약의무를 무시할 수는 없을 것'이라고 일본에 대한 신뢰를 높게 평가하였던 열강은 전쟁을 '우호적'으로 회담과 대화로 저지하는 것이 가능할지도 모른다는 희망을 품고 있었다. 물론, 그들은 경제적 혹은 도덕적인 실력행사의 필요성은 고려해 보지도 않았던 것이다.

회의 의제議題에서 일본에 대해 경제적 응징책을 다룰 것인가? 또 주요 서명국가들이 무기나 기타 군수품들을 중국에 차관형식으로 지원할 것인가? 하는 중국의 사활死活을 위한 투쟁을 지지하는 제안이 채택됐다. 그러나 일본이 "만약, 미국을 비롯한 그 외의 국가가 9개국조약에 기초해서 앞으로 일본에게 압력을 의미하는 주장을 지속한다면 일본은 그들의 생각을 바꾸도록 요구할 것이다"라는 성명을 발표했기 때문에 이 제안은 수포로 돌아갔다.

그리하여 일본은 단순히 회의참가를 거부함으로써 부뤼셀 회의에서 논의하는 모든 평화적 노력을 무용지물로 만드는데 성공하였다. 이러한 사이에 일본의 육·해·공군은 타나카의 예언을 실현하기 위하여 중국뿐만이 아니라 그 외 세계의 어느 곳이든 간에 오직 전진만을 계속하고 있다.

제 **10** 장

일본의 정복과 그 반향

JAPAN'S MARCH OF CONQUEST
AND ITS REPERCUSSION

10

일본의 정복과 그 반향

JAPAN 'S MARCH OF CONQUEST AND ITS REPERCUSSION

일본은 중국을 점령하고 나머지 영토들을 정복하려고 발버둥치면서 제국의 확장반경 내에 있는 모든 것을 닥치는 대로 수중에 넣으려고 전력투구하고 있었다. 이같은 일본군의 움직임에 대한 반향이 세계의 구석구석까지 감지되었다.

일본은 추축국가를 통해서 동양에 있는 영국·프랑스·네델란드의 식민지를 무력화시켰고 대서양에서는 미국에 대한 나치스의 위협을 간접적으로 증대시켰다.

한편, 거대한 중국의 물적 자원, 인력 및 외국시장을 독점하려는 기도와 태평양 지배권에 대한 그들의 주장은 미국뿐만이 아니고 전 서반구의 평화와 안전을 위협하였다.

상하이上海

프랑스의 조차지租借地와 국제 공동 조계租界를 접수하려 했던 일본의 최초 계획은 미국이 그 조약상의 권리를 포기하는 것을 거부하고 그에 따른 실력 행사를 뒷받침하기 위하여 하와이 해역으로 함대를 급속하게 집결시킴과 동시에 강력한 국방준비를 위한 뒷받침에 몰두함으로써 교착상태로 빠져들었다.

의심의 여지없이 태평양에 있어서 이 힘의 이동은 중국 내에서 일본의 전쟁기계의 이동 속도를 느슨하게 하였다. 도쿄의 군벌주의자들은 일본의 군사적 위협이 미국에서 자신들이 바라는 정도만큼의 성과를 걷을 수 없다는 것을 감지하고 있었기 때문에 당분간 온건한 태도를 취하기로 결정하였다.

그러나 이것은 그들이 더 이상의 침략을 단념하겠다는 것을 의미하는 것은 결코 아니다. 그들은 자신들의 육·해군이 우세할 때는 언제나 책략을 써서 무자비한 행동을 하는 것이다. 만약, 그들이 하나의 방법을 포기할 것 같으면 동일한 효과가 있으며 덜 요란스러운 다른 방법을 적용할 수 있는 것이다.

상하이에서는 몇 개월 동안 구두口頭에 의한 중상 모략 유언비어와 중국어 신문에 의한 선전선동이 전개되고 있다.

1940년 9월 하순, 파업과 폭동이 국제조계國際租界 내에서 빈번히 발생한 적이 있다. 버스와 전차종업원들은 일을 포기함으로써 시내교통망을 수일간 마비시켰다.

파업은 곧바로 시의 모든 산업을 마비시킬 정도로 위협적이었다. 오물 수거를 담당하고 있는 고용인들도 파업에 참가하였다. 선동을 주동하고 있는 자들은 통고문이 게시된 후 일주일 내에 가스·전차·수도 종업원들이 파업에 참가하지 않으면 가족들을 살해하겠다고 위협하였다.

일본신문은 이 파업을 주요 뉴스로 다루었는데 실은 기정사실화된 명령조로 "택시운전사도 곧 파업에 참가할 것"이라고 보도하였다. 이 신문은 또한 "미국 해병대가 질서를 유지하기에는 그 병력이 너무 적기 때문에 곧 철수할 것이다"라고 보도하였다.

외국인 옵서버들은 프랑스 조계와 국제조계를 점령하려고 하는 일본의 동태를 예의주시하고 "곧 위기가 도래하지 않을 까"하며 두려워 하였다.

이 사태는 일본인들이 '질서를 회복한다'는 구실로 시정부를 접수하기 위해서 조작된 사건이었다. 공공회사의 임원들은 이 폭동기간 중 습격을 받을까 두려워해서 집안에 틀어 박혀 외부와의 접촉을 피했다.

30년 전, 일본은 한국에서 이와 같은 저질적인 방법을 사용해서 서울·제물포·부산 및 그 외의 도시에서 산업에 종사하고 있는 외국인들을 추방하는데 크게 성공을 거둔 적이 있었다.

당시 한국인들은 미국인들에게 이 사건의 발생을 부추긴 것은 일본인들이고 한국인은 아니라고 말했지만 이 말을 곧이 듣는 외국인은 극소수에 불과했다. 외국인들은 자신들에게 지극히 우호적인 태도로 일관하는 일본인들이 그토록 저질적이고 표리부동한 행동을 취하리라고는 믿을 수 없었던 것이다.

물론, 그 당시 일본인들은 지금보다 훨씬 더 주의깊게 신중을 기하여 선동행위를 하고 있었던 것이다. 지금에 와서야 많은 미국인들이 지난 30년 동안 한국에서 자행되었던 불법행위들이 일본인들의 직접적인 조작선동에 의해서 발생되었다는 것을 깨닫게 된 것이다.

상하이의 긴장이 이와 같이 매일 격화되고 있는 사이에, 일본의 꼭두

각시인 상하이 시장인 후우 샤오 엔이 혼큐의 자택에서 암살되고 말았다. 일본사령부는 즉시 계엄령을 선포하여 수색대가 전 시가지를 구석구석 조사했지만 암살범은 벌써 빠르게 도주해버리고 말았다.

사실 이 사건은 분규를 유발시키려고 일본 군국주의자들이 세운 계획의 일부였다. 마침 그때, 한 명의 일본군 장교가 외인지역 부근에서 저격되어 중상을 입는 사건이 발생하였다. 이로 인하여 긴장감이 점점 고조되어서 전 시가지는 마치 바늘방석에 앉아있는 것과 같이 불안감에 휩싸였다.

이와 같은 여러 가지 사건의 결과로서, 워싱턴의 국무성은 부녀자들과 중요한 일에 종사하고 있지 않은 남자들을 될 수 있는 한 빨리 중국·일본· 한국 등으로부터 미국으로 귀국시킬 것을 명령하였다.

반미反美운동은 일본전역으로 확산되어 서양인 대부분이 불안한 생활을 보내지 않으면 안 되었다. 수송편이 없었기 때문에 워싱턴은 미국인 피난민의 동양 철수를 촉진시키기 위하여 2척의 미국선박 마리포서 Mariposa호와 몬테리Monterey호를 준비하였다.

10월 10일, 상하이에는 대략 4천 명의 미국인들이 있었다. 그들은 언제라도 출발할 수 있는 준비를 하고 있었지만 선편을 구하려면 수개월을 기다려야만 했다. 그러나 북중국과 인도지나印度支那에 있던 수백 명의 미국인들은 수송기관이 없었기 때문에 출발할 수가 없었다.

미국인들의 귀국을 원활하게 하기 위해서 맨하턴Manhatan호와 워싱턴Washington호 2척이 직접 동양으로 취항하기로 결정되었다.

인도지나印度支那

1904년 9월 중순경, 인도지나의 모든 주민들은 언젠가는 전쟁이 그들의 삶을 덮쳐 오리라는 것을 예기하고 있었다.

그러나 일본은 처음에는 그들의 목적을 평화적 수단으로 달성하려고 시도하였다. 비시Vichy의 프랑스정부가 히틀러의 명령대로 움직이고 있었으므로 일본은 인도지나의 프랑스 당국도 그들의 명령으로 복종시킬 수 있다고 생각했다. "칼을 빼지 않고서도 모기를 잡을 수 있으면 더할나위 없이 좋은 것이다"는 논리였다.

한편, 독일에 대한 영국의 성공적인 저항과 하와이 해역에 미국 함대가 있다는 것은 일본에게는 안심할 수 없는 것이었다. 비시Vichy 정부는 마음에 내키지 않지만 일본의 요구를 승낙하지 않으면 안 되었다.

3개소의 동킹 공군기지의 사용과 중국 국경에 일본군 2만 명을 수송하기 위한 프랑스 철도의 사용을 허락하였다. 다음으로 일본은 4만의 부대를 이동시키는 허가와 싱가포르에 가까운 사이공의 프랑스 해군기지의 자유로운 사용을 요구하였다.

일본은 이 허가를 얻기 위해 비시Vichy 정부와 교섭하는 것보다는 현지의 프랑스 당국에 직접 요구하는 것이 훨씬 용이하다고 생각했다.

9월 어느 날 밤, 프랑스령 인도지나의 총독 쟝 드코Jean Decoux 제독이 하노이 관저에서 취침하려고 할 때 일본의 니시하라 이사쿠 소장이 방문하여 급히 회견을 요청하였다.

이러한 무례함에 노한 제독은 "나는 일어나지 않는다. 일본인들이 선전포고를 하려면 내일 아침에 하라"하고 소리쳤다. 니시하라 소장은 이 용감한 프랑스 총독의 완강한 거절을 당하고 당황하여 되돌아 갔다.

이런 일이 있고 나서 곧바로 인도지나 주둔 군사령관 쥴리앙·프란시스·르네·마르틴Julian Francois Rene Martin 장군은 "더 이상 비시 정부가 일본의 요구에 굴복한다면 나는 사임 해버리겠다" 라는 성명을 발표했다.

그래서 일본군은 평화적 수단이 아무 역할도 하지 못한다는 것을 알았다. 9월 말경, 일본 공군은 프랑스 진지와 하노이 시 일부에 폭탄을 쏟아 부어서 많은 사상자를 냈으며 공격부대는 하노이 시 동북방 약 80마일 지점에서 방위군을 포위하였다.

50마일의 전선에 걸쳐서 격렬한 전투가 전개되었다. 프랑스군이 요새화된 진지로 공격하여 오는 일본군에게 많은 사상자를 내게 했다고 보고 되었다. 그러나 프랑스군은 그 후 하노이 시에서 철수하지 않으면 안 되었다.

프랑스군은 증원군 커녕 격려조차 기대할 수 없는 정부에 기대지 않고 그들 자신의 단독결정에 의하여 침략자와의 전쟁을 시작하였다. 그 반면, 침략자들은 3만 명의 전 병력이 아무런 저항도 받지 않고 진격해 왔다.

이와 같은 상태에서 프랑스군은 비관론에 사로잡히지 않을 수가 없었다. 그들은 니시하라 소장의 통솔 하에 있는 일본 협상대표단의 위계僞計에 속아 넘어갔음을 비로소 깨달았다. 하노이 협상에서 니시하라는 프랑스·일본·인도지나 조약체결에 성공하였다.

이 조약은 불佛·일日 양 군의 충돌이 일어나기 1주일 전에 서명된 것으로 일본군의 병력을 6천 명으로 제한한 것이었다. 이 조약에서 프랑스측은 일본군이 이 제한 된 수 이상으로 상륙시키지 않을 것으로 믿었다. 그런데 놀랍게도 6천 명이 아니라 3만 명의 일본군과 싸우고 있다는 것을 안 것은 전투가 거의 끝나갈 무렵이었다.

일본과의 협정체결에서 이와 같은 중요성을 소홀히 한 것이 얼마나 어리석은 일이었던가? 그것이 다시 되풀이 되었던 것이다. 프랑스측은 공군장교 1명을 포함해서 많은 사상자를 냈고 부녀자들은 황급하게 하노이항과 하이퐁으로 피난하였다.

동시에 정치적, 외교적 역량으로 인도지나 당국에 압력을 가해옴으로 해서 프랑스군은 비시Vichy 정부로부터 명령을 받고 아무런 저항도 할 수 없이 후퇴하지 않으면 안 되었다.

1940년 9월 26일, 2만의 일본 증원군이 인도지나에 상륙해서 힘은 있지만 자신을 잃고 침묵하고 있는 프랑스군의 포열砲列 아래를 행군하여 아무런 저항도 받지 않고 하이퐁시를 점령하는 한편, 일본 공군은 폭격을 계속해서 건물을 파괴하고 15명의 시민들을 죽이고 18명을 부상시켰다. 관례대로 일본군 대변인은 "이 폭격은 실수에 의한 것이다"라고 발표하였다.

왜소한 황색 얼굴의 한 일본군이 의기양양하게 입성하는 장면과 프랑스 식민지의 정예보병 대위가 대포와 기관총 총구에 덮개를 씌워서 비참한 장송행진곡을 연주하며 나가고 있는 장면은 크게 대조적이었다. 그리하여 프랑스군은 한 발의 실탄도 발사하지 못하고 그 요새진지를 적에게 고스란히 넘겨주었던 것이다.

일본의 인도지나 점령은 우리와는 아무런 관계가 없지만 많은 미국 사람들의 말을 빌리자면 그것은 그들에게는 매우 중요한 곳이라는 것이다. 미국은 자동차 공업이나 그 외의 산업에 있어서 없어서는 안 될 고무의 보급을 인도지나에 의존하고 있었다.

일본의 경제사절단은 1940년 10월 13일, 하노이에 도착해서 고무생산을 전부 일본 군수용으로 인수했다는 것이다. 그렇게 되면 적어도 미국의 산업뿐만이 아니라 국방에 절대로 필요한 물자가 모두 단절되어 버리고 마는 것이다.

홍콩HONGKONG

지금에 와서는 중국의 문호개방도 서양인에게는 아무 의미가 없는 것 같다. '아시아인의 아시아' 라는 외침은 '일본인의 아시아' 라고 하는 더 큰 구호로 바뀌어 버렸다. 지금 서양인들이 갖고 있는 중국의 발판은 영국의 직할 식민지인 홍콩과의 국제공동조계 뿐이다.

프랑스 패퇴 후, 프랑스 조계는 사실상 일본의 지배를 받고 있는 것과 같았다. 그러나 국제조계가 미해결 상태로 남아있는 것은 미국이 강경한 태도를 취하고 있기 때문이다.

동양에 있는 서양인의 거점이 신속하게 퍼져나가는 일본의 불길 속의 장난감 집처럼 붕괴되고 있을 때, 왜소한 갈색 피부의 인종이 자랑스러운 표정으로 진주하면서 백인들은 도망치지 않을 수 없게 되었다.

영국의 육·해군인 가족들은 1940년 6월에 철수를 시작하였다. 사태의 중대성을 충분하게 인식할 수 없었던 그 외의 외국인들은 정부관리의 가족들이 철수할 때까지 남아 있으려고 하였다. 그러나 대부분의 부녀자들은 가족과 남편을 남기고 순차적으로 마닐라로 철수하였다.

이 피난민 중에는 약 3백 명의 미국인 부녀자가 있었고 9백 명 이상의 영국 부인들과 1천 명 정도의 어린이들이 섞여 있었다. 이 피난민의 이동은 그 후에도 계속되었고 10월 하순에 이르러 영국정부는 영국 부인과 어린이 모두를 홍콩에서 호주로 완전히 철수할 것을 명령하였다.

그리고 피난민들의 생활비는 매주 런던정부가 연방정부를 통해서 지급하기로 약속했다. 한편, 홍콩의 식민지정부는 방공시설과 백만 명을 수용할 수 있는 지하대피소를 건설할 목적으로 우선적으로 백만 홍콩달러의 예산을 할당하였다.

이 계획과 관련해서 많은 숫자의 터널을 산속 옆에 뚫었다. 이 사실은 영국 당국이 어떠한 일이 있어도 홍콩에 남겠다는 결심을 했다는 것을 의미하는 것이다.

위험한 것은 아시아의 영국 식민지가 아니라 런던정부에 있었다. 위기가 싹틀 무렵 영국이 지금보다도 한층 강력한 입장에 있었음에도 불구하고 일본에 대해서 우유부단하게 불투명한 태도를 취했다는 것은 결과적으로 일본의 입장을 강화시키는 역할을 한 것이다.

지금 가장 위험한 정세에 처해서, 영국은 일본을 달래기 위한 심산으로 어떠한 양보라도 불사하겠다는 생각을 가지고 있는지도 모른다. 믿기지 않는 말이지만 만약, 이와 같은 경우가 도래한다면 싱가포르의 대포도 인도지나의 경우와 같이 한 발의 포격을 가할 기회도 없이 적의 수중으로 빠져 들어가게 되고 홍콩에 주둔하고 있는 영국부대도 인도지나의 프랑스군처럼 자기방어를 위한 싸움의 기회조차 갖지 못한 채 철수하도록 명령을 받을지도 모른다.

만약, 이 위험이 어디까지나 상상으로 끝나는 것이라고 생각한다면 1940년 10월 9일에 영국수상이 하원에서 "우리는 최후의 파국인 전쟁을 피하지 않으면 안 된다. 우리는 일본과 전쟁을 하고 있는 것이 아니다"라고 한 말을 생각해 봐야 한다.

그래서 오늘날 영국은, 일본이 영국과 전쟁을 하는 것은 피할 수 없는 국가적 모험으로 알고 시작한 것임을 감지하지 못한 지난 날의 과오에 대해서 보상을 하고 있는 것이다.

버마 도로

실제로, 세계적 위기에 직면해서 가장 실망스러웠던 것은 영국의 우유부단한 자세였다. 어느 때는 영국이 도대체 확고한 정책을 가지고 있는지, 그렇지 못한지 분명치가 않아 판단하기 곤란한 경우가 많았다.

아시아와 유럽에서 분쟁이 시작될 무렵 챔버린Chamberlain 수상이 취하고 있는 유화정책은 영국의 국가적 위상을 전례 없이 불안한 모습으로 비치게 하였다. 처칠Churchill 수상이 새 내각을 구성하고 영도권을 장악했을 때, 그가 일본에 대해서 확고하게 일관성 있는 정책을 취할 것을 국민들은 희망하고 있었다.

그러나 철저한 준비와, 잘 훈련된 군대, 군수 물자 등의 부족은 영국의 수상으로 하여금 신중한 유화정책을 강요하였다. 더욱이 소련Russia을 둘러싼 예측불허의 수수께끼 같은 상황도 깊은 고려에 넣지않을 수 없었다.

스탈린을 영국의 노선에 추종시키려는 기도는 영국에게는 외교적인 큰 패배로, 독일에게는 외교적 승리로 귀착되었다. 설상가상으로 일·독·이日·獨·伊 3국동맹이 결성되었고, 후에 일본은 소련과도 조약을 체결하였다.

그러나 이 로마·도쿄·베를린 동맹은 영국에게 새로운 결의를 유발시키는 동기가 되어 영국은 독일기지와 베를린 시에 대한 대규모 공습을 시작하였다. 또한 런던에 대한 독일군의 수많은 공습을 격렬하게 반격하며 맞섰다.

그러자 히틀러는 약간 당혹해 했고 영국의 승리를 바라는 모든 사람들은 최근 영국이 거둔 성공으로 큰 용기를 얻었다. 영국이 앞으로 추축국가들을 모두 격파할 때까지 일로매진하기를 진심으로 갈망하는 바이다.

런던정부가 여전히 모호한 정책을 계속하고 있는 사이, 처칠은 1940년 10월 17일에 중국이 당시 침략자들과의 전쟁에서 절대 필요한 전쟁물자를 수송했던 주요 통로인 버마 도로의 폐쇄를 제안하였다. 일본은 영국에게 이 도로의 폐쇄를 여러차례 요구했던 것이다.

⊙ 버어마 『레드공로公路』를 따라가는 미군 수송대. (버어마 북부에서 중국 雲南省에 이르는 도로. 1945년 1월말 개통)

그리하여 처칠이 비밀리에 그들의 요구에 응한 것이다. 최초 폐쇄기간은 2개월이었다. 후에 3개월로 연장되었는데 이때 일본이 이 제안을 받아들였다. 버마 도로는 외부세계와 연결되는 생명줄 같은 주요통로였기 때문에 중국의 고통은 매우 심각한 것이었다.

영국은 일본을 달래기 위하여 그들이 요구한대로 그 도로를 폐쇄했던 것이다. 그러나 일본은 이것에 만족하지 않고 감사의 뜻을 나타내기는커녕 반영反英운동을 계속하였다. 한편, 추축 3국 동맹은 더 이상의 우호적인 태도는 무용하다는 것을 영국에게 확실하게 입증시켜주었다.

10월 9일, 처칠은 꽉 들어찬 하원의 연설에서, 버마 통로는 3개월 만기가 끝나는 10월 17일에 다시 개통시킬 것이라고 언명하였다. 더욱이 영국과 미국함대가 제해권制海權을 쥐고 있는 한은 일본의 동맹국들은 일본을 원조할 수 없을 것이라고 설명했다.

영국수상의 이러한 태도는 영국 우방에게 매우 믿음직스러운 것이었다. 버마 도로는 예정대로 재개되었으며 이 도로는 중국에게 있어서 유일한 '개방된 문호'로 남게 될 운명을 지닌 채 재개되었다.

재개되기 훨씬 전에 일본 군국주의자들은 교량·도로·철도·화물열차 등을 폭파한다고 위협하였다. 사실을 말할 것 같으면, 일본군들이 중국으로 들어가는 도로를 수없이 폭격했지만 그 도로는 거의 파괴되지 않았다.

이 위협에도 불구하고 수천 명의 중국인 기술자들은 화물자동차와 열차를 랭군과 중국국경 사이에 있는 역에 집결시켜 놓고서 도로가 재개되기만을 기다렸다. 그 이틀 전에는 휘발유 30만 갤론이 국경으로 수송되어 1940년 10월까지 500대의 트럭에 사용되었다.

지금 중국은 침략자들에게 저항을 계속하는데 필요한 전쟁 물자를 받아 들일 수 있게 되었다. 버마 도로가 열리고 난 10일 후인 1940년 10월 28일 일본군은 1년 이상 점령하고 있었던 광시의 전략적 교통요지인 난닝으로부터 철수한다고 발표하였다.

광둥의 일본 남지나사령부에서는 이 철수에 언급해서 "칸톤에 있는 일본군을 계속해서 공격하고 있는 중국군의 압력으로 인하여 일본군은 난닝으로부터 철수한다"고 발표하였다.

이 사실만으로도 중국군은 충분한 물자만 공급되면 일본군을 격파할 수 있다는 것을 증명한 것이다. 미국은 이와 같은 필요물자를 중국에 제공할 수 있는 유일한 국가였으며 또한 중국에 대해서 이렇게 절대 필요한 지원을 제공할만한 충분한 이유를 갖고 있었다.

네덜란드 령領, 동인도제도諸島

우리가 살고 있는 이 과학적인 시대에 다른 대륙에서 일어나고 있는 일들이 자신들과는 아무런 관계가 없다고 생각하고 있는 사람들은 이 지구가 얼마만큼 작은가를 인식하지 못하는 사람이다.

이 세계에서 우리가 영향을 받지 않는 사건은 거의 없다. 네델란드와 프랑스의 항복은 중·일전쟁에 직접적으로 커다란 영향을 미쳤을 뿐만이 아니라 미국의 국방계획을 실천으로 옮기는 계기가 되기도 하였다.

일본의 영토확장론자들은 네델란드의 보고寶庫인 동인도제도의 모든 섬에 탐욕의 눈을 돌리고 있었다. 이 섬들은 많은 전쟁물자의 원료와 석유·주석·고무·차·금·쌀·납·키니네·코프라·연초 등 무수한 무역용품의 생산지였다.

어느 유명한 작가는 "동인도제도를 수중에 넣을 수만 있으면 일본은 그 외 다른 나라들에 대해서는 눈길도 주지 않을 것이다"라고 아주 잘 표현한 바가 있다.

일본정부는 1940년 5월 11일, "일본은 네델란드가 유럽전쟁에 참가하고 있음에도 불구하고 네델란드령 동인도제도의 현재상황을 유지할 것을 주장한다" 라는 통고문을 미국·영국·프랑스·독일·이탈리아에 전달했다고 발표하였다.

이것은 최종결정이 날 때까지 미국이 네델란드령 동東인도제도를 인수해서 관리할지도 모른다고 하는 소문이 유포되고 있을 때였다. 말하자면 이 통고문은 미국에 대해서 "손을 대지말라"라고 하는 경고문이었던 것이다. 미국의 입장에서 보면, 이 통고문은 극히 만족할 만한 것이었다. 왜냐하면, 일본은 외국에 대해서 경고를 하는 한편 자진해서 네델란드령 동인도제도의 현상유지를 약속하고 있기 때문이다.

일본은 자기 자신들도 경고의 대상이 되는 국가의 일원이라고 생각하고 있던지, 아니던지 간에 미국으로서는 일본이 그와 같이 생각했다고 하는 것이 편리했던 것이다. 결국 미국은 일본의 이 통고문을 진지한 의도의 표현으로 받아들이고 있었던 것이다.

일본은 이전에는 비교적 소량의 석유를 네델란드령 동인도제도로부터 수입하였다. 일본의 연간 구매량은 보통 3천만 바렐을 넘지 않았지만 네델란드가 항복한 직후에는 특별사절단을 바타비야Batavia로 보내어 네델란드 정부에 대해서 동 제도내의 석유 채광권을 인수한다고 통고하였다. 즉, 특별 사절단은 정중한 태도로 네델란드가 경영하는 정유소를 인수하겠다고 제의하였다. 네델란드 당국에서는 이 제의를 거부할 수가 없었다. 네델란드령 동인도제도의 대표는 석유회사의 대리인들로 하여금 일본사절단과 협의하도록 승인하였다.

협상은 1940년 10월 14일부터 16일까지 개최되었는데 그 협상의 의장국으로 선출된 일본 상공상은 회의석상에서 "일본은 네덜란드령 동인도제도와 돈독한 우호관계를 유지, 더욱 증진시켜 갈 것을 열망하고 있다"라고 말했다.

사실상 일본의 일방적인 구두지시에 의한 계약에 의하면, 이후 6개월 간 일본 석유 소요량의 40%는 네덜란드령 동인도제도가 보급하는 것으로 되어있다. 일본은 이 보급에 덧붙여서 나머지 필요량은 미국 석유회사로부터 공급받았다.

미국인들은 네덜란드령 동인도제도의 이러한 쓰라린 경험으로부터 아무것도 배우지 않겠다는 자세로 나오는 것 같다. 아울러 전 세계는 일본의 침략적 영토 확장을 속절없이 도와주고 있는 것 같이 보인다.

각국 정부는 마치 인류의 이 자살적 행위에 대해서 박차를 가하고 있다는 인상을 지울 수가 없다. 차제에 미국의 수출금지에 대한 예를 들어 보자. 미국정부는 고성능 휘발유에 대한 대일對日 수출의 문을 닫아 버렸다. 미국정부가 일본의 무장을 중지시킬 요량이었다는 것이 확실하다.

모든 미국시민이나 상업 및 기타의 관련 단체들은 침략자에게 전쟁물자 원조 계획을 중지시키려고 하는 미국 정부의 노력에 협조를 하지 않으면 안 되었다.

그럼에도 불구하고 일본은 계속해서 미국으로부터 저성능 휘발유·원유·중유·케로신Kerosene등유 및 그 외의 석유 생산품을 수입하였다. 전술한 바와 같이 철도레일을 비롯한 그밖에 다른 원료가 없이는 일본의 국제적 도적행위는 불가능한 것이었는데도 이 물자들은 하등의 규제도 받지 않고 일본으로 수입되었던 것이다.

헨리 H. 더글라스H.Douglas는 이전에 잡지 〈아시아〉에 게재한 기사에서 다음과 같은 놀라운 발표를 하였다.

"일본이 1939년에는 지금보다도 훨씬 많은 아래와 같은 생산품을 미국으로부터 수입했다는 사실에도 불구하고, 여러 종류의 상품 수출량을 1939년 10월과 1940년 10월을 비교해 보면 많은 미국인이 눈을 크게 뜰 놀랄만한 내용이다.

품　　목	1939년 10월	1940년 10월
휘발유	148,000 바렐	627,000 바렐
철 및 고철	259,000 톤	148,000 톤
철, 철봉, 철선	1,715 톤	17,623 톤
흑색동철판	43 톤	1,554톤
정제동	11,148 톤	27,815 톤

많은 상품에 있어서, 미국의 1940년 8월의 대일 수출량은 전년 같은 기간에 비해서 놀라울 정도로 증가되었음을 나타내고 있다. 그것은 1940년 6월, 일본은 미국이 정말로 그들이 가장 필요로 하는 물자의 수출을 금지할 의사를 갖고 있다고 생각했는데 수 주후에 일본은 그것이 헛소문이었다고 결론을 내렸다. 아마도 3국동맹 체결의 성명에 자극을 받았겠지만 1940년 10월 16일의 금수조치로 11월의 대일對日 고철古鐵수출량이 25톤으로 격감하였다"

도대체 미국은 언제까지 미국을 공격하기 위한 무기를 일본에게 계속해서 공급할 것인가? 언제쯤이면 미국은 그 지식과 상품을 자멸행위가 아닌 자기방어를 위하여 사용하게 될 것인가? 만약, 지금 미국이 지혜로운 조치를 취한다면 차후에 무기를 사용할 필요가 없을 것이다.

태국泰國

아시아에서 오랜 역사를 지닌 태국, 즉 샴Siam은 그동안 일본의 외교적 술책에 영향을 받아오고 있으며 지금도 사실상 일본의 외교적인 섭정 하에 있다.

태국은 1천4백만의 인구를 갖고 있고 면적은 프랑스와 거의 같다. 무진장한 자원은 아직도 개발되지 않았으며 일본인의 평화적 침투는 국내 내부에 깊게 스며들어 있다. 모든 하천의 준설작업이나 항만건설공사는 일본인에 의해서 행해지고 있다.

태국은 일본의 국정 간섭이 일본영토 확장의 한 수단임을 깨달아 가고 있다.

워싱턴 시의 메이플라워Mayflower호텔에서 개최된 라이온스클럽의 만찬회에서 미국주재 태국대사 몸 라자왕세 Mom Rajawongse 씨는 태국과 인도지나 사이의 분규에 일본이 조정역할을 나서서, 이 분규에 대한 해결의 배경에 대해서 개략 설명을 하였다. 연설 후, 그가 일부 질문에 대해서 답을 했다.

라이온스클럽회원의 어느 한 사람이 영토확장에 광분하고 있는 일본에게 조정역할을 위임시킨 점에 대해서 질문하였다;

"그것은 마치 양배추 밭에서 싸우고 있는 두마리의 토끼 사이에 여우가 나타나서 조정하겠다고 하는 것과 같지 않은가? 여우는 토끼를 크게 살찌워 놓은 후에 두마리 모두 잡아 먹겠다는 것이 아닌가?"

플라모 대사는 이 질문자의 얼굴을 바라보고는 쓴웃음을 지으면서 대답했다;

"만약, 당신이 그 토끼라고 한다면 어떻게 하겠는가?" 청중들은 이 기지에 찬 답변에 박수를 보냈다.

필리핀군도 Philippine Islands

1938년 2월 상순, 미 국방성에서는 미국 제1방위선을 필리핀에서 하와이까지 후퇴시키는 문제를 고려하고 있었다.

이것은 태평양 연안의 안전을 완벽하게 하기 위한 것으로 미국 방위전선을 미국대륙 가까이 두지 않으면 안 된다고 하는 일부 전략가들의 의견을 따른 것이었다.

약 1년 전, 해군작전부장 윌리엄 D.리히William D.Leahy 제독은 해군위원회의에서 빈슨 Vinson이 제안한 법안에 따라 해군예산을 20%(약 8억 달러)를 증가해도 필리핀군도를 제1급의 해군력(일본)으로부터 지켜내는 것은 거의 불가능 하다고 해군위원회에 보고했던 적이 있었다.

일본은 필리핀 군도의 경제적 자원의 개발에 자기들도 한몫 끼워달라고 주장하였다. 마닐라의 일본 상공회의소는 1937년 10월 20일, 필리핀정부에게 합동경제위원회의 설치에 관한 '놀랄만한 신청서'를 제출하였다. 그 신청서는 "미국·일본·필리핀 간의 통상은 3각 국교관계의 훌륭한 모범이 될 것이다"라는 것이다. 미국이 선언한 물자의 대일 금수對日禁輸는 그 어떤 의미도 없다는 것으로 판단된다.

도쿄의 군벌軍閥들이 미국의 금수실시에 대해서 끊임없이 경고를 해왔던 전략물자의 대일 수출량이 최근 현저한 증가를 나타내고 있는데, 대일수출물자는 법적 제약을 피하기 위하여 일단은 마닐라로 후송된 후 그곳에서 다시 일본으로 수출되는 이중단계를 거치고 있는 것이다.

이밖에 일본은 모든 철강원석을 필리핀 민영광산으로부터 직접 매입하고 있다. 1938년 1월, 일본은 필리핀정부에 수리가오Surigao지역을 임차賃借하여 "그 지역의 풍부한 철광자원을 개발하겠다"고 하는 무척 매력적인 제안을 하였다.

이와 같은 임차계약은 필리핀 헌법에 위반되고 있음에도 불구하고 그 제안이 매우 매력적이기 때문에 필리핀 당국은 장시간에 걸쳐 신중하게 검토한 끝에 마침내 거절하기로 결정하였다.

⊙ 일본의 필리핀 바타안 반도의 공격(사탕수수밭을 지나가는 일본군)

22척의 선박으로 구성된 '전체불명의 소함대'가 다바오Davao만灣 근해에 나타났다고 하는 보도는 1938년 4월 12일부터 4월 23일까지, 그것이 '적함대'가 아니라 일본의 포경선대捕鯨船隊에 불과하다는 것이 공식적으로 판명될 때까지 미국의 여론을 들끓게 하였다.

한 세관 관리는 구축함 또는 잠수함이라고 보고했고 어떤 사람은, "군함이 다바호 해역에 침입한 것이 틀림없다"고 말하기도 했다.

또한 한 퇴역 육군장교는 "약 17척의 군함이 종대로 행진해 오는 것을 목격했다"고 주장하였고 일부 사람들은 "야간연습을 하면서 각색의 등이 켜져 있는 것을 보았다"라고 말하기도 하였다.

그해 4월 23일, 일본 포경선단 단장은 선단의 연료보급을 위하여 모선母船인 니시마루호를 다바오 해에 정박해 놓았다고 시침을 뚝 떼고 발표하였다. 이 소란이 끝난 뒤에 서태평양은 다시 정적으로 돌아갔다.

괌도Guam

1938년 8월 초순, 일본 당국은 미국 당국에 대해서 비공식으로 범미汎美항공로의 태평양 횡단로와 연결하기 위하여 괌도에 일본 항공기가 착륙할 수 있도록 허가 해 주기를 희망한다고 알려왔다. 이 무렵, 도쿄 주재 미국 상무관은 일본이 이 계획 때문에 200만 달러의 예산을 충당하려 한다고 보고하였다.

그러나 이 계획은 실현될 수가 없었다. 미국 당국은 이 제안을 검토하는 것조차 거절했던 것이다. 일본은 자신들의 헌법에도 외국 비행기가 일본 영토 내에 착륙하는 것을 허가하고 있지 않다는 것을 상기해 내지 않으면 안 되었다.

그것만이 아니라 미국이 괌도島의 요새화를 제안할 때마다 일본정부는 "그 섬이 자신들의 해군기지와 접근되어 있다"고 하는 이유로 맹렬하게 반대했던 것이다. 괌도가 마닐라에 있는 미 해군기지에 근접되어 있기 때문에 미국 해군당국에게 초미의 관심사였다고 하는 사실을 일본당국은 외면하고 있었던 것이다.

◉ 괌도의 전투 1944년 7월 22일

1941년 2월 2일에 사모아·괌 및 서태평양의 미국 전초기지에 새로운 해군기지를 건설하기 위해 8억9천839만2,932 달러의 예산 요구안을 의회에 제출하였다. 이 예산에는 810만 달러의 투툴리아Tutulia와 사모아Smoa의 요새화 건설비와 470만 달러의 함대운용 설비비 및 괌도의 방탄호 건축비가 포함되어 있다.

이에 앞서 2년 간, 미 의회는 이 요구가 일본에 대한 '침략적 행위'라는 이유로 두번이나 거절하였다. 해군작전부장 하롤드 R.스택Harold R.Stark 제독은 다음과 같이 공언하고 있다.

"만약, 일본이 항의하면 그 항의를 전면적으로 무시하지 않으면 안 된다. 다른 것은 차치하고 결국, 괌도는 미국영토이다. 우리의 행동은 무엇이 미국에게 가장 유익한 것인가? 하는 것에 의하여 결정되어야 할 것이며, 여하간 외국의 의사에 따라 좌우될 성질의 것은 결단코 아니다."

그해 2월 19일, 이 예산안은 다시 의회에서 제출되어 만장일치로 통과되었다.

위임통치 제도諸島 Mandate Islands

국제연맹의 규약에는 일본에게 일정기간 통치를 위임한 도서島嶼에 대해서 요새화할 수 없도록 규정되어 있었다. 그러나 일본은 마음대로 요새要塞와 해군기지를 구축하고는 이것을 폐기할 의사는 전혀 없었다.

위임통치기간이 만료되었을 때, 일본은 솔직하게 "어떠한 희생을 치르더라도 이 도서를 계속해서 통치할 것"이라고 국제연맹에 통고하고는 이 도서를 요새화 한 것을 부정하였다.

국제연맹이 사실을 확인하겠다고 제안했을 때 일본은 외국인은 이 도서의 방문을 허락하지 않았으며 만약, 국제연맹이 일본의 통고를 인정치 않는다면 일본에 대한 모욕으로 간주할 것이라고 선언하였다. 다른 국가들도 일본과 충돌을 일으키는 것이 두려웠기 때문에 이 문제는 흐지부지 되어버렸다.

1937년 11월 23일, 일본 체신성은 일본의 오랜 계획이었던 일본 본토와 위임통치 도서를 연결하는 민간 항공노선이 12월부터 개항될 것이라고 발표하였다. 이 발표에 의하면 도쿄와 캘로린Caloline 제도諸島에 있는 팔라오Palao 섬을 연결하는 2천 마일을 월 2회 왕복하도록 계획되어 있다. 괌도의 시계視界 내에 있는 사이판Saipan 섬도 기항지로 결정되었다. 일본이 이 제도諸島에 대한 통치를 강화하려고 결심한 것은 괌도와 필리핀의 군사적 중요성의 균형을 유지하려는 전략적 입장 때문인 것이다.

1938년 4월 2일, 도쿄의 〈호치신문報知新聞〉은 미국 배로 생각되는 국적불명의 군함이 심야에 위임통치제도의 하나인 트랙Track 섬에 입항해서 탐조등을 밝힌 후 도망갔다고 보도하였다.

한편, 또 하나의 뉴스가 널리 보도되어 일본 전역에 굉장한 센세이션을 불러일으켰다. 그것은 "미국해군이 주력함 10척과 500대의 비행기를 탑재한 다수의 항공모함으로 구성된 대함대가 피닉스군도Phoenix Group, 호올랜드Howland제도, 베이커 제도Baker Islands를 끼고 있는 웨이크도Wake Islands와 미국령 사모아Samoa 사이의 해역에 집결시켰다"라는 보도였다.

이 해역의 미국함대 사령관 C. C.브러크Bloch 제독은 전혀 사실무근이라는 반박성명을 발표하자, 〈호치신문〉은 "그 함대는 아직 확인되지 않았다. 혹 어선일지도 모른다"라고 말끝을 흐렸다.

하와이Hawaii

만약, 일본의 중국침략이 1세기 전에 일어났더라면 하와이와 같이 동양에서 멀리 떨어진 지역에서는 그런 사실이 거의 알려지지도 않았을 것이다. 그러나 우리들이 살고 있는 지금의 문명화된 시대에서는 대륙과 대륙이 바다와 하늘로 격리되는 것이 아니라 오히려 그것들에 의해 연결되어 있으므로 하와이가 마치 사건의 한 중심이 되고 있다는 감을 갖게 한다.

이를 뒷받침 할 만한 여러 가지 이유가 있으나 우선, 중·일전쟁이 하와이를 주州로 승격시키는 것에 직접적인 영향을 미쳤다는 것만 보아도 알 수 있다. 그것은 하와이주 승격안이 미국 의회에 제출되었지만 하와이섬 내의 일본인 인구문제가 이 섬을 미국의 주州로 승격시키는데 불안한 요인이 되었던 것이다.

일본인 2세들이 이미 선거 연령에 도달하였다. 만약, 그들이 지역 의회의원 선거에 투표를 하게 되면 예외 없이 일본인 입후보자에게 투표를 할것이다.

이 경향은 하와이 제도諸島 중에서 가장 큰 섬인 하와이섬에 특히 현저하다. 이 경험은 수년간 반복된 것이지만 하여튼 일본인 2세는 하와이 지방행정에 영향을 미칠 수 있는 중요한 위치를 점유해 왔고 이것을 저지하는 것은 매우 곤란한 것이다.

선견지명을 가진 일부 하와이 시민들은 이 파격적인 정세의 급격한 진전을 침묵 속에서 심각한 불안감을 간직한 채 지켜보고 있었다. 전 하와이 지사였던 챨스 맥카시Charles Macathy 씨도 그 중 한 사람이다. 그가 지역대표로 미국의회에 참여하였을 때 그는 일정한 수의 한국인 노무자를 하와이로 이주시키려는 안을 가지고 내무성 및 국무성 당국과 조용히 절충하였다.

당시, 하와이 사탕공장에는 값싼 새로운 노동력의 공급이 필요 했었다. 그가 이 제안을 했던 주 목적의 하나는 일본인과 같은 수의 한국인을 함께 거주시켜서 미국의 가장 전략적인 도서영토島嶼領土인 하와이

지역의 평화와 안전을 스스로 지키기 위한 것이었다. 맥카디 Macathy 지사는 한국인과 일본인이 선조부터 전해 내려오는 적대적 감정을 이용 할 줄아는 현명함을 갖고 있었던 것이다.

그 결과, 미 내무성에서는 워싱턴에 있는 한국위원회에게 일본이 한국을 정식으로 합병한 1910년, 모든 재외한국인에 대해서 하와이 지역의 입국을 허가 하자고 하는 의견을 내놓았다. 한국위원회에서는 바로 이 문제를 이민 관계당국과 협의했지만 이민국은 '국무성의 지시 없이는 이 제안에 응할 수가 없다.' 고 통고했다.

국무성당국은 미국의 입장은 일본이 발행한 여권을 소지하지 않은 한국인을 입국시킬 수 없다고 바로 한국위원회에 회답을 보내왔다.

그 이유는 소위 '신사협정' 에 위반된다는 것이었다. 그래서 이 문제는 흐지부지 끝나버리고 말았다.

한국인에 대해서 특별한 제한이 없었으므로 한국학생은 미국 이민국 관리나 기선회사로부터 관대한 대우를 받아왔다. 이따금 한국인 정치 망명객이 동양의 어느 항에서 미국기선에 승선하려고 하면 선장이나 선원들은 그들을 일본 경찰로부터 보호 해주었다.

망명객이 미국에 도착하면 미국당국에서는 그들이 한국인이라고 증명되는 즉시 바로 입국을 허가해주었다. 이와 같은 특별한 호의는 일본인이 참지 못할 정도였던 것이었다.

일본은 이들이 빠져나갈 도피구를 막기 위해서 전력을 다해 소위 '신사협정' 을 들춰내어

'한국은 천황의 신민이므로 일본의 여권 없이는 미국입국을 허가할 수 없다'

고 하는 문구를 삽입한 것이다. 일본인이 자유롭게 손에 넣을 수 있는 여권도 한국인에게는 전혀 불가능했다.

그러나 한국인들은 '신사협정'에 첨가된 이 규정을 다르게 해석코자 하였다. 즉 한·일합병 당시 이들은 한국 밖의 땅에 있었고 일본인으로 인정받기를 거부하는 한국인 - 물론 대부분이 그러하였고 또 그렇게 하고 있지만 - 은 나라가 없는 사람들로 달리 취급 되어야 하며, 일본인과 같은 여권발급 구비조건의 적용을 받아서는 안 된다는 것이다. 내무성은 즉시 이 해석을 받아들였으나 당시 일본 '도쿄정부'를 화나게 하지 않을까 하고 염려하고 있던 국무성의 무심한 태도로 말미암아 이 문제는 더 이상의 진전없이 그대로 끝나고 말았다.

그러면 하와이에 거주하고 있는 일본인 문제로 돌아가 보자. 일본인의 이중 국적문제는 오랫동안 공적公的으로 논의의 대상이 되어 왔었다. 미국헌법에 의하면 미국에서 태어난 일본인은 원주민의 자녀와 같이 미국인이 된다. 그러나 일본은 이에 반해서 출생지가 미국이라도 일본인은 천황의 신민이라고 주장하고 있었다. 이 문제의 요점은 일본인 2세들이 어느 나라에 충성을 다할 것인가? 어느 국기를 위하여 싸울 것인가? 하는 점이다.

이 논쟁에 있어서 만약, 일본정부가 그들의 2세들은 일본을 위하여 싸워야 한다고 주장한다면 미국정부는 2세를 거류외국인으로 취급할 것이므로 이것은 일본에 대해서 결정적으로 불리한 것이 된다. 그래서 도쿄정부는 마침내 2세들을 미국으로 귀화할 수 있는 기회를 주는데 동의하였다. 이 조치는 관계자 전부를 만족시킨 것이 되었다.

1940년에 통과된 거류 외국인 등록법에 기초해서 미국 법무성은 한·중협회 대표인 한길수 씨의 청원을 받아서 '한국인은 일본 신민으로서가 아니라 한국인으로서 등록하는 것'을 허가하는 결정을 하였다.

워싱턴 거류 외국인 등록국장인 얼. G.해리슨Earl·G·Harrison 씨도 이와 비슷한 법령法令을 발표하였다. 이 법령에 의해서 하와이 주재 2,276명의 한국인은 '한국인'으로 등록되었다고 보도되었다. 그 나머지 6,500여명의 한국인은 이전의 인구조사에 의하여 미국시민으로 등재되어 있었다. 일본인들은 이 법령에 상당한 불만을 갖고 있었다.

일본총영사는 한국인을 부모로 가진 미국시민은 이중국적을 갖고 있으므로 호놀룰루의 일본영사관에 신청서를 제출해서 귀화수속을 밟아야만 한다고 공공연하게 선언했다.

이 가치 없는 성명은 호놀룰루의 한국인 사회를 극도로 자극시킴으로써 한국인협회에서는 직접 거류민대회를 개최하여 분노의 연설과 비난을 퍼부은 후 다음과 같은 결의를 만장일치로 가결하였다;

1. 한국인은 일본의 강제수단에 의한 합병을 인정하지 않는다. 따라서 한국인을 일본인이라고 부르는 것은 절대적으로 허용하지 않는다.
2. 한국인 거류민은 미국 이외의 어느 국가에 대해서도 충성을 다하는 의무를 갖지 않는다. 과거와 마찬가지로 장래에 있어서도 당당한 미국시민으로서의 의무를 충실히 수행해 나갈 것이다.

호놀룰루의 일본총영사는 성조기 아래에서 태어난 한국인은 귀화수속을 위해서 절대로 일본당국을 찾아가지 않았다는 것을 잘 알고 있었다. 미국에 있는 일본인들도 그것을 강제로 행할 도리가 없었다.

일본인을 제외하면 누구라도 젊은 한국인 2세가 일본인이 요구하는 대로 일본사람으로 귀화수속을 하는 것에 대해서 조금도 동의할 생각을 갖고 있지 않았다. 미국시민이 되는 것을 바라고 있는 일본인들에게 일본의 국민권을 포기하도록 강요했던 이유는 전쟁이 일어날 경우, 낡아빠진 2중국적법에 따라 훌륭하게 일본을 위해 무기를 들 수 있게 하기 위해서 였다.

그러나 한국인에게는 이러한 요구를 할 필요가 없었다. 왜냐하면 일본을 위하여 미국이나 그 외 다른 나라와 싸우는 한국인은 한 명도 없을 것이기 때문이다. 한국인들은 오히려 '일본과 싸우는 기회가 오는 것'을 환영할 것이다. 중국에서 '완전무장한 한국인'이 일본과 싸우고 있다고 하는 사실은 대단히 의미심장한 것이다.

일본이 하고 있는 선전 말고는 일본을 위하여 싸우고 있는 한국인은 단 한 명도 없다. 일본인은 감히 한국인에게 무기를 공급할 수 없다는 사실을 증명하는 웅변이라고 볼 수 있다.

다음의 예는 일본인이 한국인을 어떻게 증오하고 있는가? 를 보여주는 한 증거이다. 지난해 한국에는 일찍이 없었던 대기근의 재난이 덮쳤다. 사실 그 기근은 극심한 것이었으며 이 참상 보도에 대한 일본의 엄격한 검열에도 불구하고 미국신문에 널리 보도되었다.

만약, 그와 같은 천재天災가 중국이나 인도, 일본에서 일어났더라면 구원을 요청하는 호소가 언론매체를 통하여 미국인의 박애정신에 즉시 그리고 계속해서 파급되었을 것이다. 그러나 한국에 대한 일본의 강압정책이 이 불행한 땅과 외부세계 사이에 넘지 못할 벽을 높게 구축했다는 것은 널리 알려진 사실이다.

1940년 이른 봄, 하와이와 미국본토에 있는 한국인들은 그들의 조국을 기아로부터 구하기 위하여 할 수 있는 만큼의 기부를 하고 캘리포니아와 그외 지역에 있는 미국인 친구들의 힘을 빌려서 일반대중들에게 '기아구제를 위한 기부'를 호소하였다.

미국 대통령부인 엘리나 루즈벨트Eleanor Roosevel는 친절하게도 자신이 출연하는 라디오방송 프로그램에서 한국의 기아 문제를 이야기하였고 또한 신문 칼럼을 통해 이 문제를 취급해주었다. 루즈벨트 여사는 다음과 같은 말로 호소하였다;

"내가 이것을 모든 사람에게 말하려고 하는 것은, 한국이라는 나라는 아주 멀리 떨어져 있지만, 이 세상에서 고통받고 있는 또 하나의 국민을 위하여 아주 중요하게 쓰여질 수 있다는 것을 생각하면서 여러분에게 호소하는 바입니다. 집도 없고, 희망도 없는 사람들에 대한 꿈이 밤마다 나를 괴롭게 하고 있어 단 하루도 제대로 잠을 이루지 못할 때가 많았습니다"

기아에서 고통을 받고 있는 한국 사람들을 위한 이 감동적인 호소는 마침내 결실을 맺었다. 자발적으로 모아진 기부금은 한국 원조기금 목표액을 훨씬 초과하였다. 자연히 한국인들은 크나큰 행복과 고마움을 느꼈다.

다음 문제는 이 기금을 어떻게 일본인 기관을 통하지 않고 기아로 부터 고통을 받고 있는 한국인들에게 보낼 것인가 하는 게 고민이었다.

만약, 이것을 일본영사에게 전달해서 일본인이 취급하도록 해도 일본인들은 이것에 반대하지는 않았을 것이다. 그러나, 한국인 문제를 일본인에게 위임한다는 것은 결코 바람직한 것이라고 생각지 않았다. 그리하여, 한국에 있는 미국선교사를 통해서 그 기금을 가난한 사람들에게 직접 나누어주도록 부탁하였다. 이러한 조치는 일본인들에게 있어서 묵과할 수 없는 일이었다. 이와 관련하여 주 호놀룰루 일본 총영사는 또 하나의 과오를 자초하는 다음과 같은 성명서를 발표하였다.

"현지에 들어오는 일부 보도가 전하는 바와 같은 대규모의 기아가 현재 한국을 덮치고 있다고 하는 것은 생각할 수도 없는 일이다... 나는 지금까지 한국에서 그와 같이 참혹한 기아상태가 생겼다는 것에 대하여 들어본 적도 없고 본 적은 더욱 없다.
만약에, 그와 같은 기근이 있다면 일본정부가 그 구조책을 바로 취할 것이다"

이와 같은 성명을 발표함으로 인하여 일본 총영사는 사태를 더욱더 일본에게 불리하게 만들고 말았다. 외부세계는 일본영사관보다 더욱더 확실한 정보를 갖고 한국의 기아문제가 일반적으로 알려져 있는 것보다 훨씬 심각하다는 것을 알고 있었기 때문이다. 사람들은 왜 일본이 미국의 원조기금이 한국에 전달되는 것을 그렇게 강하게 반대하는가에 대한 이유를 알고 싶어 할 것이다. 그것은 압박정책을 추구하려는 저의가 있기 때문이었을까?
만약, 그렇다면 이 정책은 한국인의 정신을 죽이거나 무력하게 만들기는커녕, 오히려 일제로부터 압박이 강하면 강할수록 한국인의 정신은 내부로부터 더욱더 강하게 성장해 나갈 것이다.
그러나 일본인들은 맹목적으로 이 엄연한 사실의 인식을 스스로 거부하고 있었다. 일본은 중·일전쟁을 위하여 국내뿐 만이 아니라 해외에서도 신병을 모집하지 않으면 안 되었던 것은 확실한 것이다.

작년, 도쿄정부는 해외의 일본영사에 대해서 일본 거류민들에 대한 인구를 조사하도록 훈령하였다. 인구조사는 구실이고 그들은 일본군의 징집 연령에 달하는 남자들을 소집할 예정이었다.

어떠한 경로를 통해서인지 워싱턴의 미국 당국은 이것을 알아차리고 조사를 시작하였다. 이 신원조회에 대해서 뉴욕의 일본영사는 "이것은 일본정부가 5년마다 일본 국내·외를 불문하고 실시하는 정기적인 일본 신민의 인구조사"라고 답을 하였다.

이 답을 보낼 때 영사는 뜻하지 않게도

"일본정부의 훈령에는 1920년 2월 2일부터 1921년 12월 1일 사이에 출생해서 1941년에 일본군 징병 연령에 달하는 남자를 조사하라고 하는 특별조항이 포함되어 있지 않다"

고 하는 의미심장한 성명을 발표했던 것이다.

이것은 미국에서 출생한 일본인들도 징병 연령에 달하면 일본군으로 복무할 의무가 있으므로 자진해서 본국으로 귀환하지 않으면 안 된다고 하는 것을 간접적으로 시인한 것이었다. 이것은 일본의 외교관들이나 선전 당국자들이 끊임없이 반복했던 "미국에서 출생한 일본인은 일본군으로서의 병역의무가 없다"고 하는 말과 직접 모순이 되는 것이다.

그렇다면 일본정부는 미국 해안과 하와이 및 필리핀 해역을 측정해서 해도海圖를 잘 알고 있는 일본 어부들과 미국 각지에서 활동하고 있는 일본인은 자기들의 모국인 일본이 그들의 독특한 병역兵役을 제국帝國의 건설을 위하여 공헌하도록 소집하면 귀국하려는 결심을 할 것은 분명하기 때문이다.

특히 미국에 대한 공격을 감행할 때, 일본의 군국주의자들에게는 그들의 존재가 무한한 가치를 가진 재산이 될 것은 너무나 분명한 사실이다.

알래스카 Alaska

미국의 해군과 공군전문가들은 마닐라에서 괌·하와이·알래스카에 이르는 광대한 미국영토 중에 군사적 이점에서 볼 때, 알래스카가 가장 전략적인 위치에 있다는 것에 의견이 일치되고 있다.

알래스카에서 전략적으로 가장 가까운 아시아의 해안까지는 25마일 밖에 되지 않는다. 완전한 장비가 갖추어지면 알래스카의 미국부대는 미국본토를 공습하려고 하는 일본이나 소련의 폭격기를 사전에 효과적으로 방어할 수가 있다.

일본에 대한 소련의 태도는 마쓰오카松岡洋右 일본외상이 1941년 4월 13일, 소련과 조약체결에 성공했다고는 하지만 극히 애매모호한 것이었다. 양 국가간에 체결된 조약의 내용를 살펴보면 그 이해관계는 너무나 상반되어 있다.

하여튼 미국의 조종사들은 알래스카 기지에서 발진하는 것이 다른 어느 지점보다도 훨씬 빠르게 일본열도의 상공에 도달할 수가 있다.

미 해군에서는 일본영토에 가장 접근되어 있는 미국영토인 코디악 Kodiak과 언알래스카Unalaska 제도에 공군기지를 건설하기 위하여 4백 30만5,000 달러에 상당하는 물자를 발주하였다.

또 한편, 미 해군은 이 지역의 지상군을 보병·포병 및 고사포부대로 증원하였다. 그리고 수백 대의 비행기도 방위력증강 목적을 위하여 그곳으로 보내졌다.

오스트레일리아濠洲 Australia

　대영제국의 조용한 전초기지에 살고 있는 오스트레일리아 사람들의 대부분은 일본과는 아무런 직접적인 관계를 갖고 있지 않았다. 일본의 영토 확장론자들에게 그것은 참을 수 없는 태도였다.

　과잉인구에 의한 국토의 부족 때문에 몹시 골치를 썩고 있는 일본은 비교적 소수의 백인밖에 살고 있지 않은 오스트레일리아와 같은 광대한 대륙이 일본인들에게 이민의 문을 닫아버리는 것은 부당하다고 생각했다.

　일본은 옛날부터 남양 군도의 섬들을 그들의 육·해군 을 위한 미래의 청사진 속에 넣고 있었다. 일본의 계획은 일본해군이 태평양을 지배할 수 있을 정도로 강해질 때까지는 이 섬들을 국제적 정치역학상의 문제제기 없이 그대로 방치해 놓고 자연히 일본 해군의 힘이 태평양해역을 제패할 수 있는 능력을 갖출 때까지 기다리는 것이었다.

　이것이 즉, 다나카田中남작이 그의 메모에서 "남양제국諸國은 우리에게 항복할 것이다"라고 말하고 있는 때를 의미하는 것이다.

　1940년 8월 18일, 이미 오스트레일리아 정부의 로버트 G.맨지스 Robert.G.Menzies 수상이 존 G.로담 John G.Lotham 경을 초대 주일공사로 임명한다고 발표한 것은 주목할 만한 일이다.

　그는 또 일본공사도 빨리 부임해 주기를 바란다고 발표했다. 그 이유는 "이 외교관의 교환은 양국이 보다 직접적으로 긴밀한 관계를 유지한다"고 하는 바램이기 때문이다.

　이때 오스트레일리아 측의 외교적 제스처는 결코 자발적인 것은 아니었다. 오스트레일리아 정부가 그 정책을 변경해서 이민 제한을 약간

완화시킨 것은 영국의 압력에 의한 것이거나 그렇지 않으면 일본을 두려워했기 때문이다. 일본 외교관들의 '우호적이고 가까운 이웃다운' 접근에 대해서 당장 "노"라고 하는 것 보다는 그것을 받아 들이는 쪽이 현명하다고 생각하고 있다.

이렇게 해서 일본 자신들의 문호는 가능한 일체 폐쇄해 놓고 상대 백인 국가들에게는 모든 문호를 열도록 강요하고 있었던 것이었다. 그럼에도 불구하고 외교관 교환으로 시작된 일본과의 국교는 불길한 징조를 잉태하고 있었다.

오스트레일리아의 정세도 인근의 '섬나라' 로부터 통상을 위한 문을 열도록 강요된 1876년 당시의 한국정세와 전혀 다르지 않았다.

이것은 마치 처음에는 "텐트 속에 머리만 들어가게 해달라"고 부탁한 낙타가 나중에는 몸 전체를 그 속에 들여 놓고는 "텐트의 주인 행세를 한다"고 하는 얘기와 같다. 일본은 유일한 한국의 통치자라고 하지만 한국인은 지금도 이것을 인정하고 있지 않다.

따라서 필자는 오스트레일리아가 이러한 한국의 경험을 타산지석他山之石으로 삼기를 바란다.

멕시코 Mexico

멕시코는 하바나의 범미회의汎美會議에서 먼로주의Monroe Doctrine : 1823. 미국의 먼로 대통령이 주장한 외교방침. 구·미 양 대륙의 상호 정치적 불간섭주의의 원칙에 따라서 서반구를 방위하기 위하여 미국과 협력하기로 서약한 21개 미주美洲공화국 중의 하나이다.

"미국과 우호와 협력을 유지한다"고 하는 정책에 따라서 멕시코정부는 전쟁물자와 식량의 대일금수對日禁輸 조치를 엄격하게 시행해 오고 있다. 그러나 멕시코 법무부의 비밀경찰은 각 항구에서 일본을 향해 출항하도록 준비 중인 수천 톤의 석유·소맥분·고철·수은·안티몬·섬유류의 물자를 압수하였다.

그 후, 멕시코에서는 "일본에 대한 전쟁물자의 금수는 멕시코 국가경제를 파탄시킬 우려가 있기 때문에 이 금수령을 해제한다"고 발표하였다. 그러나 멕시코정부 대변인은 국제정세의 변화에 따라서 대일금수가 불가피하게 되면 멕시코는 "대일금수를 정식으로 선언하여 미국 및 그 외의 공화국과 협력할 것이다"라고 태도를 명확하게 하였다.

아르헨티나 Argentina

미 국방장관의 주관으로 21개 공화국이 참가했던 하바나 범미회의汎美會議에서 제안된 서반구 정책에 대해서 최초로 불협화음不協和音을 낸 것이 아르헨티나였다는 점은 기억해 볼만한 일이다.

일본은 적어도 통상면에서 미국에 대항해 중남미의 일부 국가와 제휴하려고 각별한 노력을 해왔다. 그러나 아르헨티나와 우루과이 양 공화국을 제외한 다른 나라에서는 일본의 노력이 아무런 결실을 거둘 수가 없었다.

이러한 사실로 미루어 보아 범미회의 석상에서 아르헨티나 대표의 비협력적인 태도와 관련이 있는 것인가 아닌가를 단정하기는 어려웠으나 하여튼 일본은 1940년 4월말에 아르헨티나와는 통상조약을, 우루과이와는 항해조약을 체결하였다. 그해 5월, 도쿄와 부에노스아이레스의 양 수도에서 조약 비준을 동시에 발표했다.

일본과의 통상조약에 따라서 아르헨티나 정부가 수입허가에 관한 규정을 발표했을 때 예상보다 훨씬 더 미국에게는 불리해지고 일본에게 유리해지는 차별이 생기게 되었다. 대부분의 항목이 일본은 미국에게 주어진 것보다 훨씬 더 우대를 받고 있었다.

미국이 상대국으로부터 냉대 받고 있는 50종류의 수입품 중 미국과 아르헨티나의 무역에 가장 중요하다고 생각되어지는 것이 31종에 달하였다.

지금 이와 같은 종류의 상품은 미국으로부터 수입이 전면적으로 금지되어있거나 또한 극도로 제한하고 있다. 방직물의 예만 봐도, 아르헨티나에 대한 일본의 수출은 양에 있어서만 쿼터제도로 제한되어 있을 뿐이지만 미국의 수입은 전면 금지되어 있다.

그것만이 아니라 일본은 수입허가증을 발행할 특권까지 갖고 있는 작금의 상황은 어느 저명한 해설자가 말한 바와 같이 미국은 사실상 '블랙리스트'에 혼자서만 오르게 될 처지에 있다.

우루과이 Uruguay

일본·아르헨티나 조약과 거의 같은 시기에 서명된 일본·우루과이조약은 그 내용면에서 거의 비슷하다. 그러나 이 조약에는 하나의 예외적인 단서조항이 포함되어있는데, 그것은 양 조약국은 그 인접국에 부여된 특권과 관세동맹에 의한 특권의 부여를 일체 인정하지 않는다는 것이다.

이 조약에 따른 '무조건적'으로 우선권을 부여하는 국가를 규정하는 항목을 포함하는 반면, 관세동맹 가입국이 지닌 특권을 양 조약 당사국의 어느 한 나라에 의하여 다른 나라에까지 미쳐서는 안 된다는 것도 동시에 규정하고 있다. 이 조항에 의해서 일본은 여하한 협정이라도 자유롭게 자의적으로 행할 수 있게 되었다.

간단하게 말하면, 일본이 이때에 서반구의 독립국가들과 체결한 통상조약들은 너무 일방적인 것으로서 아무리 좋게 말하더라도 불길한 징조를 내포하고 있는 것이다.

두 대양大洋에 있는 미국해군을 연결하는 대동맥大動脈이 파나마운하라는 것을 기억하지 않으면 안 된다. 브라질등 남아메리카 대륙에 거주하는 많은 일본인들은 비상시에는 '트로이의 목마木馬' 역할을 할지도 모른다. 그 때문에 일본인들에게 필요한 것은 통상과 그밖의 구실로서의 연결을 해 놓는 것이었다. 그리하여 이 새로운 통상조약 및 항해조약을 체결한 것이다. 그 당시에 미국의 서반구 정책은 주로 대서양쪽에서의 '나치스' 동태에만 그 주의를 집중시키고 있었기 때문에 일본의 위협은 그냥 지나쳐 버릴 우려가 되고 있는 것이다.

도쿄와 베를린은 입이 닳도록 반복해서 '세계의 신질서'를 부르짖고 있었으며, 만약 미국이 일본에 의한 아시아의 먼로주의와 나치스에 의한 유럽의 먼로주의를 승인할 것 같으면 그들도 미국을 위하여 아메리카 먼로주의를 존중할 것이라고 외쳐대고 있는 것이다.

일본·독일의 양 독재자들이 지금껏 도전해 보려고 생각조차 해본 적이 없는 먼로주의를 인정하겠다는 얄팍한 수작은 그들이 미국의 역사적 배경과 미국의 국민성에 대한 완전무식을 스스로 드러내고 있는 것이리라.

그러나 일본은 이 방법으로 그들의 아시아 제국 건설에 있어서 타국의 간섭을 피해보고자 하는 큰 희망을 가지고 있었다. 서양을 분열시켜서 독일이 유럽을 정복하려고 기도한 것과 같이 일본은 아시아의 정복을 기도하고 있었다.

그것은 '정신병자들의 희망'이라고 말할 수 있을 것이다. 그리고 모든 군국주의자들이 정복의 열광에 날뛰며 축배를 마실 때, 그들은 미치광이가 되어 버렸다고 하는 것을 우리들은 기억하자! 이것이 바로 위험이 도사리고 있는 바로 그곳이다. 많은 사람들은 이 미치광이를 너무나 오랫동안 그대로 방치해 놓았다고 때늦은 후회를 하고 있는 것이다.

제 **11** 장

미해군력美海軍力의 증강增强

THE UNITEDSTATES NAVAL INCREASE

11

미 해군력 美海軍力의 증강 增强
THE UNITED STATES NAVAL INCREASE

데오도어 루즈벨트 Theodore Roosevelt는 1905년 미국 대통령으로서, 캘리포니아의 반일법령反日法令에 반대하여 조약에 의한 일본의 권리를 보호하자면서 "만약, 우리가 일본과 싸움을 하려면 미·영 양국을 합친 만큼의 해군력을 갖지 않으면 안 된다"고 말했다. 이 말은 미국 해군이 충분한 힘을 갖지 않은 이상 일본의 요구에 따르지 않으면 안 된다는 것을 공인한 것과 마찬가지이다. 당시 루즈벨트 대통령은 "Speak Softly But Carry a Big Stick-온화하게 말하여라. 그러나 큰 방망이를 준비하라"라고 하는 유명한 말을 선포했던 그 당시였다.

미 해군이 현재와 같이 강력하지 못하였던 그 때 이후, 미국 정치가들은 굴욕적인 경험을 여러 번 맛보았다. 위기일발에 놓였던 미국 국민을 히틀러주의가 그들의 잠을 깨울 때까지는 전혀 알아차리지 못하고 있었다.

⊙ 얄타회담의 3거두 (왼쪽부터 처칠, 루즈벨트, 스탈린 : 1945년 2월 4일)

　세계정세에 어둡고 자기만족에 젖어 있던 미국 국민은 국가의 군사력을 증강하려고 하는 것을 결코 묵인하지 않았다. 평화애호가들은 일본의 얄팍한 외교적 수사와 선전적 선언을 순진하게 신뢰함으로서 국방력의 증강 등은 고려하지 않았다.

　이렇듯이 미국인들이 자초한 결과의 귀결로 인한 미 해군력의 상대적인 약세는 도쿄의 오만한 군국주의자들에게는 '기뻐 날뛰면서 기고만장' 하게 만들었다. 왜냐하면 그들은 미국이 답보상태에 머무는 사이에 재빠르게 미국을 앞질러 나아갈 수 있다고 생각하였기 때문이다.

　그러한 방침이 성공할수록 일본 군국주의자들은 교만에서 위협적인 자세로 바뀌었다. 경우에 따라서는 "만약, 미국인들이 일본 국민의 민감한 민족성을 존중하지 않으면 중대한 결과를 초래할 것이다"라든가,

"만약, 미국이 극동문제에 대해 쓸데없는 간섭을 중지하지 않으면 가까운 장래에 엠파이어스테이트빌딩 탑 위에서 휘날리는 일장기를 보게 될 것이다."라는 등의 대담한 말들을 토해냈다.

이 의미를 이해할 수 있는 미국인들은 보통 별뜻없는 농담으로 생각했고, 대부분 사람들은 그 진의를 이해할 수 없었으므로 그 말에 특별한 주의를 기울이지 않았다.

그러나 증대하는 태평양의 위기를 감지하고 미래를 내다보는 선견지명이 있는 몇몇 정치가들은 시기를 놓치기 전에 이 위기를 막아 보려고 노력하고 있었다. 그들은 어느 정도 불안함을 느끼며 영·일동맹이 아직 효력을 갖고 있기 때문에 이 동맹이 미묘한 세계정세를 초래할지도 모른다는 관점에서 주의하고 있었다.

◉ 싱가폴에서 일본군과 영국군 수뇌회동

마침내 이 동맹에 대한 반대가 영국국민과 캐나다에서 일어났다. 결국 1921년 워싱턴 군축회의에서 영·일 양 국의 동의하에 동맹이 해제되고 말았다.

그 다음에 고려할 수 있는 후속조치는 5 : 5 : 3의 전함비율을 결정한 5개국 해군조약이었다. 미국은 이 조약에 따라 군함의 일부를 자진하여 폐기하는 한편 군함 건조계획에 제한을 가함으로써 헌신적인 모범을 행동으로 보여주었고 다른 상대국도 이에 따라주기를 희망하였다. 그러나 일본은 말로만 그렇게 하겠다고 해놓고 비밀리에 건조계획을 수행하여 경쟁국의 해군과 동등하게 맞추는데 성공하였다.

1935년, 전쟁준비가 계획된 수준으로 완료되었을 때 일본은 가면을 벗고는 무력한 중국을 또다시 침략해 들어가기 시작하였으며, 전 세계를 공공연하게 무시하면서 외국과의 모든 조약들을 어겼던 것이다.

안타깝게도 이미 때가 늦어서야 비로서 미국인들은 그들이 딱한 입장에 있음을 느꼈다. 일본이 진작부터 침략준비를 갖추어가고 있을 때 좀 더 명석하고 예리한 관찰력을 갖고, 남을 순진하게 믿어버리는 우愚를 범하지 않았더라면, 오늘과 같은 위기를 미연에 방지할 수도 있었을는지도 모른다는 만시지탄을 하기에 이른 것이다.

일본은 목적을 위해서는 수단을 가리지 않는다는 사실을 알 수 있게끔 미국 국민의 눈을 뜨게 했던 것은 무엇보다도 파네이Panay호 폭격사건이었다. 동시에 일본과 한 패거리인 서양의 나치스 위협은 점점 미국쪽 태평양 연안으로 접근하면서 일본의 위협이 증대해 가는 것과 보조를 맞추어 서반구로 넓혀가고 있었다. 막대한 해군력 증강예산을 요청한 대통령의 국방계획은 극소수의 반대에 봉착하였을 뿐이다.

이 중대한 시기에 미국의 역할은 너무나도 명백해졌다. 즉, 중국의 문호개방원칙을 유지하지 않으면 안 되었고 동양에 있어서 조약에 의한 미국의 권리를 보호받아야만 했다. 또 한편으로 태평양에 있어서 일본의 영토확장에 대한 꿈을 사전에 막아야만 했던 것이다.

미국은 어떠한 결과가 초래 되더라도 개의치 않고 이 정책을 수행하려고 했으며 또 그만큼의 능력을 갖고 있다는 것을 일본이 인식하게만 된다면 미국은 한 발의 총탄도 발사하지 않고 그 목적을 달성할 수 있는 것이다.

일본에서 실시되고 있는 엄격한 검열제도에도 불구하고, 미 해군은 일본이 40노트 속력을 가진 '공격하고 바로 도망가는' 강력한 쾌속정을 건조 중에 있다는 정보를 입수하였다. 이에 비하면 미국의 최대 해군순양함은 8인치 포를 탑재한 1만 톤급에 불과했다.

더욱이 일본은 4만6천 톤급 대형 전함 3척, 항공모함 5척, 구축함 43척, 경순양함 8척, 잠수함 8척을 건조하는 것으로 전해지고 있다. 만약, 이 정보가 정확하다면 일본의 전투능력은 미국군이나 영국의 어떠한 부대보다도 비교가 안되는 막강한 해상 전투능력을 갖추게 되는 것이었다.

미·영 양 국의 해군 전문가들은 현재 이러한 일본의 새로운 함대가 가장 강력한 해상 공격력을 갖추고 있다는 점과, 이 함대는 그 속력면에서 전 세계의 해상로에 심각한 재앙을 가져올 수가 있다는 점에 의견이 일치되었다.

미·영 양국은 일본에 대해서 이 비밀 조선造船계획에 관한 정보를 제출토록 요구하였다. 그러나 일본은 이에 응하지 않았다. 이 때문에 미·영 양국은 일본과 해군증강 경쟁을 하기로 결정하였다. 일본이 5：5：3 비율의 준수를 거절하고 그 결정 이상의 함선건조를 개시했기 때문에 미·영 양국이 취할 수 있는 유일한 방법은 그들의 해군력을 일본에 맞설 수 있도록 증강시키는 것이었다.

1938년 4월 2일, 미·영 양 국은 동시에 '1935년 런던회의에서 함선 건조 제한을 결의했던 3만5천 톤급 이상의 전함을 건조한다'고 하는 성명을 발표하였다. 이 성명은 미·영 양국의 결의가 일본이 3만5천 톤급 이상의 전함을 건조하려고 계획하고 있는가? 아니면 건조 중에 있는가?에 대해서 통지해 달라는 요구를 거절함에 따라 이러한 결정이 행해졌다는 것을 명확히 하고 있다.

영국은 다음과 같이 성명서를 내고 있다.

"공식적 요구에 대해서, 일본정부가 이 보도들이 정확한 근거에 입각한 것이 아니라는 것을 귀국 정부가 보증하기를 거부한 사실로 비추어 보아 영국정부는 이 보도들이 정확한 사실이라고 믿지 않을 수가 없다"

미 상원의 해군 분과위원회장인 데이비드 I.월쉬David I.Walsh 상원의원은 1940년 4월 3일, '일본의 해군보다 60% 이상 우수한 함대를 보유하는 정책을 천명하는 성명서를 발표하자'는 상원 해군분과위원회의 요구에 대한 국방성의 회답을 일반에게 발표하였다.

이 성명서는 "5:5:3 해군력비율의 원칙을 준수하는 것이 안전을 보장하는 확실한 수단이라고 믿고 있다. 그러나 일본은 군함 건조제한의 준수에 대한 보증을 거절함으로써 그에 따라서 미국도 건조할 수밖에 없다"라는 것을 명백히 하였다.

해군 확장계획안에서 언명하고 있는 '오직 국방을 위함'이란 말은 미 본토와 해외영토를 침략이나 공중의 공격으로부터 방어하는 의미와 미국 국민의 합법적인 해외활동 및 미국 국민의 생활수준을 유지하기 위하여 통상과 상선의 왕래를 보호한다고 하는 의미를 포함하고 있다는 점을 명확하게 천명한 것이다.

이와 같은 미국 해군정책의 결정적인 변화로 인해 '태평양의 여왕'이 되려고 하는 일본의 비밀계획에 치명적인 일격을 가하게 되었다. 일본의 해군지도자들은 '평화를 사랑하는 미국은 그 고립주의의 껍질 속에서 위축될 것'이라고 기대하고 있었다. 그러나 지금 그들은 실망의 도를 넘어 매우 당황한 지경에 이르렀다. 일본이 어느 주요한 국제문제에 관해서든지 선전적인 성명을 발표할 때마다 거의 예외없이 미국의 반응은 어느 정도 일본의 구미에 맞게 만족해 하였다.

그러나 이것은 우연의 일치에 지나지 않을 지도 모르지만 이러한 우연의 일치가 정도를 지나치게 되면 역으로 불가사의한 현상으로 나타나는 것이다.

다음 2개의 실례를 거론해 보자.

(1) 해군회의

1935년 12월, 런던 해군회의 석상에서 일본대표가 퇴장하였을 때 도쿄의 군사지도자들은 미국에 대해서 공갈치기 시작하였다.

1935년 1월 16일, 일본 함대사령관 다카하시高橋 중장은 "만약, 일본해군이 미·영 양국과 전투를 하게 되면 그 비율이 10 : 1이 되어도 일본의 필승을 확신한다"고 호언장담을 늘어놓았다. 일본군 보도부장 노다野田 해군중장은 그해 1월 20일 "일본은 비침략적이고, 비위협적인 세계열강들이 함께 공평한 제한정책을 보증한다면 지금도 군축회의에 참가할 의사가 있다"라고 발표하였다.

이 담화는 지극히 의도적인 것으로, 미국민들에게 "해군확장 경쟁을 부추기고 있는 나라는 일본정부가 아니라 미국이다. 따라서 미국정부는 일본이 어떠한 군함을 건조하려 하던 간에 관계없이 미국정부는 군함건조계획을 중지해야 한다"고 하는 그릇된 관념을 미국민들에게 주입시키려는 주도면밀한 속셈에서 나온 시도인 것이다.

일본은 미국, 영국보다 먼저 많은 군함을 제조하기 위해서 5 : 5 : 3이나 혹은 10 : 10 : 7의 비율을 타파하려고 노력했지만 이 노력이 실패한 즉시 1935년 런던해군회의를 퇴장했다고 하는 사실을 알고 있는 미국인은 비교적 많지 않다.

이런 사실을 잘 알고 있는 노다는 오랜 숙고 끝에 미국인의 평화적인 정서에 전과 같이 호소한 결과, 노다의 치밀한 획책은 수포로 돌아가지 않고, 국제군축회의를 개최하도록 미국정부에 압력을 가하는 많은 편지와 전보가 쇄도하게 됐다.

미국 국무성에서는 그 정책에 관한 성명에서 정세를 설명할 필요를 인식하여 4월 3일 월쉬 상원의원을 통해서

"미국은 해군력의 축소협정을 환영하지만 전세계군축회의를 개최한다는 것은 당장 필요한 것은 아니다"
라고 언명하였다.

이로써 해군 군축문제는 당분간 막을 내리게 되었다. 그러나 도쿄의 지도자들은 '그렇게 하는 것이 유리한 조건'이라고 생각되어지면 언제나 이 문제를 또다시 미국내에서 여론화하게 될 것이다.

(2) 해군영역에 관한 문제

일본은 장기간에 걸쳐서 태평양을 '일본의 호수' 또는 '일본의 뒷뜰'과 같이 생각해 왔다. 일본외교관, 선전가들은 재삼 이러한 것들을 공공연하게 선언하고 있다.

일본이 마치 자기들의 소유물과 같이 태평양의 주권을 주장할 때마다 미국은 이것을 너그럽게 보고 있었다. 누구도 그들의 말에 이의異議를 달지 않았으므로 일본은 더욱 더 똑같은 주장을 반복함으로써 나중에는 그러한 생각이 상습적으로 되어버린 것이다. 이는 미국이 묵시적으로 일본의 주장을 승인해 준 셈이었다. 이와 같은 일본의 사고방식은 태평양의 절대적인 주도권을 장악했다고 생각함으로서 이제와서는 적반하장賊反荷杖격으로 '태평양에서의 모든 미국의 활동은 일본세력권에 대한 침해' 라고 생각하게끔 되었던 것이다.

하와이 해역의 해군기동연습, 마닐라 공군기지, 괌의 요새화 같은 문제가 미국에서 제기될 때마다 일본이 강력하게 반대하는 이유가 여기에 있었던 것이다. 일본인들은 미국의 이러한 모든 행위가 '사전에 일본의 동의를 얻지 않으면 안 된다' 는 것이었다. 일본의 해군력이 어느 단계에 도달했을 때, 이러한 미국의 행동은 모두 저지될 것이다. 이것은 다나까 남작이 예언한 것은 아닌지? 이렇게 해서 미국의 자만심과 관용으로 인하여 일본의 조그마한 힘이 현재는 전쟁수단과 같은 정면충돌 없이는 결코 제거할 수 없을 정도의 거대한 힘으로 성장해 버리고 만 것이다.

한때 '일본과 미국 사이에 해상경계를 설정하려고 하는 기도' 가 미국의회 내에서 행해졌다는 것은 주목해 볼만한 일이다. 이것은 '태평양상에서의 미·일간의 경계를 의미하는 관념상의 선' 을 설정하려고 하는 생각 때문이다.

이와 같은 제안이 나오게 된 배경에는 '미·일 간 해상경계상의 분규는 협정이 없기 때문에 발생한다'고 하는 생각을 갖고 있는 사람이 의회 내에 있다고 하는 증거이다. 이 사람들은 예전부터 일본과 한국 사이 또는 한국과 만주 사이에 명확한 경계선이 있다는 것을 잊어버렸던 것 같다.

일본이 오래된 경계선을 하나하나 파괴하며 전진하여 미국 해안에 가까운 새로운 경계선을 설정하려는 것을 미국이 묵인하는 것은 올바른 정책이라 할 수 없는 것이다.

미 국무성은 전에 이용한 바 있는 그들의 정책성명 속에서

"해군경계선을 설정하려는 이러한 노력은 가상적인 벽 뒤에서 일본 해군의 활동을 묵인하는 것이고, 또한 미국국민을 세계의 어느 곳으로부터도 공격할 수 있도록 드러내는 결과를 초래하는 것이다"

라고 언명하면서 이 의도를 일축하였다.

이 성명이 일본인들에게는 '아무런 이의제기 없이 받아들이기'에는 문제점을 내포하고 있었다. 왜냐하면 미 해군력 확장이 캘리포니아 연안으로만 국한되는 것이라면 일본으로서는 이의 없이 받아들이겠으나 '이 정책성명은 그 범위를 더욱 확대설정된 것'이라는 것이다.

거기에는 하와이 제도諸島, 필리핀, 그밖의 태평양 상의 미국영토가 포함되어 있고, 미국민들의 합법적인 사업활동, 다시 말하면, "극동에 있어서 조약에 의한 미국민들의 권익을 보호한다"는 것이 명시되어 있다. 일본은 '미국이 태평양과 동양에서 모든 권리와 권익을 포기하지 않을 것'이라고 결론을 내렸던 것이다.

일본해군의 대변인 노다는 4월 7일, 마침내 서태평양의 정세에 대해서 일본해군의 견해를 다음과 같이 발표하였다.

"지금까지 미국은 그 방위선을 본토 해안부근에 두어오고 있는데, 헐 국무장관이 월쉬 상원의원에게 보낸 서한에는 미국의 방위선이 서쪽으로 진출하고 있다는 것을 지적하고 있다.

만약, 미국의 정책이 영·미·일 3국간의 5 : 5 : 3의 해군비율을 무시하고, 더욱이 명확한 해양경계의 설정에 반대한다면 우리 일본은 중대한 관심을 가지고 주시할 것이다"

이같이 미국과 일본간의 논쟁은 태평양의 패권을 쟁탈하기 위한 것이 아님이 분명하지 않은가? 이제 미국민들은 일본으로 하여금 영토확장의 준비를 완전하게 할 때까지 평화를 유지하기 위해서는 태평양을 지배하는가, 또는 전쟁의 위기를 무릅쓰고라도 태평양을 공해公海로서 유지시킬 것인가? 하는 문제는 전적으로 미국인의 선택에 따라 결정되는 것이다.

1940년 4월 18일, 미 상원 해군분과위원회가 11억5천6백54만6,000달러의 해군 확장예산안의 조속한 통과를 요구하며 이에 관한 상세한 정세를 보고하였을 때, 제럴드 P. 나이Gerald P. Nye 상원의원은 "이 안은 외국의 조선造船을 증가시키도록 도전하는 것이 되고 일본이 그러한 준비를 하고 있을 지도 모른다고 하는 풍문과 억측에 입각하여 마련된 것이다"라고 비난하였다.

이에 대해서 월쉬 의원은 "모든 국가들은 외국으로 관리를 파견해서 그들로부터 외국의 동태에 관한 정보를 얻고 있다"고 회답하였다. 이에

대해서 제너럴 P.나이 의원은

"대규모적인 조선에 의해서 이익을 얻는 자들은 이 계획을 실행으로 옮김으로써 타국의 여러 행동을 우리에게 열심히 설복시키려 할 지도 모른다. 그러나 우리가 만약, 이것을 실행하면 그것은 대大해군의 건설 계획을 갖지 않고 있는 국가에 대해서 도전하는 것에 지나지 않는다" 라고 반박하였다.

아더 H.반덴버그Arthur H.Vandenberg 의원은 "빈손-트람멜 법 Vinson-Trammel Act의 규정 안에 있는 해군력이 만약 타국민의 전쟁에 간섭하지 않는다면 미국의 방어에만 국한되므로 미국의 국방에는 충분하다"라고 주장했다.

이것은 말할 것도 없이 일본이 기대했던 태도였다. 그러나 일반적 여론이 점차 고조 되어감에 따라 이러한 의원들의 성명에도 불구하고 미 해군력이 확실하게 증강되어야 한다는 것을 저지할 수가 없었다.

전 캐나다주재 미국대사 J.H.R.크롬웰Cromwell 씨는 시카고대학의 강연에서 1940년 12월 초순, 일본외상 마쓰오카가

"만약, 미국의 대영對英원조가 지나치게 많은 것이라는 결론에 도달하면 일본은 미국을 공격할지도 모른다"
고 말한 사실을 토로하였다.

바꾸어 말하면, '미국의 외교정책이 일본의 동의를 얻지 않으면 미국과 전쟁도 불사할 것'이라고 통고 했다는 것이다. 당시 미국함대는 하와이 해역에 있었고 영국함대는 대서양·지중해·싱가포르를 완전히 장

악하고, 주요 연합군은 남방으로부터 일본을 봉쇄하고 있었다.

더구나 적의를 품은 소련 전투기와 완전하게 무장된 부대가 북쪽에 주둔하고 있었고, 서쪽은 단연코 중국이 수십만의 일본군과 대치하고 있었다.

마쓰오카가 이런 정세 하에서 미국을 아무 거리낌 없이 위협하는 사실을 보더라도 만약, 영국 함대가 패배를 당하고 미 함대가 대서양으로 이동하지 않을 수 없는 사태에 봉착하게 된다면, 이 모든 억제요소가 제거될 것이고 그렇게 되면 과연 어떠한 돌발사태가 발발할 것인가? 를 진지하게 따져 볼 필요가 있을 것이다.

제 12 장

일본日本의 선전전략宣戰戰略 막아라

JAPANESE PROPAGANDA
SHOULD BE CHECKED

12

일본日本의 선전전략宣戰戰略 막아라

JAPANESE PROPAGANDA SHOULD BE CHECKED

동·서양간의 초기 통상무역에 있어서, 동양인을 경멸하고 차별대우를 했던 것이 미국인들의 일반적인 경향이었다. 최초에 미국에 온 동양인의 한 그룹은 중국인들이었다. 그들의 아이들은 거리에서 공공연하게 놀림을 받기 일쑤였다.

이발소와 음식점에서는 그들의 출입이 거절되었다. 책, 잡지의 기사, 신문보도에서는 아시아인에 대한 조롱거리로 채워졌다. 이러한 사태에 대해서 정부나 공공단체들은 전혀 관심을 기울이지 않았다. 그렇지만 중국인들은 이러한 사태를 어쩔 수없는 당연한 일로 받아들였다.

그 후, 중국인 이민법은 중국인의 미국 입국을 금지시키고 말았다. 그 후 특히 1894년 일본인들은 중·일전쟁 대승의 후광으로 미국인들의 칭찬을 받고 있던 시기에 일본인들은 떼를 지어 미국으로 입국하였으며 그들은 미국인들로부터 존경을 받았다.

이러한 이민移民의 대량유입은 곧 미 서부해안의 반일反日 노동자운동과 캘리포니아주의 반일법률을 제정하는 결과를 초래했던 것이다. 자존심이 강한 일본인들은 흥분되어서 다음과 같은 두 가지 방법으로 이러한 반일운동들을 저지하려고 하였다.

그 하나는 보복수단이었다. 샌프란시스코 부근에서 발생한 반일 군중대회에 참가했던 한 노동자가 전차정류장에서 일본인들에게 둘러쌓여 단도에 의해 살해되었다. 2~3건의 동일한 사건이 캘리포니아지역에서 또 발생되었다. 거의 동시에 행해졌던 이들 일본인 가해자들은 결국 지역경찰에 자수하였다. 당시 일본신문에 발표된 사설의 요지는 다음과 같다.

"억울함을 배상받을 수 없는 우리 일본인들은 직접 행동에 호소해서 보복할 수밖에는 없었다. 어떠한 개인이나 단체를 불문하고 일본인에 대해서 아무 이유 없이 고의적인 모욕이나 비행을 가해 올 때에는 그와 같은 벌을 받게 될 것이다. 하나의 민족으로서 일본인은 타박이나 모욕을 받기 보다는 경외敬畏와 존중받기를 바라고 있다"

이 사설은 들불처럼 전국적으로 퍼져나가서 즉각 큰 충격과 놀라운 효과를 발휘하였다. 미국인들은 정신적인 공포심으로 인하여 무의식적으로 일본인에 대해서 일종의 존경심을 갖게 되었다.

이러한 공포심이 뿌리 깊게 심어져서 지금도 어느 지방에서는 "일본인을 해하거나 나쁘게 하는 것은 위험한 것으로서 현명한 일은 아니다"라고 하는 말을 도처에서 들을 수가 있다. 이것이 일본인의 미국여론 정복의 첫발을 내디딘 것이다.

두번째 방법은 일본의 대미對美선전운동의 개시였다. 미국 정보당국의 추산에 의하면 일본의 대미선전비는 매년 적어도 5백만 달러를 사용하고 있다고 미국신문이 1940년 5월에 보도하였다. 실제, 대도시에는 한 명 이상의 선전가들이 배치되어 있다고 전해지고 있다.

이 선전활동은 약 35년 전부터 매년 백만 달러 이상의 예산을 가지고 움직였던 것이다. 이 예산액은 정세의 중요성 여하에 따라서 가감되었다. 이 금액이 어떻게 사용되고 어떠한 활동이 행해졌는가는 내부인 외에는 알 수가 없었다.

그러나 그 결과만은 예리한 관찰자의 눈을 피해갈 수 없었다. 일본의 선전기관은 어디에 있어도 '도쿄'의 지시를 받고 있었다. 구두 또는 문서로 발표되는 모든 선전은 모두 같은 기관으로부터 전달되므로 구체화된 이념과 전파된 선전이 일관성을 갖게 되는 것만으로도 최대의 효과를 올릴 수가 있는 것이다.

일본인의 매력, 일본의 아름다운 풍토, 비단 '기모노', 벚꽃, 더욱이 서양문명보다 '색다른' 일본 고대문화를 신문·잡지에 실어서 일본의 매력을 보여줘 마음을 끌고있다.

이들의 기사는 매일 미국의 전국 각 신문에 보도되며 동시에 준비된 성명서, 뉴스, 일본외교관, 방문 중인 제독·자작子爵, 여행가·친선사절단의 회견내용 등을 게재함으로 해서 충분한 효과를 봤던 것이다.

이 선전의 가장 중요한 목적의 하나는 미국의 유력한 인사, 단체를 일본편으로 만드는 것이었다. 그렇게 하였는데도 일본의 의도대로 성공하지 못한 경우에는 '반일주의자'라고 하는 낙인을 찍고는 일단 동양을 방문토록 해서 아주 불친절하게 위협적으로 대접하여 다시는 일본에게 불리한 말을 절대 입 밖으로 내지 않게 만들었던 것이다.

물론 일본의 친구라고 지목되는 사람은 여러 가지 융숭한 대접을 받았고 심지어는 훈장까지도 수여되는 일이 있었던 것이다. 따라서 누구든지 언젠가 여행을 떠날 생각이 있고 특히 극동을 방문하려고 계획하는 사람은 일본의 적敵으로 지목받기를 원하지 않았다.

그뿐만이 아니다. 미국의 대부분 기업체들은 일본과 사업관계를 유지하고 있으므로 일본인에게 불쾌감을 줄 수 있는 말이나 행동을 아예 하지 않았다. 보도기관이 만약, 일본이나 일본인의 권위를 훼손하는 기사를 게재한 신문이 발행되면, 그와 같은 반일反日기사를 게재한 것을 비난, 비평하는 투서나 전화가 편집자에게 쇄도하는 것이 너무나 흔한 일이었다.

따라서 편집자는 진위眞僞를 불문하고 "일본인이나 또는 일본의 친구에게 불리한 기사는 게재하지 않는 것이 좋다"고 하는 '교훈 아닌 교훈'을 익힐 정도가 되어 버렸다. 동시에 일본인들을 기쁘게 하는 기사는 무조건 제1면 톱Top 기사 또는 다른 면의 눈에 가장 잘 띄는 곳에 게재하게 되었다.

이와 같은 방법으로 일본은 미국 내의 특수한 심리상태를 서서히 빚어내는데 성공하였고 노동계층을 제외한 모든 계층에 반일감정을 가져서는 절대로 안된다는 군중심리를 만드는데 성공하였다. 반일주의자라고 지목된 사람은 모두 '광신자가 아니면 정세에 어두운 자' 라고 낙인을 찍어버렸다. 그러나 일본의 선전가와 그 하수인들이 미국인과, 미정부 또는 미 정책들을 비난하거나 모욕하는 험담을 늘어나도 대부분의 미국인들은 그것을 재미있는 농담으로 여길 뿐 그것에 분개하는 사람은 거의 없었다.

언론의 자유와 관용의 정신은 '미국 민주주의의 2대 원칙' 이었으므로 일본은 그것을 충분히 이용하고 있었다. 그러나 민주주의국가가 이웃의 군국주의국가에 의해서 그 국내여론이 어느 정도까지 지배되는 것을 허용할 것인가? 하는 문제는 미국인들이 지극히 심각하게 생각해야 할 문제이다.

루즈벨트 대통령의 행정부가 초기와 같이 미·일 양국정부 정책이 같은 방향으로 갈 때 같으면 일본의 선전기관은 미국정부와 마찰을 일으킬 까닭이 없었다.

그러나 양 국가가 상반되는 정책을 내세우게 되자 이 선전기관은 미국인에 반대되는 도쿄정부의 이익을 추구하는 방향으로 가고 있던 것이었다.

극히 당연한 일이겠지만, 그들은 정권을 잡지 못한 야당과 그밖에 대립되는 개인 또는 단체들과 야합하여 대통령과 국무장관의 정책을 파괴하기 위한 역할을 할 수 있는 어떠한 요인들과도 손을 잡았다.

오늘날에도 이 선전기관원들은 일본에 주재하고 있는 군인이나 관리들과 접촉해서 변화하는 미국민들의 동태를 정확하게 파악하려 하고 있다. 이 기관은 도쿄정부의 지시대로 움직이고 있는 것이다.

일간신문, 공개연설 또는 유언비어 전술을 통해서 그들은 미국의 여론을 자신들이 바라는 방향으로 유도하고 있다. 대부분의 경우에, 행정부나 국무장관은 이러한 파괴적 선전활동 때문에 부지불식不知不識 간에 어쩔 수 없이 그들의 정책방향의 변경을 강요당하고 있는 것이다.

일본이 한국과 합병하기 전에 우선 괴뢰정부를 수립한 후에(1910년), 일본이 어떻게 미국민의 지지를 얻어내는데 성공하였던가는 일본이 대중국전쟁에서 미국인들의 지지를 얻기 위해서 어떤 노력을 했는가를 생각하면 도움이 될 것으로 생각한다.

이토伊藤博文의 초대를 받고 한국을 방문한 래드Ladd 예일대학 교수는 〈'한국이 이토후작과 함께With Marquis Ito To Korea〉라고 하는 책을 썼다. 그리고 그는 미국으로 돌아와서 일본의 한국 통치를 찬양하는 강연을 열광적으로 펼쳤다.

그러나 그가 집필한 책은 너무 친일적이었으므로 이토 자신도 불쾌감을 느끼며, 과장이 너무 지나쳐서 선전가치가 없다고 말할 정도였다.

리만 아보트Lyman Abbot 박사가 편집자이고 루즈벨트 대통령이 편집인으로 있었던 〈디 아웃룩The Outlook〉 잡지사는 조지 케난George Kenon 씨를 한국에 특파원으로 보냈다. 케난 씨는 그 '소임'을 훌륭하게 수행하였다.

그는 한국정부가 얼마만큼 부패하고 무능하여 희망이 없을 정도라든가, 또 한국인이 일본의 통치 하에 들어가게 된다면 어느 정도 행복해질 수 있을 것인가를 설명하는 연속 기획기사를 발표하였다.

일본이 만주를 침략하고 있을 때, 조지 스콜스키George Sokolsky는 중국을 혹평하고 일본의 모든 행동에 찬양일색으로 가득찬 내용의 기사를 어느 뉴욕신문에 게재하였는데 그 목적은 명확한 것이었다.

일본의 군사적 정복야욕의 희생이 된 중국에게 상처를 입혔을 뿐만이 아니라 헨리 스팀슨Henry Stimson 미 국방장관의 정책을 공격하기 위한 것이기도 했다. 이에 분격한 미국의 여러 유명 인사들이 그 신문의 책임자에게 그 글을 비난하는 편지를 보냈지만 아무런 역할도 하지 못했다.

당시 미국신문은 '그것이 미국을 위하는 최상의 길'이었다고 하는 말 밖에는 그 어떤 해석방법이 없었다는 것이다.

현재의 중中·일日전쟁에 있어서도 미국인의 90~95%는 중국을 지지하고 있는 것으로 믿고 있다는 것이다. 이와 같은 관점에서 볼 때, 미국 각 신문의 논조들은 반일감정이 지배적일 것이다.

만약, 이것이 사실이라면 일본이 중국전쟁에서 사용하고 있는 포탄을 상당부분 미국으로부터 얻고 있는 반면에 그 포탄을 막는 방위전쟁을 치르고 있는 중국에 대하여 상대적으로 적은 원조는 어떻게 볼 것인가?

미국은 유일하게 자국정부의 선전기관을 갖고 있지 않은 나라이다. 그 밖의 대부분의 국가들은 그들의 선전기관을 통해서 많은 이익을 얻고 있다. 전체주의국가들도 모두 미국 국내에 선전기관을 가지고 있으며 그들이 바라는 것을 얻으려고 모든 수단과 방법을 가리지 않고 있다. 그래서 보통 그들은 미국을 희생양으로 삼아서 그들의 목적을 이뤄내고 있는 것이다.

이제 미국의 애국적인 사회단체가 정치적 목적이나 종교적 종파를 초월한 독립된 전국적 선전기관을 설립하여 모든 반미적이고 파괴적인 선전에 일대반격을 가할 시기가 바로 지금 도래한 것이다. 만약 미국이 현재와 같이 계속하여 이러한 부당한 문제에 직면하게 된다면, 미국의 국익國益과, 제도, 국가적인 대원칙大原則은 전시戰時는 물론, 평화 시에도 굳게 견지하기 위한 모든 노력을 다 해야만 하는 것은 애국시민으로서 신성한 의무일 것이다.

미국에는 '명색만이 미국적인 간행물' 들이 많이 있다. 일본은 미국 대중의 여론을 오도할 목적으로 매년 수백만 달러의 선전비용을 사용하고 있다.

모든 성실한 미국의 언론인들은 '여론을 올바른 방향으로 이끌고 외국 언론의 사악한 허위선전과 맞서 싸우는 것만이 각자의 애국적 임무' 라고 생각하지 않는다면 미국은 정당하고 영구적인 평화를 수립하는

데에 많은 제약을 받게 될 것이다.

최근에 미국의 일부 주요 신문매체들이 선전적인 요소를 지니고 있는 일본에 관한 기사에 독자들의 오해가 없도록 하기 위하여 설명이나 해설을 붙이지 않고서는 게재하지 않는 경향을 보이기 시작하였다.

한 예를 들면, 〈워싱턴 스타Washington Star〉지는 1941년 5월 4일 펠릭스 몰리Felix Morely 씨의 글을 게재한 일이 있었다. 그는 논설에서 '일본을 아시아의 맹주로, 추축국가를 유럽과 아프리카의 맹주로, 그리고 미국을 3등 국가의 위치로 떨어뜨리려고 하는 원칙 하에서 평화를 협의 하자'는 도쿄의 제안을 신중하게 검토하자고 주장하였던 것이다.

〈워싱턴 스타〉지의 편집자는 이에 대하여 다음과 같은 주註를 덧붙였다;

"〈스타〉지는 몰리 씨의 논제와 그 주장에 동의하지 않는다. 그리고 일본이 제안한 '협의된 평화'의 내용은 영·미英美 양국의 조건부 항복을 의미할 뿐만이 아니라 추축국가의 명백한 승리를 의미하고 있다는 것을 여기에서 지적하고자 하는 것이다"

이와 같은 주석은 일본인 또는 친일적인 취재원으로부터 온 모든 신문기사나 논설에 덧붙여지지 않으면 안 되었다. 왜냐하면 그와 같은 별도 각주가 없으면 대부분의 신문독자들은 맹목적으로 도쿄의 군벌들이 교묘하게 유도하는 선전극에 놀아나기 때문이다.

일본이나 일본 점령지역으로부터 들어오는 뉴스들은 검열하지 않고 보도해서는 결코 안 될 일이다. 일본당국은 보도자료에 대한 사전 검열을 행하고 그 기사들은 어떠한 것이라도 미국민들이 호감을 갖을 수 있도록 각본에 의해서 그 표면에는 달콤한 설탕을 입혀놓았지만 그 내면에 무엇인가를 숨겨 놓고 있는 것이다.

따라서 이러한 기사들은 그 내부에 숨어있는 독소毒素들이 표면에 드러나기 전에는 순진한 일반독자들에게 읽혀져서는 결코 안 될 일이다.

제 **13** 장

미국 평화주의자들의 착각

PACIFISTS IN AMERICA

13

미국 평화주의자들의 착각
PACIFISTS IN AMERICA

필자가 1934년 뉴욕 시내에 위치한 한 호텔에 체류하고 있을 때의 일이었다. 그 호텔에는 S.S.박사라고 하는 친한 친구가 나와 함께 숙박하고 있었다. 그는 자신의 친구들 중에 평화 애호자들이 있는데 "나와 함께 커피타임Coffee time을 갖고 싶다"고 했다면서 며칠 동안이나 채근하였다. 어느 날 오후, 그와 함께 파크 아비뉴Park Avenue의 어느 호화로운 집을 방문했다. 안내인을 따라 집안으로 들어가면서, 높은 품위와 우아함이 깃들어 있는 장식용 고급가구들, 세련된 예술품들의 진열로 보아 그집 주인의 수준 높은 취미와 품격을 느낄 수 있었다.

그토록 복잡한 뉴욕시의 한복판에 이렇게 조용하고 아담한 곳을 방문하게 되어 참으로 즐거웠다. 품위와 매력으로 가득 찬 부인에게 먼저 소개되었고 그 다음에 주인과 인사를 나누었다.

그 주인남자는 참으로 신사 중에서도 신사다워 보였다. 그들 부처는 아마 중년이 지난 연배일 것이라고 판단했다. 두 부처는 나에게 극진한 친절을 베풀어 주었으므로 나는 아주 편안하게 느낄 수 있었다.

필자 기억이 틀림없다면, 그는 자신이 경영하는 평화잡지의 책임을 맡고 있었다고 생각된다. 우리들이 의자에 앉아있을 때 그는 갑자기 이러한 말을 해서 나를 황당하게 하였다.

"이 박사, 만약, 당신의 적국이 당신의 나라를 쳐들어온다고 하면 그때에 당신은 무기를 들고 나아가 싸우겠습니까?"

"그럼요, 나는 싸우겠습니다"

나는 조금도 주저하지 않고 그렇게 말했다. 그랬더니 그는 나에게 어떤 반응이 일어나는 가를 보려는 것처럼 허리를 굽혀 나의 얼굴을 조용히 응시하면서 "당신은 군국주의자입니다" 라고 말했다.

나는 얼굴이 붉어졌지만 가까스로 마음을 진정할 수가 있었다. 그래서 나는 그 말에 대한 진의도 묻지도 않고 양해를 얻고는 자리에서 일어났다. 그때부터 오늘에 이르도록 나는 그처럼 훌륭한 분들에게 어떠한 인상을 주었는지는 모르겠지만, 그들은 나에게 "미국의 모든 열광적인 평화론자들에 대한 좋지 않은 견해를 갖지 않을 수 없다"는 것을 깨닫게 해주었던 것이다.

나는 전에도 그러했던 것처럼, '전쟁이라는 것은 모든 문명인들에게 있어서 반드시 회피해야 하고 배척해야할 죄악' 이라고 비난하는 동양의 유교철학자와 같이 평화론자平和論者들을 높이 존경해왔고 아직도 존경하고 있는 바이다. 나는 종교적인 신념이나 인도주의를 위해서 그들의 동료들에게 무기를 잡지 말라고 하는 '양심적인 참전 거부자'에 대해서는 대단히 존경하지만 국방과 국가의 명예 특히 민족의 독립을 위한 모든 종류의 전쟁을 거부하는 반전론자反戰論者들은 '제5열間諜' 과 조금도 다름이 없는 '위험하고 파괴적인 존재'로 보고있다. 그들의 동기는 각각 다르지만 그것이 초래하는 결과는 같기 때문이다.

그것은 의식적인 것이 아니라 하더라도 그들은 자기나라에 화를 초래하고 있다. 그들은 전쟁도발 국가로부터의 침략적인 전쟁을 예방하기 위한 노력은 하지 않으면서, 비침략국에 대해서는 자체적인 국방준비마저 방해하려는 의도가 엿보였다.

만약 미국 국민들이 그들 국가와 지금까지 싸워 온 모든 전쟁을 비난한다고 하면 그들은 워싱턴이나 링컨의 기념비마저 파괴되어야 하고 지금까지의 전쟁에 의한 열매이며 무한의 고귀한 값을 지닌 유산인 '미국의 자유와 정의'를 포기해야만 할 것이다.

그러므로 조국을 위하여 싸우지 않는 반전론자들에게 필자로서는 물론 공감할 수 없다. 앞에서 이미 밝힌 바와 같이, 나는 과거는 물론 지금에 이르기까지 철저한 평화주의자이지만 미국인으로부터 군국주의자라고 불려지는 것은 참기 어려운 모욕이었다.

필자를 그렇게 불렀던 미국의 그 훌륭한 사람은 한국에서의 나에 대한 경험을 알지 못한 것이었다. 그래서 그들은 모일 때마다 그러한 생각으로 그들의 평화사상을 설파했을지도 모른다. 실제로 만약, 35년 전에 내가 군국주의자이고 또 세계 각국이 일본의 한국침략을 방관하지 않았더라면 나는 지금과 같이 '나라 없는 백성'의 한 사람으로는 되지 않았을 것이다.

평화를 애호하는 한국이 어떻게 해서 조선왕조의 통치력을 상실하게 되었고 또한 2천3백만의 한국 국민이 어떻게 해서 대대로 적국인 일본의 노예가 되었는가를 간단히 소개하는 것이 진실을 이해하는데 도움이 될 듯하다.

한국은 일본의 침략을 받고 독립을 잃을 때까지 약 4~5세기 동안, 소위 '일본의 나폴레옹'이라고 하는 토요토미 히데요시豊臣秀吉의 침략을 포함해서 호전적인 인접국의 수많은 침략에도 불구하고 굳건히 자주 독립을 유지보전해 왔었다. 히데요시의 침략은 최근 노르웨이·덴마크·네델란드 그리고 프랑스에 대한 나치스 히틀러의 침략보다 훨씬 파괴적인 것이었고 훨씬 더 비인도적인 것이었다. 한국인은 그들 자신의 군주에게 충성하고 있었으며, 오랜 역사와 전통을 가진 조선왕조의 고귀한 평화를 지키기 위해서 모든 것을 내던져서 수호할 각오를 가지고 있었다.

한국인들은 특히 중국의 만주를 정복한 이래, 17세기 무렵까지 중국이 지녀왔던 문명수준을 능가하는 더욱 발전된 동양문명의 정상을 누리고 있었다. 중국은 그 당시에 유교의 황금시대였던 당나라의 옛 문명의 영향을 벗어 버렸다. 대신에 만주문화를 받아들이고 상투를 자르고 단발하는 등의 만주풍의 문화를 채택해야만 했다. 북방인들이 입는 두꺼운 겉옷은 그 한 예이다. 반면, 당시의 한국인들은 크고 둥근 '갓'을 쓰고 길고 완만하게 늘어뜨린 '두루마기'를 입는 등, 오랜 풍습을 지켜 타문화에 아무런 영향을 받지 않고 보존하고 있었다. 이것을 제대로 이해하지 못하는 서양인 여행자들 중에는 -이 모든 것들이 옛 조선사람들에게는 지난날 평화로운 '삶의 표상'임에도 불구하고 -그것을 보고는 우스워하며 재미있다는 듯이 조롱하는 자들도 있었다. 아무튼 한국 국민은 다른나라 국민에게 고통을 안겨다 준 일이 없으며 다른나라를 욕심스럽게 탐냈던 일은 더더욱 없었다.

그러나 1882년 이후 미국을 필두로 하여 유럽의 열강국들이 한국과 통상조약을 체결하면서 평화주의자 한국인들은 혼자 힘으로 평화를 향

락할 수가 없었다. 그렇다면, 오늘 날 미국 평화주의자들은 홀로 추구
하고 싶은 그들만의 평화를 즐길 수 있을 것인가? 그렇지 못할 것이라
는 견해가 압도적이다.

19세기 후반, 미국은 국내 생산품의 판매를 위하여 새로운 시장을 개
척하려고 온갖 노력을 다하고 있었다. 일본을 유럽의 열강제국과 통상
시키기 위하여 일본의 문호개방을 성공시킨 페리Perry 제독의 선례를
좇아 슈팰트Shufelt 제독이 은둔왕국인 한국의 문을 두들겨 미국과 조
약을 체결하도록 요청하였다.

그러나 조선왕조는 '인접국가, 특히 일본과 너무나 많은 분쟁을 겪어
온 경험으로 인해 외국과는 어떠한 관계도 맺지 않는다'고 하는 이유로
그 요청을 거절하였다.

미국은 만약, 한국에서 분쟁이 일어날 경우에는 원조를 헤주겠다고
약속하였다. 1882년, 한국은 그 보장을 믿고 '친선조항'을 포함하는
조약을 체결했지만 이 조약은 후에 무수한 해악害惡과 오해誤解를 초래
하는운명에 놓이게 되었다. 그러나 미국의 입장에서는 통상관례상 유
리했기 때문에 미국 내에서는 환영을 받았던 것이다.

일본이 한국에 대해서 '불법적이고 억압적인 태도를 나타내었을 때'
조선의 왕실은 조약대로 그 중재권의 행사를 미국정부에게 요청했다.
하지만 한국의 그와 같은 요청에 대하여 미국 측으로부터 아무런 합당
한 결과를 얻지는 못했다.

결국 일본은 자기들이 하고 싶은 대로 행동하는 결과로 되어버리고
말았다. 미국이 한국을 돕기 위한 행동을 취하지 않았던 것에 대한 변
명은 '조선 왕실이 무력하고 정부의 관리들은 부패하여 음모에만 도취

되어있고 국민은 무지몽매하고 게으르다는 것'이었다.

그러나 진리는 불변하는 것이다. 진실은 조금도 변하지 않고 그대로 남는 것이다. 이것을 변명해서 변하게 하도록 노력한다면 노력하는 것만큼 되돌아와서 사실대로 드러나게 되어있다.

〈윌라드 스트레이트Willard Straight〉는 당시 시대상을 기록해 놓은 일기로 한 나라로서 조선왕실의 멸망에 대하여 확실성이 있고 믿을 만한 저서로 알려지고 있다. 〈윌라드 스트레이트〉의 저자인 허버트 크롤리Hebert Croly 씨는 그 일기의 기초가 되고 있는 〈국가의 살인자The Murder of a Nation〉라는 제목을 붙인 저서의 9장에서 많은 사실을 폭로하고 있다.

크롤리씨는 신임 미국공사인 E. V.모간Morgan 씨와 함께 보도기자로 또한 옵서버 자격으로 한국에 파견되어 있었다. 그들은 미국 정부가 취한 대한對韓정책에 대해서 전혀 공감하고 있지 않았지만 당연히 일반 대중을 상대로 취재할 도리밖에 없었던 것이었다.

필자는 그의 저서 내용을 요약정리하여 독자들에게 소개함으로써 그 당시 미국의 대對 한국정책을 옹호하기 위하여 벌어진 논쟁들이 얼마나 불합리하고 또 얼마나 공허한 것이었는가를 명백하게 밝히려고 생각한다.

그의 저서에는 다음과 같은 글들이 적혀 있다.

"조선의 통치자들은 바보스러운 고민 속에서 서울에 주재하고 있던 미국외교관들이 한국을 도와줄 유일한 강대국의 대표인 듯 생각하고 그들에게 협조를 요청하였다. 그러나 그같은 요청은 의심할 여지없이 참으로 어리석은 기대였던 것이다"

만약, 이행하지 않을 조약을 갖고 그토록 어리석은 기대를 하였다면 그것은 전적으로 한국인만의 책임은 아닌 것이다. 미국 상원이나 대통령, 그리고 미국 국무성까지도 그 조약을 승인하고 서명해서 미국의 법령으로서 효력이 있었던 것이다.

체스터 A.아더Chester A. Arthur대통령은 한·미조약에 관해서 '북미합중국과 그 국민은 한국조약의 모든 조항을 준수하고 성실히 수행하지 않으면 안 된다' 라고 표명한 것이다.

그 당시는 어느 한 사람도 그 조약이 '어리석은 일'이라는 것을 알아차린 사람이 없었다. 조선 임금과 조정은 미국 국민들이 조선국 최초의 철도와 최초의 시내전차를 제공받는 대신 우리나라의 금광 중 가장 풍부한 금광 개발 허가같은 특권을 주고 양보할 때만해도 조선백성들의 무지함을 깨닫는 미국인은 없었다.

그러나 미국인들은 그들이 약속하였던 원조를 조선이 요청할 때에는 한국인의 무지몽매한 것만을 꼬집어내고 있는 것이다. 이와 같은 태도는 미국에게 지워진 조약상의 의무가 해제된 것이 아닌데도 그들은 마치 그 책임이 면하게된 것처럼 행동하고 있었다.

이에 대하여 공개항의하도록 권고하였음에도 불구하고 '한국국민들은 항의하지 않았다'라고 스트레이트 일기는 지적하고 있다.

도대체 '공개항의'라는 것은 무엇을 의미하는 것이었던가? 조선국민은 자신들의 태도를 조금도 비밀로 하지 않았다.

1940년 나치스 지배하의 프랑스정부에서 볼 수 있었던 것처럼 당시의 조선조정에도 한 두 명의 반역자가 있었으며 그들을 제외한 다른 대부분의 각료들은 일본의 점령에 대해서 완강히 저항하였다. 죽음으로 항거한 충정공忠正公 민영환閔泳煥의 자결은 그 사실을 뒷받침할 명확한 증거인 것이다.

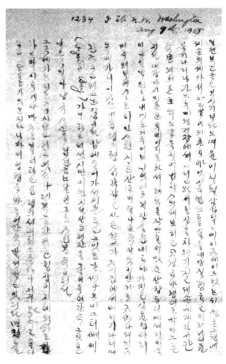

이승만 박사가 건국대통령이 된 후 민영환충정공의 묘에 친필휘호를 2점이나 바쳤다.

이승만 박사가 미국에서 민영환 선생에게 보낸 對美 외교활동에 관한 비밀 서한. 모두 9장중 한장임.(1905년 8월 9일)

권위 있는 '국제변호인을 선임해서 위엄이 있는 항의'를 하도록 미국 상원의원 뉴랜드Newland 씨가 조선 임금에게 건의하였으나 조선 조정은 "국제변호인이 혹시나 일본과 손을 잡을 가능성이 있고, 그렇게 되면 악화된 사태를 한층 더 악화시키는 것에 지나지 않으니 그것을 받아들일 수가 없었다"는 것이다.

그리고 미국이 조선 임금에게 공개항의에 관하여 선심 쓰듯 부추겨 주장하고 있는 진정한 이유는, 일본암살단의 손에 의해 '민비시해사건

왕후살해'를 일으킨 것처럼 임금 자신도 암살될는지도 모른다는 공포감에 사로잡혀 있는 나약한 임금이 '감히 그 제안을 받아들일 용기가 없으리라는 것'을 잘 알고 있기 때문일 것이다.

그런데 일부를 제외한 모든 대신들과 한국 국민이 할 수 있는 한 힘껏 항거하였지만 미국인들은 그것을 전혀 알 수가 없었다. 설령 한국 국민이 항일투쟁에 성공하지 못했다 해도 그것 때문에 미국이 조약에 규정되어 있는 행동을 취하지 않았다는 사실을 부인할 수가 있을 것인가? 그것은 불가능한 것이다. 조약에는 한국이 미국에게 원조를 요구하기 전에 한국이 대일항쟁에 성공해야 한다고 기록되어 있지는 않다.

조약에 규정되어 있는 것은 여하간 '사태의 발생을 통고받은 경우에는 그 통보를 받은 나라는 즉시 화해를 시키기 위해 중재권을 행사한다'라고만 되어있다. 스트레이트 일기에는 "조선 임금이 미국 대통령에게 전달해서 받고 싶은 회답이 있다고 알렸지만 모간씨는 이것을 거절하였다'고 적고 있다.

한국 주재 미국 전권공사인 그가 한국 임금이 자국 대통령에게 공식 서한을 전달해 달라고 의뢰한 것을 거절했던 이유는 '만약 이 서한을 대통령에게 전달하면 대통령이 곤혹스러워 할 것'이라고 생각했기 때문이라는 것이었다.

조선 임금은 호머 B.헐버트Homer B.Hulbert 교수에게 이 서한書翰을 미 대통령에게 전달할 것을 위임하였다. 헐버트 씨는 양 국간에 외교관계가 성립되자마자 조선조정의 의뢰와 미 국무성의 추천을 받아서 조선에 건너간 3명의 저명한 미국인 교육가 중 한 사람이다. 그는 모간 씨에게 자신에게 위임된 비밀사명을 알렸다.

헐버트 씨가 워싱턴에 도착하자마자 바로 그 서한을 전달하고자 하였으나 여러 가지 뜻하지 않은 애로가 많았기 때문에 그 전달 시간이 지연되었던 것이다.

"미국공사는 양국 조약이 실질적인 원조를 해야 한다고 해석할 어떠한 권한도 갖고 있지 않았다"라고 스트레이트 일기에서 말하고 있다. 누가 미국공사든 또는 어떤 다른 사람이든 간에 이 조약을 해석해 달라고 의뢰했단 말인가? 그 조약에 미국은 그 '중재권을 행사한다'라고 하는 지극히 평이한 영어로 적혀져 있었다.

조약상에 있는 대로 그 조항만이 미국이 요청받아야 할 내용의 전부였다. '실질적인 원조'를 요청한 사람은 아무도 없고 다만 한국정부가 미국에 요청한 것은 단순히 조약상 "미국은 그 중재권을 행사한다"라는 용어가 의미하는 것뿐이었다. 필자는 차제에 미국인을 향해서, 합중국은 항상 자국의 의무에 충실하고 있다고 말할 수 있는가? 를 따져 묻고 싶다.

"한국 국민들은 스스로 자구책을 쓰지 않기 때문에 미국은 그들을 도와줄 필요가 없다"라고 하는 억지논리는 그 정당성을 찾아볼 수가 없다. 만약, 한국이 스스로 자신들을 확실하게 도울 수 있는 능력이 있다면 미국이나 혹은 다른 국가에게 무엇 때문에 원조를 청하였겠는가? 우호적인 원조를 가장 필요로 하는 경우는 우리 인간에게 있어서 어떤 경우이겠는가? 자신이 자기의 적수보다 훨씬 강하다면 남에게 구원을 요청할 필요는 없을 것이다.

스트레이트의 일기에 "맥레비 브라운McLeavy Brown씨는 일본인들에 대해서 자신이 알고 있는 많은 사실들을 공개하고자 많은 노력을 기울였다"고 적고는

"내가 하고 싶은 일이 한 가지가 있는데 그것은 다름이 아니라 일본의 한국점령이 실제로 무엇을 의미하는 것인지에 대한 진의를 세상에 알리고 싶은 것이다. 그리고 우리가 또 한 가지 더 해야 할 것은 세계의 위협이 되고 있는 허세虛勢를 제거하는 것이다"

라고 기술하고 있다.

이 일기에는 "무슨 이유로 그 조약이 이행되지 않았는가에 대해서는 쓰여져 있지 않지만 그 조약이 준수되지 않은 이유는 한국에 대한 일본의 책동에 동조하려고 했던 미국정부의 외교정책이 와해될 가능성이 있었기 때문이었다"고 씌여 있었다.

루즈벨트 대통령은 일본과 협정을 체결하고

"미국은 일본이 한국을 점령하는 것을 인정하며 일본은 미국이 필린핀을 점유하는 것을 인정"
하기로 했던 것이다.

모간 공사는 "그 계획의 성공이 기정사실로서 나타날 때까지 그와 같은 복잡한 문제가 발생하지 않도록 하라"는 지시를 받고 파견되었던 것이다.

브라운 씨는 한국 재무부의 고문을 겸직하고 있었고 동시에 세관장으로 일하고 있었으므로 상당한 영향력을 행사하는 위치에 있었다. 크롤리씨도 중국과 미국에서 활약하고 있는 그의 친구들과 같이 당시에는 아직 젊지만 장래가 촉망되는 약관의 나이임에도 불구하고 상당한 영향력을 가지고 있었다.

　이 두 사람은 다같이 일본이 그 당시에 어느 정도로 한국을 위협하였는가를 세상에 그 진상을 폭로할 수도 있는 위치에 있었던 것이다. 만약, 그들이 과감하게 이 일을 실행했더라면 미국 대통령으로 하여금 시야가 열리게 하여 그의 정책방향을 전적으로 바꿀 수도 있었을 것이다. 모간 씨는 일본을 몹시 두려워해서 일본 침략의 진상을 폭로하는 것에 반대했던 것이다. 그는 끝까지 폭로하지 않았고 그로인해 미국정부는 충분한 만족을 얻었다.

　사실을 말하면, 한국의 운명은 모간 씨가 주한공사로 부임하기 이전에 미국에서 이미 결판이 나있었던 것이다. 만주전선에서 발휘한 일본군의 영웅적인 행위와 일본외교의 교묘한 술책은 미국 대통령을 당혹케 하는 영향을 주었다. 백악관은 미국 대통령의 친구이며 미국에서 일본과의 연락관계를 맡고 있던 가네고 남작을 통해서 도쿄와 긴밀한 연락을 유지하면서 일본정부에 우호적인 원조와 조언을 해주었던 것이다.

　미국정책은 독일이나 프랑스·러시아가 10년 전 요동반도에서 자행했던 것처럼 일본이 획득한 승리의 열매를 서구의 여하한 열강국들에 의하여 이것을 빼앗기는 것을 허용하지 않겠다는 것이었다. 일본이 차지하려는 가치 있는 것들이 당연히 일본의 수중으로 들어갈 것이라는 것이 미국의 근본적인 견해였던 것이다.

　일본이 가장 절실하게 필요한 것은 두말 할 나위없이 '과잉인구의 방출구'였다. 이문제를 일본은 반복적으로 호소하였으며, 미국인들은 이 호소가 충분한 일리를 갖고 있다고 생각했다. 또한, 미국으로서는 근대화되고 진취적인 일본과의 성실한 우호관계를 굳건히 할 수 있다면 극동지역에서의 미국의 권익에 대한 항구적인 안전책이 될 것으로 그들은 생각하였다.

따라서 일본이 승전勝戰의 결실로 생겨나는 영토를 어느 정도 일본에게 인정해 줄 것인가?가 미국정치가들이 해결해야 할 과제가 되었다. 미국의 입장에서는 "일본에게는 다른 나라보다 한국땅을 가장 필요로 하고 있다"고 보았다.

중국의 문호개방정책의 후원자였던 미국은

"만주의 일부라도 점령한 일본은 그것만으로는 만족치 않을 것이다. 따라서 만약, 일본으로 하여금 한국을 독차지하게 둔다면, 그들은 그것에 만족해 할 것이고 그 이상의 영토에 대한 야심은 갖지 않을 것이다. 이와 같은 조치는 미 캘리포니아주에서 큰 문제로 대두되고 있는 일본인들의 이주문제를 해결할 수 있을 것이다"

라는 견해였다.

이와 같은 총체적인 계획은 미 합중국을 위하여 최선의 해결책인 것처럼 생각되었다. 물론, 역사와 전통이 있는 왕국인 조선을 저당잡힌 물건 다루듯이 제멋대로 이용하려는 것을 반대하던 미국인들이 있을지도 모른다.

그와 같은 일은 신문이나 당시 미국 내에서 가장 큰 영향력을 갖고 있는 잡지의 하나인 〈아웃룩The Outlook〉을 이용하여 미국의 입장을 선전한다면 쉽사리 처리될 수 있었던 것이다. 미국은 당시 가네코에게 아시아적인 먼로주의 이념을 지지해 줄 것을 제의하였다. 이것은 〈더 아웃룩〉지에 2회 이상 게재되었다.

한국의 독립은 그렇게 해서 말살되고 말았던 것이다. 그렇지만 그 후의 사태는 그들의 기대에 어긋나게 나타났다. 미국 행정부는 곧 자신들이 크게 실수한 것을 깨달은 것이다. 일본정부는 미국 내의 친일감정을 이용해서 이주민移住民들을 꽉꽉 채운 기선汽船들을 계속해서 미국으로 출항시켰고, 마침내 그 일본의 이주민들은 캘리포니아 해안으로 '메뚜기 떼' 처럼 몰려들었다.

마침내, 캘리포니아 주민들은 각종 반일법령을 제정해서 일본 이민들의 유입을 억제하기 시작하였다. 도쿄정부는 미국정부가 조약에 명시된 대로 미국 내에 있는 일본인들의 권리를 지켜줄 것을 요구하였다. 캘리포니아주는 이 법령의 효력을 고수함으로써 연방정부가 이것에 간섭하는 것을 거부하였다. 미국정부는 일본의 요구에 답하여 연방 당국과 주 당국 사이의 헌법상의 해석이 다르다는 것을 설명했다.

그에 대해서 일본은 캘리포니아주를 일국의 독립국가의 자격으로 직접 교섭하겠다고 대담하게 위협해 왔다. 그것은 물론 합중국에 대한 직접적인 모욕이었다. 미국 정치가들은 일본에게 제공했던 그동안의 원조가 무의미했다는 후회와 '일본을 성실한 우방국으로 생각했던 것' 이 잘못이었다는 것을 깨닫고서는 큰 충격을 받았다.

◉ 필자의 하버드앨범에 들어있는 루즈벨트
Theodore Roosevelt 대통령의 사진(1900년 촬영)

다음 이야기는 극비 사항이므로 이에 대해서 알고 있는 사람은 비교적 많지 않다. 루즈벨트 대통령은 '미국해군에게 일본에 대한 일종의 경고로써 태평양을 순항하도록' 명령을 내린 것이 이때의 일이다. 그런데 일본은 이 함대를 미국대통령에게 호의를 되찾으려는 방책으로 삼을 생각으로 이들을 일본해안으로 초대해서 승무원들을 환대하였다.

이제 다시 한국의 문제로 돌아가면 E. V.모간Morgan이라고 하는 사람은 호레이스 알렌Horace Allen 박사와 교대하기 위해서 주조선 미국공사로 임명된 사람이다. 주조선 미국공사로서 알렌Allen 박사는 '한국에 대한 미국의 조약을 준수해야만 한다'고 믿고 있는 사람 중의 한 사람이었다. 일본이 한국을 정복하는 데에 있어서 그는 결정적인 장애물이었다.

후임 미국공사로 임명된 모간 씨가 한국으로 출발하기 전에 신임장이나 그밖의 사정으로 워싱턴에 머물게 되었다. 필자는 알링턴호텔에서 그를 만났다. 그는 업무복 위에 각양각색의 기모노를 입고 있는 일본인 시녀를 고용하고 있었다. 그의 외모와 그가 던지는 몇 마디 말만으로도 그가 한국으로 가면 알렌Allen · 언더우드Underwood · 아펜젤라Appenzeller · 아비슨Avison 등… 그 밖의 많은 지도자적 지위에 있는 개척 선교사들이 오랫동안 공을 들여 이루어 놓은 두터운 신망과 존경을 받고 있는 분들과는 조화를 이루지 못할 것이라는 안타까운 생각이 들었다.

개척의무開拓醫務 선교사라고 이름이 붙여진 알렌박사는 당시 서울에서 가장 존경받는 인물 중 한 사람이었다. 키가 훤칠하고 위엄을 갖춘 그는 아무리 보아도 완벽한 신사였다. 그는 다른 몇몇 미국사람들과 함께 궁중의 고급 사교계에서 가장 큰 영향력이 있는 사람이다. 임금은 곧 잘 그를 초대하여 우호적인 조언을 청하거나 의료봉사를 받을 정도로 임금과 친숙한 사람이었다.

1895년 일본인의 손에 명성왕후關妃가 시해弑害되면서 일본인들을 제외한 한국에 주재하는 모든 외국인들은 임금을 매우 동정하였다. '임금이 담력이 약한 사람'이라는 것을 잘 알고 있는 일본인들이 '조선임금을 으르고 협박하여 자기들의 허수아비로 부려먹을 수 있을 것'이라고 그들은 믿고 있었다.

그리하여 일본은 대단히 명석하고 의지력이 강한 명성왕후가 임금의 배후세력으로서 큰 버팀목이 되고 있는 것을 알고서는 왕후를 암살해 버리려고 결심하였다. 이 계획을 수행하기 위하여 일본공사 미우라三浦五樓 자작은 청부 암살단을 일본으로부터 데려와서 그들을 궁전에 침투시켜 임금과 함께 있는 왕후를 끌어내어 토막을 내어 방수포防水布에 시체를 싸서 태워버렸다. 그 사이에 또 다른 학살단은 임금 앞에 나타나 흉기를 휘두르면서 극악무도하게 위협을 가하였다. 급히 달려 온 시종장待從長은 임금의 면전에서 찔려 죽었다.

• 경복궁내 명성황후 조난당한 곳 표지
  (1954년 이승만 박사 글)

이토록 소름끼치는 국제적 범죄는 조선의 임금을 자신들 쪽으로 끌어들이기 위한 목적이었지만 그 결과는 그들이 기대했던 것과는 판이하게 나타났다. 임금은 그들이 예견한 것처럼 일본인들의 자비에 꼼짝없이 매달리지 않고 왕후를 그들이 암살한 것처럼 자신도 암살할지도 모른다고 두려워하여 결국은 일본인들과 그들에게 매수된 자들로부터 더욱 더 멀어지게 되었다.

임금은 너무나 겁에 질린 나머지 신경과민으로 우울증 환자가 되어 먹지도 못하고 잠을 이루지도 못하게 되었다. 임금은 자신의 내각 각료들까지도 믿을 수 없을 정도로 병세가 극도로 악화되었다. 임금은 미국인들만이 오직 그가 믿을 수 있는 유일한 친구들이었다. 그는 당시 주한 미국공사로 있었던 알렌 박사와 함께 있을 때만이 마음 놓고 휴식을 취할 수가 있었기 때문에 곧잘 그를 청하여 오도록 하였다. 임금은 아주 작게 들리는 부스럭거리는 소리에도 기겁을 하여 놀라면서 선교사들에게 곁을 떠나지 말도록 부탁하였다. 몇 명의 선교사들은 개인적으로 의논하여 음식의 맛을 먼저 보고 독이 들지 않은 식사를 임금에게 제공되도록 해주는 일과 밤에는 임금을 그들의 보호하에 모실 방도 주선하였다. 한번은 조용한 기회를 틈타서 임금은 미국 공사에게 "만일 내가 당신들의 공사관에 가면 마음 놓고 쉴 수 있는 방을 한 칸 줄 수 있겠소?" 하고 미국공사에게 묻기까지 했다.

알렌 씨는 깊은 동정심으로 '이 불행한 사람을 돕기 위해서는 자신이 할 수 있는 한 최선을 다해 일을 해주는 것' 정도일 뿐 공사관저에서 함께 머물게는 할 수가 없었다. 임금은 또 "나와 나의 나라를 위험한 일본인들로부터 지키기 위해서는 어떻게 하면 좋겠습니까?"라고 물었다. 물론 한국에 있던 미국인이라면 누구나 조·미朝·美조약을 알고 있었으며 미국

정부가 그 조약에 규정된 약속을 위반하리라고 믿는 사람은 한 사람도 없었다.

선교사들은 이 불행한 임금을 위로하기 위하여 만약 일본이 과도한 짓을 저지를 경우 미 합중국이 반드시 그 의무를 수행할 것이므로 일신상의 위험이나 독립된 나라를 유지하는데 따른 염려는 할 필요가 없을 것이라고 위로의 말로 달래주었다. 번민과 공포로 인해 전율하고 있던 임금에게 이 말은 큰 용기와 위안을 가져다 주었던 것이다. 임금은 그들이 말하는 것을 암묵적으로 믿고 있었다.

어느 칠흑 같은 밤에 임금과 왕자는 궁녀들이 사용하고 있는 사면이 가려져 있는 가마를 타고 비밀리에 궁문을 나서서 사전에 주선해둔 대로 러시아Russia 공사관으로 몸을 피신하였다. 이것이 즉 임금의 '아관파천俄館播遷'인 것이다. 이로써 러시아 공사관의 보호를 받아 신변의 안전을 도모한 다음 즉시 전 각료를 반역자로 체포토록 임금이 칙령을 내렸다.

이로써 조선 땅에서 일본의 주권행사는 땅에 떨어지고 러시아의 정치적 영향력이 조선 조정을 지배하게 되었던 것이다. 이때 미국에 있던 일본인들은 당시의 에피소드를 크게 이용하였다. 신문보도에는, "한국이 러시아 편에 가담했다"고 크게 비난하였다. 미국 대통령과 일반민중 모두는 조선이 '조선의 독립을 보장하기 위해 싸우고 있는 일본과 손을 잡지 않고 자국의 독립을 완전히 파괴할지도 모르는 러시아와 손을 잡는다는 것은 큰 과오를 범하는 것'이라고 믿었다.

그 같은 결과는 일본의 외교전술과 선전활동을 하는 최상의 성과 중 하나가 되었다. 사실 조선은 러시아든 일본이든 그 어느 쪽에도 가담하지 않았다. 대한제국 국가주의자들의 정서를 대표하는 독립단에서는 임금 자신의 생명에 비록 위험이 따르더라도 바로 궁궐로 즉시 돌아가도록 임금에게 청원하였다.

그 당시 필자 자신도 그 일원이었던 제국추밀원帝國樞密院 즉, 국민회의를 구성해서 그로 하여금 종래의 보수적인 척신戚臣들의 부패상을 모두 척결하고 왕실을 보위하여 국가의 자주독립을 수호할 정부를 임금의 윤허를 얻은 다음 조직하게 할 것을 주장하였다. 그러나 어느 누구도 믿으려 하지 않았던 임금은 용기있게 자기 자신의 의중을 털어놓고 이야기하는 일은 없었다. 조선의 백성들이 자기들의 손으로 임금을 궁궐로 데리고 들어가서 지켜주려고 노력하면 할수록 임금은 그들을 더 멀리하였다.

만약, 당시에 혁명이 일어났더라도 사태는 한층 악화되었을 것이다. 일본인들과 러시아아인들은 차례로 임금을 복종하게 했으며, 임금은 국민을 복종하게 하는 일이 계속되었다. 그리하여 백성들은 어떠한 행동을 취할 기회도 없을 뿐만 아니라 아무런 비판의 대상도 될 수가 없었다. 임금이 마침내 외국공사관 중심지에서 일시적 처소로 마련된 일종의 대피용 궁전으로 돌아왔을 때 긴장한 상태는 다소 완화된 듯 싶었다.

크롤리 씨는 그의 일기에서 풍자적으로 그때의 상황을 이렇게 말하고 있다. "임금과 아주 가까운 거리에, 실제로 이웃에 머물게 된다는 것은 당신들도 생각해 보다시피 매력적인 사실이 아니겠는가?"

모간 공사가 부임하면서 알렌 씨는 한국을 떠났다. 신임공사와 그의 행정보좌관들은 한국의 정세에 대해서 모두 새내기들이었다. 그들은 아무런 정보도 필요로 하지 않았고 또 굳이 애써서 정보를 구하려고도 하지 않았다. 미국의 정치가들은 "한국을 희생시킴으로써 중국을 구하고 있다"고 믿을 정도로 되어 있었다. 그렇지만 지난 세기世紀 동안 한국은 미·일 양국의 중간에 있는 평화의 보루였다. 인접국의 국민을 지키기 위하여 이 보루를 파괴한다고 하는 것은 최상의 어리석은 선택이 아닐 수 없는 것이다.

그 이후로 만주와 중국에서 발생한 여러 사건들을 잘 알고 있는 사람들은 '한국의 멸망은 그 후 지구상의 이 부분에서 전개된 이와 유사한 모든 사건의 서곡' 이외는 그 아무것도 아니었다는 것을 이제는 잘 알고 있을 것이다.

당시, 미국은 그들이 의무감을 갖고 나아가야만 할 길은 명확한 것이었다. 미 합중국은 한국을 도와야할 한·미간 조약상의 의무를 충실히 이행하는 것을 일본에게 보여 줌으로써 그 영향력이 일본에 미치게 되어 일본도 미국과 같이, 한국의 정치적 독립과 영토의 보전을 존중함으로서 "한·일 조약에 일치하는 행동을 해야 한다"고 말할 수 있어야 했던 것이다.

그러나 미국은 자신들의 의무이행의 길을 올바르게 걷지 않고 오히려 한·미조약을 무시한 행동을 보여 줌으로써 일본으로 하여금 마음놓고 한·일 간의 조약을 파괴할 수 있도록 조장한 것이다. 미국의 이와 같은 무책임한 행동은 무의식적으로, 오늘날에 와서는 유럽과 아시아 양 대륙에 걸쳐서 대 혼돈과 무질서를 직접 야기시킨 몇 가지 원인 중의 하나인 '조약위반의 시대'를 초래케 한 것이다.

이것은 참으로, 영광스러운 미국역사의 한 페이지 위에 얼룩진 커다란 오점이 된 것이다. 한국은 평화를 사랑하는 국제적인 존엄성을 믿고 있다가 너무나 큰 희생을 치렀다.

지금, 한국은 한국을 배반한 바로 그 국민들로부터 조소를 받고 있다. 만약, "내가 무기를 들고 나의 조국을 위하여 분연히 투쟁한다"는 이유로 나에게 '군국주의자'라는 딱지를 붙인다면 나는 분함을 참을 수 없다고 고백하지 않을 수 없다. 이와 같이 암울한 이야기들을 거울삼아 희망 찬 밝은 빛을 바라볼 수 있도록 하기 위한 말을 인용하면서 이 장章을 마무리하고자, 이탈리아의 선전포고에 관하여 언급한 최근의 미국 대통령의 연설 중에서 그 일부를 여기에 소개하고자 한다.

대통령은 다음과 같이 선언하였다.

"The hand that held the dagger stabbed France in the back. 단검을 쥔 손이 프랑스의 등을 찔렀다"

◉ 조국 프랑스의 고난을 참을길 없어 눈물짓는 파리시민
(1940년 독일에 의해 프랑스가 함락되었다.)

사실, 이것은 물론 프랑스를 구출하려는 것도 아니었으며 또한 구출하겠다는 것을 의미하는 것도 아니었다. 다만 미 합중국정부와 국민은, 범죄국가는 범죄국가임을 선언한다고 하는 그들의 평결을 기록으로 후세에까지 남겨둔다는 것이었다. 만약, 전 세계의 선량한 남녀가 모두 이 예를 따라서, 위법자에게 가하는 처벌과 같이 모든 위법국가를 처벌할 용기를 갖게 되면 정의正義의 법정이 군사력 없이도 전 인류의 관계에 대한 최종적인 배심원으로서의 역할을 행할 날이 올 것이라는 희망을 간직할 수가 있을 것이다.

제 14 장

반전론자反戰論者는 오열五列과 같다

PACIFISTS ARE LIKE
FIFTH COLUMNISTS

14

반전론자反戰論者는 오열五列과 같다

PACIFISTS ARE LIKE FIFTH COLUMNISTS

목적 여하를 불문하고 필자는 전쟁을 반대하는 반전론자는 제5열五列.간첩과 같이 위험하고 파괴적이라고 주장하는데, 나에게는 그럴만한 이유가 있다. 그 이유 중의 몇 가지는 다음과 같다.

나치스Nazis·파시스트Fascists·공산주의communists 그리고 기타 파괴적인 분자들을 내가 이해하고 있는 바로는 미국정부 형태를 전복한 다음 그 체제가 어떻든 간에 그들 중 최강자의 정부제도를 수립하는 것을 목적으로 하고 있다고 생각한다. 물론 이것은 평화주의자들이 목적하는 바는 아니다. 그들도 또한 미 합중국에 대한 존엄성을 충실히 지키고 있는 것이다. 그와 같은 관점에서 볼 때, 나치스나 파시스트, 공산주의자들과는 비교가 되지 않는다. 평화론자는 미국을 위한 평화론자이지만 다른 주의자들은 미국에 반대하는 입장에 있다.

그러나 그들은 미국이 전쟁이냐, 평화냐 하는 문제에 봉착하면 모두 같은 의견을 갖고 있다. 그들은 하나같이 모두 미 합중국이 전쟁준비를 하는 것에 반대하고 있다. 사실상 그들이 주장하는 요점은 "우리는 전쟁을 원하지 않는다, 평화를 원하고 있으며, 어떠한 대가를 치르더라도 평화를 원한다"이다. 만약, 미국이 그들의 주장대로 방위계획을 중지했다고 가정해 보자. 그다음에는 어떠한 사태가 발생하겠는가?

미국의 적대국가들은 미국이 무방비상태에 있는 약점을 틈타서 미국의 정부체제를 어떠한 방법을 동원하여서라도 파괴해 버리고 말았을 것이다. 다음에는 또 어떻게 했어야 된단 말일까? 미국이 취할 수 있는 방책이라면 먼 옛날 동양역사에서 근 3000년 전 작은 노魯나라 왕국이 택한 길일 것이다.

즉 다시 말할 것 같으면 칼·창·활·화살 등으로 중무장한 진문공陳文公의 대병력이 노魯왕국 수도로 물밀듯이 공격해 들어갔을 때, 수비병이라고는 단 한 명도 찾아볼 수 없고, 모든 성문은 열려져 있었기 때문에 놀라지 않을 수가 없었다. 침략자들은 적병이 있을 만한 큰 길과 작은 길을 샅샅이 뒤졌지만 한 사람도 찾아내지 못하였다. 그리하여 그들은 한 집 한 집 돌아다녀 봤다. 그런데 남녀노소가 모두들 평상시와 같이 일상적인 생활에 분주하게 움직이고 있을 뿐이다. 아무 일도 일어나지 않은 것처럼 학생들은 공부하고, 학자들은 고전을 연구하고, 시인들은 시를 읊고, 악사들은 악기를 연주하는 것이었다.

침략자들은 한 곳에 모여서 자기들끼리 말하기를 "이곳이야 말로 세상에서 가장 문명화된 왕국"이라고 하면서 "우리들은 이 사람들을 박해 해서는 안 된다."고 말을 하였다. 그래서 그들은 이 작은 유교儒教의 이상향理想向을 해치지 않고 무기를 거두고 조용히 사라져 버렸다. 하지만 오늘 날의 현대적인 기계화 부대는 그렇지는 않을 것이다.

그들이 정복하고자 하는 국가들은 유교도인가, 민주주의자들인가, 그렇지 않으면 나치스인가, 신도주의자大和主義者인가를 분별하기 위하여 공격하기 전에 시내 중심가를 살피는 등의 일은 하지 않는다고 하는 것이 문제이다.

사실, 지금의 침략주의자들은 공격 첫 단계로 하늘 높이 비행하여 도시와 주민의 절반 이상을 파괴하기 때문에 사전에 눈 앞에 있는 평화주의자들을 분간하는 것은 극히 불가능할 것이다. 현대의 '문명화된 무기를 사용하는' 야만인들은 피에 굶주림으로 인해 유교시대의 그것보다 훨씬 더 잔인하고 야만적이며 그들이 갖고 있는 유교시대의 유물과 전통물들을 불지르고, 살해를 일삼으며, 정복당한 전 국민을 포로와 노예로 만드는 것이다.

이같은 경우를 비춰 볼때 평화주의자와 제5열이 동기에 있어서는 상당한 차이가 있으나 최후에 도달되는 결과는 사실상 같은 것이 되고 만 것이다.

이것에 대해서는 또 하나의 견해가 있다. 만약, 평화주의자들이

"전쟁은 전 인류의 생활로부터 결단코 배척되어야 하고 평화는 어떤 희생을 치루더라도 유지되어야 한다"

는 굳은 신념을 가질 정도로 성실하게 믿고 있는 것이라면 어찌하여 그들은 초기의 기독교 선교사들이 그 종교를 선교하기 위해서 이교지역異敎地域으로 가는 굳은 결심을 하는 것과 같이 전쟁에 전념하고 있는 국가를 직접 방문해서 평화를 설득하지 못하는가?

미국을 가리켜 '군국주의를 유지하고 있는 강국'이라고 단정하는 사

람은 아무도 없다. 그렇듯 미국과 같은 비 군국주의국가에서 평화의 복음을 전도하기 위해 수백만 달러의 비용을 사용하는 것보다 지금 전쟁을 일으키고 있는 베를린·로마·도쿄 등지에 평화의 전도사를 파견하고 평화를 유지하는 데에 그 막대한 자금을 사용하지 않으면 안 된다.

병균이 전염된 후에 병균을 죽인다면 이미 때가 늦는다. 그 이전에 발원지에서부터 죽여야만 한다. 평화를 애호하는 미국인들의 양 손을 묶으려고 획책하고 있는 이른바 평화론자들은 적극적인 반미분자와 같이 평화와 민주주의에 대하여 결과적으로 파괴적인 행동을 하고 있는 것이다.

선량한 크리스천들은 평화의 주님 그리스도와 같이 참된 평화옹호자들이다. 그들은 결코 입으로만 외치는 평화주의자들이 아니라 예수 그리스도의 헌신적이고 정신적인 추종자로서 '온세상 평화의 원리와 인간들에게 참된 진리를 가르치기 위하여' 세상에 온 사람들이다.

만약, 크리스천들과 같이 교화되고 신성화한 남녀들만이라도 그들을 올바른 방향으로 인도했더라면 오늘날 우리들이 혼란한 세상을 살아가는데 큰 도움을 줄 수 있을 것이다. 불행히도 일부 기독교 지도자들은 그들이 오랜 세월에 걸쳐서 구축해 놓은 평화구조를 연약한 토대 위에 세워 놓았다. 어떠한 대가를 지불하더라도 정의를 추구하여야 하는데 그들은 현실적이고, 편의적이며, 실리적實利的인 관점에서만 시간절약의 일시적인 여론과 세속적인 욕구의 충족으로부터 해결책을 찾으려 하였다.

그러나 그들이 생각한 그 시대의 대중적인 욕구를 절반만이라도 부응하기 위하여는 결국 그 원칙을 타협하고자 하는 입장을 취하였다. 따라서 그 결과는 인류에게 광명의 세계로 이끌어야 할 시기에 그들을 그 반대인 암흑의 세계로 이끌었던 것이다. 그렇다고 하여, 모든 기독교 지도자들이 맹목적인 지도자들이라는 것을 의미하는 것은 아니다. 그렇지만 맹목적인 지도자들을 거론하지 않을 수 없다. 일본의 실정과 관련되는 몇 가지 문제점을 비추어 보면 이와 같은 맹목적인 지도에 따른 부작용을 부인할 수 없기 때문이다.

일본의 군국주의가 한국의 지배를 점점 강화하고 있었을 때 감리교계에서 가장 두터운 신망과 영향력이 있던 사람 중에서 유명한 교회 주간지 주필 L박사는 1905년 7월 1일, 일요일 아침 뉴저지주 오션 그로브Ocean Grove에 있는 거대한 감리교회에서 1만1천의 청중을 향하여 당시 그가 경험한 극동여행에 관해서 강연하였다.

그 여행은 일본인들이 주선했는데 일본인들은 당시 미국여론이 일본의 한국 파괴에 대해서 반대하는 방향으로 흐르지나 않을까 해서 몹시 두려워하고 있던 때이다. 그런데 이 강연 중에 그는 "한국을 영구히 일본의 통치하에 놓이게 해 주소서, 아멘"이라고 소리 높여서 주창하였다.

그 다음 날, 나는 우연히 오션 그로브Ocean Grove에 들렀는데 그곳에서 내가 알고 있는 부인이 나에게 말하기를 "어제 여기에 나오지 않았던 것이 좋았다고 생각합니다. 만약, 이곳에 왔더라면 매우 마음을 상하셨을 겁니다"라고 하였다. 그 부인은 에스뷔리 파크 프레스Asbury Park Press신문의 스크랩을 나에게 보여주었다. 앞에서 말한 내용들은 그 사본철에서 인용한 것이다. 나는 긴 편지를 L박사에게 써 보내면서 질문했다.

"당신은 정치문제에 대하여는 언급해서는 안되는 선교사로서 어떠한 동기에서 그와 같은 말을 하였는가? 어째서 일본의 조약위반을 변호하는 데에 그 정도로 열성적인 대변인 노릇을 하고 있는가? 당신의 그와 같은 행동은 미국의 자유·정의·그리고 박애정신에 대한 미국민들의 사상에 반反하는 것이며, 미국의 독립정신의 요체인 자유에 대한 사랑과 평등권에 대한 미국인의 이념에 반하는 것이다. 또 모든 기독교인들의 사상과 이념에 반하면서까지, 그토록 일본의 조약위반을 열렬히 옹호해야 하는 이유는 무엇인가?" 등등의 질문을 담은 장문의 편지를 썼던 것이다.

그에게 보낸 필자의 편지 내용은 다음 날 아침 같은 신문의 제1면에도 게재되었다. 뒷날, 나는 미국 각지로부터 독자들의 감정이 담긴 수많은 격려 편지를 받았지만 당사자인 L박사로부터는 단 한 마디도 듣지 못했다. 그는 전적으로 내 편지를 무시하고 전국을 돌면서 같은 강연을 되풀이 하였던 것이다.

1919년, 한국인들은 평화적이고 비폭력적인 3월혁명3.1 만세 운동을 일으켰다. 이것은 사상 최초의 무저항 혁명으로서 널리 알려져 있는 간디의 무저항주의 운동보다도 앞선 것이었다. 이 혁명이 전개될 당시 한국의 모든 크리스천은 압도적으로 지지와 동정을 보냈다. 한국의 크리스천과 교회에 가해진 야만적이고 잔인한 행위에 관한 참혹한 얘기가 전해지면서 세계의 문명국가 민중들은 끓어오르는 분노를 억누를 수 없었다.

그럼, 이 혁명이 어떻게 전개되었는가를 자세히 알아보자!

한국의 전 국민을 대표하는 33인이 비밀리에 한국의 수도 서울의 어느 여관에 모여서 한국으로부터 일본인의 철수를 요구하는 '한국독립선언문'으로 알려진 역사적인 문서에 서명함으로써 한국은 한 독립국가임을 선언한 것이었다. 그리고 나서 그들은 일본경찰을 전화로 불러내어 체포하도록 통고하였다. 한편 33인 대표와 독립운동에 참여하는 군중은 미리 준비된 대로 질서정연하게 공원광장에 모여 이 독립선언문을 엄숙히 낭독하였다. 그리고 그 당시에 태극기를 소지하는 것이 범죄행위라고 해서 금지했음에도 불구하고 손에손에 태극기를 흔들면서 "대한 독립만세"를 우렁차게 외쳤다.

이 사진은 한국에 출병했던 일본군의 부친으로부터 입수한 것으로 『일본군에 의해 3·1독립운동자의 처형 사진으로서 당시 한국에서 유포되고 있던 것』으로 일본의 A 씨에 의한 것, 또 일설에 의하면 『로·일 전쟁』 당시 (1904년) 일본군에 의한 철도부설 방해를 한 조선인 처벌광경이라고도 함.

민중들이 가진 것이라고는 맨손에 국가의 상징인 태극기뿐이었다. 전국방방곡곡으로 미리 전달 되었던 인쇄된 선언문에는 "어떠한 폭력과 무질서한 행동을 엄하게 금지하라"는 내용이 명시되어 있었다. 전국적으로 300여 도시에서 같은 방식으로 똑같은 대회가 질서정연하게 동시다발적으로 개최되었다. 한국인들은 남녀노소, 그리고 어린이까지 빠짐없이 모두 이 대회에 참가하였다. 이때 시위에 참가했던 군중들의 영웅적 행위와 애국심은 일본의 군대·헌병·무장 경찰의 야만성과 야수성에 대항해서 잘 나타났다. 이 비무장국민의 평화적인 봉기를 진압하고자 동원된 일본 군인·헌병·경찰의 야만적 행위와 야수성에 분연히 맞서 봉기했던 것이다.

일본 당국은 이 봉기를 진압하기 위한 잔인한 군사행동, 특히 크리스천에 대한 대대적인 학살, 그들의 집과 교회에 대한 방화, 게다가 많은 사람들을 교회에 가두고 태워버리는 '대량살인 행위'를 자행하였다. 이로 인해 미국 내의 여론은 대단히 격분하고 있었다.

미국 상원에서는 한국문제가 계속해서 제기되었으므로, 그 당시의 의회기록들은 한국 국민운동을 지지하는 연설기록과 의회에 제출된 의안으로서 메워졌다. 몇 가지 실례를 들어보자면, 1919년 6월 30일, 상원의원 셀덴 P.스펜서Sselden P.Spencer 씨가 제안해서 외교분과위원회에 위임된 결의안은 다음과 같이 기록되어 있다.

"국무장관은 현재 일어나고 있는 일련의 한국 사태가 타국과의 관계로써 한·미조약의 규정에 의거, 미합중국이 한국을 돕기 위하여 주선할 필요성과 우리의 지혜를 모아야 할 정도로 위기에 처하여 있는가? 하는 문제에 관하여 귀관의 공무에 해당하는 경우에는 상원에 보고할 것이며, 따라서 이에 보고를 요청할 것을 결의한다"(1883년의 한·미 친선조약에 의거한 인용임)

또한 1920년 3월 18일, 찰스 S.토마스Charles S.Thomas 상원의원은 다음과 같은 수정안을 제출하였다.

"그리고 미국은 민족자결주의 원칙을 충실히 지키면서, 긴 역사와 전통을 이어온 옛 왕국을 복구하고, 일본의 전제정치로부터의 해방되고자 하는 한국 국민의 비애와 열망에 절대적인 동정을 표하며, 또 그와 같은 목적이 성취된 때에는 바로 국제연맹의 동맹국으로서 인정할 것을 선언한다"

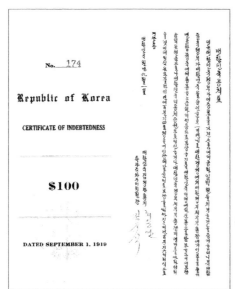

◉ 일제시대 대한민국공채
3.1운동이 있던해인 1919년 발행된것이다.
(Republic of Korea가 쓰였다.)

◉ 대한민국 공채 5달러짜리와 500달러짜리.
발행처:President of the Republic of Korea 발행일: September, 1919

미 합중국 내의 많은 교회에서도 한국 국민에 대한 동정을 나타내었으며 일본의 잔인한 압제와 억압을 강력히 비난할 것을 결의하였다. 이처럼 한국 내의 사정이 심히 동요되고 또한 고무되고 있는 시기에 미국 내의 한국 유학생들은 조국의 애국투사들에 대해서 동정을 표하고 일본의 흉악무도한 행위에 항의했다. 한편, 독립운동으로 인하여 신음하고 있는 사람들의 고통을 덜어주기 위해서 한국친우동맹을 조직하고 모금활동도 감행하였다.

이 동맹원들은 이와 관련된 활동의 일환으로 뉴욕이나 다른 도시에 있는 여러 해외선교회의 저명한 지도자들을 방문하거나, 공중집회에 나가 한국의 입장을 호소하는 연설을 했다. 또 미국 내에 있던 그들의 기관과 연합해서 도덕적인 방법이나 그밖의 방법으로 한국인의 독립운동을 돕기 위하여 원조를 제공해 줄 것을 간청하였다. 그러나 대부분의 사람들은 그것이 정치적 문제가 될 가능성이 있다고 해서 그일에 협조할 것을 거절하였다.

그들은 또 "해외 선교회가 정치에 관여하고 있다"는 비난을 받을 근거를 제공하지 않도록 주의해야 한다고 말하였다. 그러나 유명한 필라델피아의 목사 후로이드 톰킨즈 Floyd Tomkins박사는 당시 한국친우동맹을 위하여 행한 연설에서 이렇게 말하였다.

"야만적 행위가 행해지고 있는 한 중립은 있을 수 없다. 나는 어떤 악한이 자신의 여동생을 덮치는 것을 보고 그대로 자신의 골방으로 들어가 문을 닫고서 '하나님이시여, 내 여동생을 지켜주소서'라고 기도에만 매달리는 그런 따위의 기독교인은 아니다. 나는 우선 그 악한을 쳐서 넘어뜨리고 여동생을 구한후, 하나님에게 기도하기 위해서 내 방으로 갈 것이다"

 이렇듯 하나님에게만 바라는 크리스천들이 한층 많이 있다. 선교사들이 정치에 관여해서는 안 되는 것은 사실이며, 일반적으로 규율에 따라 그러한 문제에서 벗어나 있다. 예의 한국유학생들은 선교회가 한국에서 수난 중인 크리스천을 위하여 변호하는 것이 정치적 색체를 띨까 하는 문제를 두려워하여 거절하였을 때 처음에는 몹시 실망하였다.

 그러나 그 후 얼마 되지 않아서 그들은 선교회의 입장을 이해하게 되었다. 그러나 선교회들이 엄정 중립을 준수하는 한 어떠한 불평이란 있을 수 없다. 그렇지만 어떻게 중립을 유지할 수 있을 것인가? 그들은 통치세력에게 잘 보여야만 하였다.

 일본인들은 선교회가 어떤 일방적인 행동을 취해야만 되겠다고 생각이 들 때까지 그들에게 끊임없이 압력을 가했다. 성경은 크리스천에 대해서 그들을 지배하는 자에 따르고 그것을 감수하라고 설파하고 있다. 그들 선교사들은 한국의 크리스천에게 동정하고 있지만 한국을 지배하는 일본인들에 대해서는 공공연하게 저항할 수 없었다.

 종종 순수한 정치적 문제에 있어서 일본인들을 공공연하게 변호하는 선교사들도 나타났다. 비 기독교 한국인들은 그 모순을 지적하고 친일파라고 비난했지만 그들은 그에 대해서 반증할 길이 없었다.

 물론 대해군大海軍이라든가, 대육군大陸軍이라든가, 또는 세계 최대의 전함을 미국이 가지고 있다든가, 그리고 의무적인 군사훈련 징병령徵兵令 등에 대하여 상상하는 것만으로도 민주주의 사상에서는 혐오스럽고 불유쾌한 것들이었다.

 미국인들은 군국주의, 제국주의, 전쟁광, 전쟁도발자들을 곧잘 비난해 왔다. 우리들은 자주 이같은 소리를 듣고 있다. 우리 모든 사람은 반드시 전쟁을 거부해야만 한다.

필자는 군수품 생산자들의 돈벌이를 위하여 나의 생명을 희생하지 않는다든가, 나는 일선으로 가기보다는 형무소로 가겠다, 우리는 대통령이 행군하는 군대를 지휘할 것을 주장한다, 우리는 전쟁세금을 납부하지 않겠다 라는 등등의 외침을 듣는다.

1940년 4월 7일, 미국의 제1차 세계대전 참전기념일에 캘리포니아주의 한 목사는 워싱턴Washington D.C에 있는 어느 교회에서 행한 설교 가운데 "전사자 명부가 더 이상 추가되지 않게 해 주십시오. 나는 내 아이들의 아버지 입장에서 생각하고 있습니다" 라고 설교하였다. 그렇기 때문에 적어도 그는 자신의 자녀들을 생각하고 있고, 또 다른 미국인들의 자녀를 생각하고 있었다.

외국의 여러 나라에서와 같이 미국 내에서도 이 정도까지 앞일을 생각하고 있지 않은 사람들이 다수 있는 것이다. 몬타빌레 플라워스 Montaville Flowers가 그의 저서 〈The Japanese Conguest of American Opinion 일본의 미국여론정복〉의 54페이지에서 다음과 같이 말하고 있다.

"어느 날 연로한 노인이 일본문제가 제기된 차우타우쿠아Chautaugua 의 강연회에 참석하였다. 강연이 끝난 후에, 연사는 두 사람의 아리따운 숙녀들과 이야기를 나누고 있는 나이 많은 신사 뒤를 따라서 길을 걸어가고 있었다. 그 노인은 다음과 같은 말을 하였으며 또 그 말은 상당수의 미국인들을 잘 대표하고 있다. 그는 이렇게 말했다.

'맙소사 아가씨들! 나는 이 강연에서 별로 얻은 소득이 없소이다! 얻은 것이라곤 아무것도 없어요 없어. 어쨌든, 내가 살아있을 동안이나 우리시대에는 일본인들이 나에게 어떤 고통을 당하게 하지 않겠지, 그리고 다음 세대의 사람들은 자기들 스스로가 보살펴 나갈 수 있도록 내버려 두는 것이 좋은 것이겠지'

이 사람이나 이같이 생각하는 사람들은 모두 목장에서 풀이라도 씹고 통조림이라도 뜯어먹으면서 평화롭게 살기 위하여 이 세상에 태어났던 사람들이다"

⊙ 유골을 안고 본국으로 가는 일본 병사들

다음에는 완전히 다른 관점에서 본 어느 일본인 어머니에 관한 이야기가 있다. 그 일본인 어머니는 자기의 갓난아이를 안고 전선에서 돌아오는 자기 남편과 참전용사들의 유골을 본국으로 운반하는 군대행렬을 바라보고 있었다.

그러면서 "자! 아가야 저걸 보아라, 너의 아버지는 천황폐하를 위하여 저렇게 영광스럽게 전사를 하였단다. 너도 자라거든 아버지처럼 명예롭게 전사를 하지 않으면 안 된다"고 그 여인은 가슴에 안고 있는 자기 아들에게 중얼거렸다.

이러한 일본인의 이야기는 그녀 한 사람의 이야기만은 아니다. 모든 일본 국민 들의 일반적인 이데올로기를 대표하는 것이다. 이 두 가지를 비교해서 그 도덕적인 면을 논하려는 것이 아니다.

그것들이 초래할 결과에 관심을 기울이는 것이다. 미국인의 귀에는 이러한 일본인들의 대화가 불가사의하게 들리겠지만 일본인들의 귀에는 미국인의 대화가 이기주의적이고 비애국적으로 들리는 것이다. 이와 같은 것을 근거로 일본의 군국주의자들은 미국의 자위自衛에 관한 한 모두가 진공상태에 놓여있다고 판단하고 있다. 일본군 과학자들에게는 미국의 국방준비가 별로 위협적이지 않은 것으로 비추어진다. 왜냐하면 미국인들은 평화주의 분위기에서 교육을 시키고 교육을 받아왔기 때문에 전쟁할 마음의 준비가 없는 것으로 판단하고 있는 것이다.

미국인들의 이러한 명백한 선천적인 약점으로 나타내 보이는 것은 한편으로는 일본인들에게, 또 한편으로는 독일인들에게 대단한 유혹물로써 나타났던 것이다.

전쟁사상을 토대로 육성된 국민들이 전쟁에 대하여 마음 편하게 느끼는 환경 속에서, 또 한편으로는 평화사상을 토대로 자라난 국민들은 최악의 입장으로 봉착되기 전에는 전쟁을 회피하겠다는 잠재의식에 고민하고 있는 것이다.

일본인들은 이와 같은 정신상, 도덕상의 혼란을 충분하게 이용했던 것이다. 미국 양 대륙에는 아무런 위해危害도 없으며 다만 유럽과 아시아대륙에서 신질서가 건설된 후에는 평화와 화합만이 도래하게 될 것이라는 전체주의자들의 끈질긴 선전술책 때문에 미국의 평화주의자와 고립주의자들의 단체가 서로 공명共鳴함으로써 이 공명이 전체주의국가의 귀에 유쾌하게 울려 퍼졌던 것이다.

찰스 A. 린드버그Charles A.Lindbergh와 상원의원 휠러Wheeler, 토베이Tobey, 클라크Clark 씨와 같은 고립주의 대변자들은 전체주의국가의 언론기관을 통해서 평화를 협의할 수 있다고 하면서 사자와 양이 파시스트 천국Fascist zion에서 함께 편안하게 잠을 잘 수 있다고 주장하였다.

평화주의자들은 "전쟁으로는 결코 어떠한 것도 해결할 수 없다. 그리고 전쟁은 기독교교리에 정면으로 위배되는 것이다"라고 주장한다.

그들은 평화주의를 기독교와 동일시하고 있는데 그것은 자유방임주의 정책을 행동의 자유원칙과 동일시하려는 것과 같은 것이다. "적을 사랑하라"고 하는 성경 말씀이 적의 죄를 너그러움으로 보고 또 부정에 대해서 맹목적으로 복종하라는 것을 의미하는 것일까?

모든 기독교인들은 평화주의자라는 것은 단순히 현실도피의 수단에 불과하며 '양심적 병역기피자'들은 그가 비록 성실하다 할지라도 행동의 옳고 그름을 떠나서, 자신들의 종교적 교리에만 순종함으로서 침략자들에게 용기만을 북돋아 준다는 것을 절실하게 깨달아야 할 것이다.

어느 경관이 사람을 살해하려고 마음을 먹은 악한을 보았다고 하자 그 경우 악한을 말로 설득하기 전에 우선 범행을 실력으로 진압시켜야만 하는 것과 마찬가지로, 크리스천들은 깡패와 같은 국가에 대항하여, 하느님으로부터 그들에게 부여받은 모든 것을 지키기 위하여 칼을 빼들어야만 한다. 세계대전 이후에, 수많은 숭고한 기독교 지도자들이 신앙적으로 정신적으로 격변을 경험했던 것은 사실이다. 그들은 그때 독일에게 전쟁을 일으킨 것에 대한 배상을 강하게 요구한 것과 독일황제

카이저Kaiser의 교살絞殺에 찬성한 것이었다.

그렇지만 지금 그들은 돌변해서 다른 극단에 호소하여 모든 전쟁은 죄악이고 악마의 소행이라고 선언하고 있다. 그러나 그 문제는 오늘날에 있어서 1917년 당시보다 한층 더 현저한 양상을 띠고 있고, 또한 문명과 기독교 그들 자신들은 독일의 카이저Kaiser 황제가 1914년 여름, 프랑스와 벨기에로 철모를 뒤집어쓴 대 군부대를 앞세워 쳐들어올 때 당시보다도 훨씬 더 위기에 처해 있었다.

이러한 위험한 경향은 내부로부터 표출된 것이었다. 그것과 다른 예는 '옥스포드파派 운동'의 활동이다. 그들은 최근 새로운 슬로건으로 '도덕재무장'을 채택하고 있다.

이같이 허울뿐인 고귀한 사상은, 히틀러Hitler와 무솔리니Mussolini가 전쟁은 인간에 있어 '필연적인 상태'라는 것을 대대적으로 선언하였다.

일본이 중국대륙의 점령된 지역에서 온갖 야만적인 행위를 스스럼없이 감행하고 있던 바로 그때에 허울뿐인 고귀한 사상은 미국 전역으로 전파되고 있었다. 이 '옥스포드파운동'은 지금 현재 3대륙을 뒤흔들고 있는 전쟁의 소음으로 사라져 가고 있다.

삶과 정의를 위한 투쟁은 단지 사상간의 정신적 투쟁에만 국한된 것이 아니다. 이러한 투쟁은 '육체적 인내, 피와 땀, 눈물어린 노고'를 필요로 하고 있다.

지금 유럽에서 벌어지고 있는 전쟁은 이와 같은 사실을 명확하고 틀림없는 현실로 보여주고 있다. 그러므로 만약, 미국인들이 확고한 마음가짐으로 국방준비를 하고자 한다면 국민정신을 각성시켜야만 하고 교육제도를 수정보완하는 동시에 일관된 국방정책을 채택하여 모든 국민과 정당들은 이것을 적극적으로 성원하여야만 한다.

애국심은 당파를 초월해야만 한다. 국가의 일관된 대외정책이 결정되면 모든 국민은 개인의 자유와 부귀와, 더 나아가서 필요하다면 각자의 생명까지도 국가 이익의 요구에 따라 기꺼이 희생되어야 한다. 이같은 희생정신이 결여된 국가는 존립할 수가 없다.

만약, 국가가 망해버리고 나면 무엇이 남아있겠는가? 불길은 점점 더 가까이 다가오고 있는데 미국인들은 이같은 상황을 더 이상 무시할 수가 없는 것이다. 미국내의 일부 인사들이 공개적인 발언을 하는 내용을 보면 어떤 것은 완전히 '반미적'이라고 볼 수 있는데, 그러한 부류에 속해 있는 인사들이 스스로 미국사람이라고 하는 것은 좀 이상스러운 일이다. 미국도 다른 모든 국가들과 같이 국내외國內外에 적敵을 가지고 있으며 모든 국민은 그 적대국가로 부터 자국을 보호하지 않으면 안될 것이다.

국가와 정부기구, 국가의 안전, 그리고 명예를 보전하는 것이 모든 국민이 갖춰야 할 첫째 의무라는 필연성을 일찍이 미국인들에게는 있었던 일 같지는 않다. 그러나 만약 미국인들이 이와 같은 의무를 저버리게 된다면 그 국가는 존재할 수가 없는 것이다.

동물들의 세계에서도 원초적 본능은 자신들의 보금자리, 낳은 새끼들, 그리고 자신들의 무리들을 보호하는 것이다. 그러나 몇몇 인사들은 동물들이 갖는 기본적인 본능 조차도 갖고 있지 않은 듯 싶다.

자기의 동포들이 두들겨 맞고, 재산을 빼앗기고, 차이고, 살해되고, 그들의 집과 공공건물들이 파괴되고, 군함이 격침되고, 국기가 잡아 뜯겨 짓밟히고 있는 상황인데도 무관심한 태도를 보이고 있다.

문명과 인간성의 잔인한 파괴에 직면하여서도 어떤 의분을 나타내기는커녕 자기네 정부가 쓸데없이 "외국을 견책하고 있다"고 일부 인사들은 공공연히 비난하고 있는 것이다. 만약 일본인들이 미국인들에게 신체상의 공격을 감행한데 대한 보복으로 미국이 일본을 공박하는 것이 지나치다고 생각한다면, 미국은 그의 국민들을 보호하기 위한 능력이 부족하고 방위계획조차 제대로 되어있지 않음을 명백히 증명하게 되는 것이다. 일반 국민들은 이와 같은 반미적인 인사들에 의하여 더 이상 영향을 받아서는 안 될 것이다.

제 **15** 장

민주주의냐 전체주의냐

DEMOCRACY
/VS
TOTALITARIANISM

15

민주주의냐 전체주의냐
DEMOCRACY VERSUS TOTALITARIANISM

정부의 민주주의원칙을 믿는 사람은 근본적으로는 개인주의자들이다. 정부의 권력은 그 시민권으로부터 나오는 것이고 국민의 개인적 권리와 자유는 국가 기초설립의 근본바탕이 되는 것이다.

민주주의는 국민들이 정부에게 절대복종해야 한다고 주장하는 전체주의적 이데올로기와는 근본적으로 다르다. "민주주의는 국민의 권리가 정부의 어떠한 권리침해의 가능성으로부터 보호되지 않으면 안 된다"고 주장한다.

이 원칙에 따라서 미국정부는 연방정부이건, 주정부이건 간에 헌법상에 규정된 시민의 권리를 침해해서는 안 되며, 시민들의 권리를 침해할 정도의 과대한 권력을 행사하는 것도 허용되어 있지 않다.

행정·입법·사법부는 각각 권력행사에 있어서 상호 견제와 협조를 통하여 각부에 균형을 유지하게 되어 있다. 국회 자체도, 상·하 양원을 가지고 있는 것은 상호간에 감시와 견제의 원칙에 따라 조직된 것이다.

정당 간에 서로 반대되는 활동을 하고 있는 정당들도 같은 이론에 기초를 두고 있다. 간단하게 말하면, 정당은 국민 전체를 위한다고 하는 공동정책 목표를 가지고 일하고는 있지만 서로 똑같은 일치된 활동을 하는 것은 아니다.

그대신에, 정당을 그대로 방치하면 집단권력이나 주州의 권력을 약화시키기 위하여 상반된 목적을 가지고 활동하게 된다. 그 결과는 민주주의를 전복시키고 대신에 독재정권 등장의 우려를 낳게 된다. 이러한 극단적인 개인주의의 발전과 보조를 맞추어 여론을 통합하기 보다는 오히려 분할하려는 경향을 띄는 지방분권주의의 강력한 기류가 점차적으로 고조되어 가고 있는 것이다.

일부 시민들은 '정부가 없으면 민주주의가 없고, 민주주의가 없으면 자유도 없다' 고 하는 것을 생각하려고 하지 않고 그들의 정부를 희생해서라도 자신들의 자유와 권리를 주장하였다. 필요 이상의 자유는 필요 이상의 어떤 좋은 물건이 넘치는 것과 같다.

사람들은 그것에 감사하지 않고 시시때때로 그것을 악용하고 있다. 미국은 아직까지 자유의 축복을 받고 있는 몇 안 되는 국가 중의 하나이다.

비싼 희생을 치러야 한다는 것과 때로는 그 축복을 유지하기 위하여 값비싼 희생을 강요당할 수 있을 것이고, 이같은 유산을 영원히 얻기 위해서는 일치된 마음으로 부단한 노력을 하지 않으면 안 된다는 사실을 알아야 할 것이다.

그러나 대부분의 미국사람들은 이와 같이 소중한 것을 생각하기에는 자신들의 일이 너무 바쁘다는 것이다. 따라서 국방문제는 믿기지 않을 정도로 등한시되어 왔으며, 심지어는 애국심이나 국가주의도 어떤 경우에서는 국제간의 분규와 전쟁의 원인이라고 비난받고 있다.

　이러는 동안 외국의 열강들은 그들의 전체주의 사상을 전파시키기에 적당하고 비옥한 땅을 미국에서 발견하였다. 소비에트·일본·나치스·파시스트 등은 미국내에 그들의 조직을 갖고 있다. 최근의 보고에 의하면, 대부분의 파괴적 행동은 이들의 집단들로부터 기인되고 있다는 것이다.

　그들 중 어떤 자들은, "그들의 정부가 추구하는 새로운 정책을 미국내에 수립하기 위하여 미국정부를 전복시키려는 기도를 선언했다"고 스스로 말하고 있다. 이것이 미국 민주주의에 대한 직접적인 도전이라고 하는 점에는 의심의 여지가 없다. 미국정부를 침식하려고 꾀하고 있는 이 주의ism는 고대의 비적匪賊국가와 관계가 있으며 국·내외로부터 민주주의의 근본바탕을 송두리째 위협하고 있는 것이다.

　아브라함 링컨Abraham Lincoln의 유명한 연설인 "국민의, 국민에 의한, 국민을 위한 정부는 멸망하지 않는다" "the government of the people by the people, and for the people must not perish"와 또한 우드로 윌슨의 "우리는 민주주의를 위하여, 세계를 안전하게 만들고자 투쟁하고 있다 we are fighting to make the world safe for democracy"고 말한 것을 많은 미국인들이 망각하고 있는 것 같다. 그러나 이것을 잊어버린 많은 사람들일지라도 그들의 평정平靜을 갑자기 혼란시키는 일은 결코 허용하지 않을 것이다.

　그들은 미국이 세계에서 가장 부유하고 가장 강국이므로 누구라도 감히 공격할 수 없다고 하는 자부심을 갖고 있다.

　"미국정부는 모든 것을 잘 감당할 것이다 Uncle Sam will take care of everything"라고 그들은 말하고 있다. 그렇지만 이러한 미국정부도 국민들의 단결된 지원 없이는 무력해질 수밖에 없으며 이렇게 큰 공화국도 비적匪賊국가의 기계화된 육·해군 앞에서는 제2의 중국, 제2의 프랑스 또는 제2의 그리스로 전락할 수밖에 없다는 것을 깊이 명심하여야 할 것이다.

선견지명이 있는 애국적인 지도자들은 지금까지의 노력을 배가하여 전체주의국가가 지배하는 세계의 위기상황에서 별 탈 없이 미국의 정치적, 경제적 독립을 유지시킬 수 있을 것이라고 지금도 믿고 있는 무사태평인 미국인들을 각성시키지 않으면 안 된다.

미국정부가 외국과 분쟁이 야기되었을 때, 상당한 영향력이 있는 일부 인사들은 외국 정부에 유리한 발언을 해서 자국의 입장을 약화시키려고 했던 일이 빈번하게 일어나고 있다.

그들이 그와 같은 일을 할 때는 자기들의 행동이 비 애국적이라고 생각하지 않고 단지 그것은 '민주주의적民主主義的'이라고 착각하고 있다. '민주주의적인 국민은 전체주의자들처럼 편협하고 옹졸한 애국자와 같이 행동해서는 안 된다' 고 하는 것이 그들의 생각이다. 그러나 전체주의자들은 그들의 욕구를 달성하기 위하여는 개인의 권리를 묵살해 버리기도 한다.

전체주의자들의 입장에서 보면, 미국은 강력한 응집력으로 결속된 국가가 아니며, 또한 국방을 위하여 응집된 국력을 갖추고 있는 나라가 아니다. 따라서 군사적 정복을 통하여 지역적 팽창을 노리고 있는 침략주의자들의 눈에 비친 미국 민주주의의 한심스러운 약점은 매우 참담한 재앙을 가져올지 모른다.

만약, 전 세계 모든 국가가 민주주의화 된다고 가정하면, 현재와는 완전히 다른 세계가 될 것이다. 일본·러시아·독일·이탈리아가 서반구를 제외한 나머지 거의 대부분을 실질적으로 지배하고 있기 때문에 미국민주주의라고 하는 것은 '전체주의의 바다' 한복판에 홀로 떠 있는 고도孤島에 지나지 않는다.

모든 주의isms들은 가능한 경우에는 친밀한 수단으로 평화주의를 내세워서 침투한다. 그리고 필요하다면 무력적 침략에 의해서 이 미국 대륙에 그들이 정착할 수 있는 가능한 모든 수단과 기회를 노리고 있는 것이다.

미 대륙에 대공화국이 성립된 후 미국민들의 희망은 '1876년의 독립정신 Spirit '76'이 온 세계의 억압받고 있는 국민들 사이에서 깨어나리라는 것이었다.

그들은 자유를 위하여 투쟁하고 있는 모든 예속 민족들에 대해서 동정적이었다. 많은 정치가들은 온 세상 사람들이 폭군과 압제자의 족쇄로부터 벗어나는 날이 오기를 마음으로부터 기원하였다.

그 정신은 미·스페인전쟁 때까지 널리 팽배해 있었다. 그 전쟁의 결과, 미국은 필리핀군도를 포함해서 대부분의 스페인 영토를 해방시키려고 인수했다. 이것은 단순한 제스처가 아니다. 미국정부는 원주민들을 자유로운 독립국가로 해방시켜주었고 나아가 자유를 누릴 수 있도록 교육하고 훈련시키는 과업에 착수하였다.

그때에 만약 일본문제가 전 세계의 정세를 급변시키는 문제로 대두되지 않았다면 필리핀은 좀 더 빨리 독립되었음에 틀림이 없다. 다른 모든 민족들은 미국이 보여준 고상한 모범을 다른 국가들이 승계해서 약소국을 탈취하려는 중세기적 작태를 종식시켜 모든 약소민족이 해방되는 날이 오기를 간절한 마음으로 바랐다.

그러나 이와 같은 생각은 바로 그 힘을 상실하고 말았다. 신세계의 막대한 물질자원의 개발과 대량생산을 위한 새로운 시장의 탄생은 점차적으로 인도주의를 배척했다. 그리고 '달러' 외교는 극단적인 이기주의로 바뀌었다.

개인주의적인 인생관은 "다른 사람들의 문제는 자신들이 돌보게 내버려 두어라, 우리는 그들의 형제를 책임지는 사람들이 아니다"라는 말로 표현되었다. 이와 같이 속이 좁은 생각은 곧 고립주의정책으로 발전되어버렸다.

즉 "자신의 일이나 알아서 잘하고, 타인의 일에는 간섭하지 말라"라고 하는 반복된 충고로 표현되고 있는 것이다. 이와 같은 사태 하에서 민주주의는 미국이 국제관계에서 지도자적 역할을 담당하지 못하고 있었던 관계로 자기의 주장을 유지시킬 수 있는 근거를 상실하고 말았다.

현재 아시아, 유럽에서의 혼란한 무정부적 사태는 전적으로 현명한 리더십의 결핍에서 기인되었다. 인간사회는 평화와 질서를 유지하기 위하여 리더십이 필요하다. 전체주의의 조직은 독재자가 없이는 그 존립이 불가능하다.

민주주의적 사회도 행정수반이 없으면 그 기능을 유지할 수가 없다. 국가의 체계라 하는 것도 결국은 가족단위가 확대된 것에 불과하다. 만약 국가의 규모가 크건 작건, 또는 그 국가의 정치체제가 민주주의이건 전체주의이건 간에 그 국가의 안전을 위해서는 리더십이 절대적인 필요조건이라면 그것은 국가 결합체의 안전을 도모하기 위해서도 또한 리더십이 필요한 것이다.

그러기 때문에 국가사회도 인간사회와 마찬가지로 그 모든 구성원의 총체적인 안녕을 위하여 모든 것을 지휘할 리더십을 갖출 수 없으면 타격을 받게 된다는 것은 명백한 사실이다.

세계는 리더십을 필요로 하여 왔다. 특히 동서양이 긴밀하게 접촉하고 충돌하게 된 이래로 항상 그러한 리더십을 갈구해 왔다. 극동의 여러 국가와 유럽의 몇몇 약소국가들은 그것을 미국에서 구하려고 했지만 실망하고 말았다.

그들은 미국이 영토확장식 야망이 없는 유일한 국가라는 것을 알았다. 미국의 모든 사람을 위한 자유·평등·정의사상은 전 인류를 고무하는 큰 원천이 되었다. 풍부한 자원, 강인한 정신력과 천부적 재능의 자유로운 개발, 그리고 사람들 사이에 미칠 수 있는 무제한적인 영향력을 갖고 있는 미국의 새로운 질서를 아주 용이하게 시대에 뒤쳐진 약소국들에게 소개할 수 있었을 것이다.

혁명과 진화의 과정을 통해서 미국은 점차로 약탈국가들의 오랜 관습에서 벗어났을 것이고, 머지않아 억압 속에 짓눌린 민족을 그 압제자로부터 해방시키는데 성공하였을 것이다.

쿠바와 필리핀은 미국의 지원에 의해서 새 시대를 연 좋은 예이다. 극동에 있어서도 중국에 대한 문호개방정책, 중국인들의 교육을 위한 의화단義和團 손해배상자금의 적용 및 그밖의 헤아릴 수 없는 관대한 처벌은 미국만이 인류의 향상을 위하여 큰 희생을 치룰 수 있다는 것을 아시아인에게 증명하였다.

서반구에 있어서도 중부 및 남미국가들은 모두 '먼로주의the Monroe Doctrine'의 보호를 받고 있으므로 자연히 미국의 원조와 지도를 구했던 것이다. 당시, 그와 같은 시대적 상황에 처하여, 미국은 전쟁과 같은 모험을 무릅쓰면서 까지 신질서를 세계에 보급하려고 노력하지는 않았다.

미국이 행하려던 것은 명확한 정책을 결정해서 합법적인 방법으로 '전체를 위한 자유와 정의liberty and justice for all'라고 하는 민주주의

원칙의 실천을 장려함으로써 그 정책을 추종하고 적용하도록 하는 것이었다. 그러면 그밖의 것들은 세계의 자유애호가들에 의하여 행하여질 것이다.

그러나 미국인들은 국제간의 무역증진에 더욱 많은 관심을 집중하고 있었으며 그 이상의 국제적 책임을 떠맡는 것은 거부하였다. 어느 이념을 추구하는 것보다는 직접적이고 실용적인 통상거래에 의한 이익이 미국인의 핵심적인 관심사가 되었다.

이와 같은 미국인의 심리는 미국의 리더십을 이용하여 미국 생산품으로 세계시장을 완전히 장악할 수는 없을 것이라는 사실을 이해할 수 없었던 것이다. 중·남미 공화국들은 크게 실망해서 점차 미국에 대한 신뢰심을 잃어버리고 말았다.

독일은 이와 같은 호기를 틈타서 남미의 각 전략 중심지역에 경제적인 발판을 구축하였다. 이들 국가의 강력한 '친독반미親獨反美'의 고조된 감정은 독일의 대대적인 반미 선전책동에서 나타났다.

그 뒤를 이어 일본인들도 기회를 놓치지 않고 독일과 함께 야금야금 식민지를 늘려 갔다. 따라서 미국이 이 문제를 해결하기에는 무척 곤란하다는 것을 깨달을 때가 왔다.

영국이 동양인들로부터 전폭적으로 신뢰를 받은 것은 아니지만 오랜 시간 동안 많은 국가 사이에서 다년간 지도적 강국으로 존경을 받아왔다. 영·일동맹은 세계적 강대국으로서의 대영제국 쇠퇴의 시작이라고 동양인들은 생각하였다.

민주주의를 위해서는 불행하게도 대영제국은 미국과 협력해서 두 민주주의 패권을 유지시키는 것보다 오히려 미국과의 세계무역경쟁에 몰두하였다. 수 년 간 다수의 미국인은 이 사실을 알지 못했지만 중국인은 영국인을 친일반미파라고 취급하였다.

그때에 제1차 세계대전이 터진 것이다. 연맹국은 그들을 구하는 최후의 수단으로서 미국을 전쟁에 끌어 들이려고 모든 노력을 기울였다. 윌슨Wilson 대통령은 '민주주의를 위하여 세계를 안전하게 만들자'고 하는 슬로건을 내걸고 전쟁에 참여하였다.

만약, 미국이 독일에 대해서 선전포고만을 했어도 모든 교전국가에게 도덕적인 효과를 가져왔을 것이다. 그러나 미국민들은 그 이상의 일을 하였다. 연맹국에 대해서 경제적, 물질적인 지원이 이루어졌고 미국 군대는 프랑스에서 전투를 감행하였다.

전쟁이 끝나갈 무렵에 이르러, 전 세계는 평화회담의 주도권을 영국이나 프랑스 수상에게서 구하지 않고 미국 대통령에게서 구한 것이다. 그러나 미국 내에서의 대립, 유럽 지도자의 빈약한 정치적 수완으로 인해 미국을 위한 절호의 기회가 수포로 돌아가고 말았다.

전후, 대부분 유럽국가의 대미감정은 우호적인 것은 아니었다. 미국에 대한 전쟁부담금의 지불에 관해서 의견대립이 있었다. 유럽 각국은 그것이 자기들에게 어떠한 불행이 초래되고 있는가를 깨달을 수가 없었다.

그것이 지금 동양에서, 민주주의를 위한 미국의 개입을 반대하도록 미국 내의 여론에 큰 영향을 미친 것은 의심의 여지가 없다. 전체주의 국가의 국민들은 정치적 훈련 때문인지, 아니면 군사적 강제에 의해서인지는 알 수 없지만 자신들의 정부를 위하여 신명을 걸고 싸우고 있는 것에 반해서 민주주의 국가의 국민들은 전체가 위험에 드러날 때까지 상호 복리와 안전에 대해서 일반적으로 무관심한 태도를 취하고 있다.

쑨원孫文 박사가 극동에 있어서 민주주의 원칙을 위하여 싸우고 있는 중국에게 도덕적인 지원을 해달라고 미국에게 개인적으로 호소한 것은 중국에 대한 일본의 외교적 침략이 정점에 이르고 있을 때였다.

⊙ 孫文의 출생지(中山) 서쪽 12km 지점에서 행군하는 친일중국인 인민정진대(봉사대)

이 일본의 외교침략에 대해 21개 조항에 달하는 요구인 것이다. 대체적으로 미국 국민들은 중국에 대해서 동정을 기울였지만 일본의 선전 영향이 너무나 강했기 때문에 쑨원 박사의 요구에 응한 것은 하나도 없었다. 중국은 '물에 빠진 사람이 지푸라기라도 잡는 격'으로 소련이 내민 구원의 손에 매달렸다. 이것이 중국에 있어서 공산주의운동의 시발점이 된 것이다. 쑨원 박사는 언제나 이 문제에 관해서 비판을 받고 있었는데 일본은 이것을 그들의 최상의 선전용 수단으로 악용하였다. 만약, 쑨원 박사가 조금만 더 생존하였다면 그는 자기의 후계자들에게 마르크스주의Marxism를 거부하였다고 하는 것을 분명히 밝혔을 것이다.

그가 '삼민주의三民主義'를 강의할 때, 모리스 윌리엄Maurice William 박사가 쓴 〈역사의 사회학적 해석The Social Interpretation of History〉이라고 하는 책을 손에 넣었다. 이 책이 그에게 큰 영향을 미쳐서 마침내 그는 공산주의의를 거부하였다.

칼 크로우Carl Crow씨는 〈다이내믹 아메리카Dynamic America〉라는 논문에서 다음과 같이 기술하고 있다.

"미국은 중국과 독특한 관계를 맺고 있다. 쑨원과 모리스 윌리엄의 관계에 의해서 참으로 밀접한 운명이 중국인과 미국인을 연결시켰다. 미국의 민주주의를 지지하고 소련의 공산주의를 버림으로써 중국국민은 오늘날 미국식 정치체제를 지키기 위하여 피를 흘리며 싸우고 있다"

이 사실은 다수의 중국인들에게 충분하게 전파되지 못하였으며, 아직까지도 중국인들의 다수는 경제적 구원의 수단으로 소련soviet 제도를 고수하고 있지만 그것이 일본의 선전선동의 근거를 제공해주고 있다. 도쿄의 외무성 대변인은 만약, 수억의 중국국민이 공산화하면 미국에 대해서 크나큰 위협이 될 것이며, 일본은 미합중국의 방위를 위하여 싸우고 있다고 반복해서 선전하고 있다. 이와 같은 선전은 미국에서 일본이 바라는 효과를 톡톡히 보고 있다.

제1차 세계대전이 끝났을 때, 독일·일본·이탈리아는 다음의 전쟁준비에 몰두하였다. 난공불락의 마지노선Maginot Line에 과신한 프랑스와, 함대의 우수성에 대해 자만심을 가졌던 영국은 다른 국가의 책동에 대해서 주의를 기울이지 않고 있었다.

그들은 국토방위를 위하여 국민에게 정돈·편성·무장 등을 시키지 않고 하는 일 없이 사소한 논쟁으로 세월을 보내고 있었다. 그들의 적이 전면적인 전쟁준비를 하고 있을 때에도 그들은 장래의 정세를 전혀 알고 있지 못했다.

그러면서 그들의 적대국들과의 유화정책을 펴서 충돌을 피하도록 노력하였다. 독일의 압도적인 정예부대가 공격을 시작함으로 해서 다른 국가들은 차례차례로 멸망해가고 있었으며, 프랑스 영토의 반 이상이 독일에 의해 점령되어버렸다. 프랑스 사령관 패튼Patain원수는 라디오 연설에서 "우리는 병력이 너무 열악하고, 동맹국이 모자라고, 군수품이 너무나도 부족하여 더 이상 저항할 수가 없다"고 발표하였다.

병력이 적다고 하는 것은 어찌된 영문인가? 프랑스 청년들은 무엇을 하고 있는가? 청년은 있지만 그들 대부분은 개인주의자들이다. 그들도 우리와 같이 인간이다. '자유를 즐기는 사람은 많지만 자유를 위하여 생명을 걸고 싸우려고 하는 사람은 드문 것이다 Everyone likes to enjoy liberty, but few are willing to fight for it with their lives'

동맹국이 적다고 하는 것은 무슨 뜻인가, 히틀러주의Hitlerism에 반대하는 유럽 국가들은 어디로 갔단 말인가? 그들이 아직 거기에 있지만 그들도 개인주의자들이었던 것이다.

그들은 명예롭거나 명예롭지 못함에 관계없이 '평화'를 바라면서도 전쟁은 거부하고 있다. 물론 평화로웠던 시대에는 그들 모두가 동맹국이었다. 불꽃이 이 집에서 저 집으로 비화되어 큰 화재가 나듯이, 중부 유럽에서 일어섰던 독일의 압도적인 군사력은 단숨에 북쪽을 향하고, 해안선을 따라서 서쪽으로 휩쓴 다음 프랑스의 심장부를 관통하여 남쪽으로 진격하면서 그들의 통과지역에 위치한 모든 국가들은 모두 파괴되고 말았다.

이 갑작스런 맹습猛襲에 대해서 각국은 단독으로 맞서지 않으면 안 되었다. 그것은 다른 나라들은 '싸움을 방관하고 있으면 자기들은 그의 침략군으로부터 안전을 보장받을 수 있을 것'으로 착각하고 있었기 때문이다.

　이같은 상황들은 동맹국들이 나치스의 발굽 아래 추풍낙엽 신세로 전락하고 있는 이유를 설명해 주고 있다. 드디어 프랑스 차례가 닥쳐왔다. 프랑스는 싸우기에는 "동맹국의 수가 너무나 적다"는 것을 안 것이다. 실로 세상은 냉혹하였다.

⊙ 1940년 독일이 프랑스를 함락한뒤 "에펠탑"
을 찾은 히틀러와 그참모들

　한국인은 1910년에 이러한 고통을 체험하였다. 그것은 한국인에게는 너무나도 큰 고통이었다. 한국을 지원하겠다고 약속했던 열강국들은 다 어디에 있었단 말인가? 그들은 모두 팔짱낀 방관자들로 구경만 하고 있었다. 한국을 동정하는 척도 하지 않았을뿐만 아니라 뒤돌아서는 '겁많고 덜 떨어진 한국인'의 희생이라고 조롱하고 있었다.

　이것은 한국인에 있어서 뼛속 깊이 사무치는 고통이었다. 조약국이었던 미국과 대부분의 유럽 선진국들은 한국이 세계평화의 제단에 놓여진 최후의 희생물이었다고 생각하였다. 그러나 불행히도 사실은 그렇지 않았다.

일본이 태평양지역에서 그들의 '제국帝國'을 확장하려고 온갖 기회를 노리고 있었고, 또한 독일과 이탈리아는 대서양 방면으로부터 그들의 정복 한계선을 미국 쪽으로까지 뻗치고 있는 사이에도 미국 내의 일부 지도자들은 영국에 대한 적극적인 원조를 반대하고 있었다. 그들은 적극적인 원조를 찬성하는 압도적인 여론에도 불구하고 순수한 방위계획 이상의 원조는 어느 것도 하지 말도록 거부하고 있다.

그들은 이러한 준비가 단지 방위를 위하는 데만 있다고 하는 것을 세계가 알지 않으면 안 된다고 해서 끝까지 강경하게 우겨댔다.

즉, 미국인은 적군이 문 안에 들어서고 포탄이 머리 위에 떨어질 때까지는 아무 일도 하지 않을 예정이었던 것이다. 민주주의국가들이 때를 놓치기 전까지 방어만을 고집하고 있는 것은 이해하기 힘든 일이다. 벨기에·프랑스·유럽 북방지역에 있는 여러 나라가 동맹국들과 나치스 간에 전쟁이 발생할 경우 동맹군들은 독일과 맞서 싸울 수 있을 정도의 충분한 무기를 갖추고 있지 못하였다.

마지노선Maginot Line은 공격을 위한 것이 아니고 방어를 위하여 구축된 것이기 때문에 소용이 없다고 보고되었다. 만약, 침략을 계획하고 있는 적군이 미 합중국의 본토에 상륙해서 선전포고할 때까지는 공격하지 않을 것이라는 것을 알고 있다면, 미국이 태평양과 대서양의 태반을 덮을 정도의 전함을 가지고 있고 또한 하늘을 검게 덮을 정도의 폭격기를 갖고 있다고 해도 그들은 조금도 미국을 두려워하지 않을 것이다.

대량의 포열을 갖추고 있어도 미국은 그것을 사용하지도 않고 또 사용할 수 없다는 것을 적군이 알고 있다면 그 많은 것들이 모두 무용지물이 되고 만다. 대 영국, 자유프랑스 및 그밖의 자유 애호국가와 협력하여 미 합중국은 제국주의적 대군주나 독재자의 입장이 아닌 큰형님의 입장에서 선두에 서서 주도권을 행사하여야 할 것이다.

국제 정의와 전체를 위한 평등의 기초 위에 각 국가 간에 평화와 친선을 도모하도록 그 위대한 힘을 활용해야 한다. 근래 수 년 동안 미 합중국의 노력은 집단안보의 공동목표를 위하여 미주美洲 내의 21개국을 융합시키는 소기의 효과를 가져 왔다.

이 서반구에 있어서 그와 같은 성공에 비추어보면, 시의적절한 노력을 통하여 세계 전 민주주의국가 간의 협력을 얻을 수 있는 것이며, 전체주의자들의 책동을 방지할 수 있을 것이다.

그러나 민주주의는 세계의 리더십을 갖는데 실패함에 따라 이미 독일·이탈리아·일본은 세계를 3구역으로 분할하지 않으면 안 된다고 주장했다.

즉, 유럽은 추축국가의 지배하에 놓이게 되며, 캘리포니아 해안까지의 태평양을 포함한 아시아를 일본의 지배하에 놓고 미국은 남북아메리카 대륙에 만족하게 해서 이들을 모두 먼로주의 원칙하에 놓으려고 하는 것이다. 우리가 이에 찬성하건 안하건, 그들은 전 세계의 정복이라고 하는 궁극적인 목표의 첫걸음으로 이 계획을 감행하기로 결정한 것이다.

무관심한 관측자들에게는 이것이 합리적으로 들릴지도 모르겠지만 만약, 전체주의국가가 서반구를 그대로 내버려두는 것에 찬성한다면 왜 그들은 그들 원래의 구역에 그대로 놓아두지 않으려는 것인가? 이 문제를 좀 더 깊이 있게 연구해 보면 간단한 문제가 아님을 알 수 있을 것이다. 그것은 미국 국민에 대한 또 하나의 얄팍한 속임수에 불과한 것이다.

다음에 열거하는 것은 이 제안을 반대하지 않으면 안 되는 3가지 이유이다.

1. 사실상 이것은 먼로주의의 종말을 알리는 시발점에 이르게 될 것이다. 전체주의국가는 먼로주의를 타도할 준비가 갖춰지는 시점까지는 그것을 지킬 것이다. 그들의 현재 약속은 그들이 과거에 행했던 약속 이상으로 존엄성을 갖지 못할 것이다.

미국인들이 통상조약과 문호개방협정을 위반하면서 미국 생산품의 유럽 및 아시아 시장진출을 폐쇄하라고 하는 그들의 주장을 승인하지 않는다고 하는 이유로서, 그들이 먼로주의의 승인을 철회할 수 있는 논리적인 타당성이 있겠는가?

서반구의 안전이 마치 그들에 의해 좌우되고 있는 것처럼 지구상에 얼마 남지 않은 부분에 대한 그들의 독점적 권익에 동의한 대가로서, 이미 추축국가동맹의 소유로 되어 있는 것을 미 합중국에게 제공될 수 있겠는가?

2. 이것은 민주주의에 대하여는 치명적인 타격이며, 인간성에 대해서는 중대한 비행非行이 될 것이다. 유럽과 아시아를 독재자의 지배 하에 굴복시키는 것은 전 자유애호가들을 노예화하는 것을 의미하는 것이다.

독일의 나치스정부 하에서는 유혈참사가 끊일 날이 없을 것이며, 동양에 있어서 일본의 주도권 장악은 세계인구의 태반이 심각한 비극에 직면하게 될것이다.

일본은 한국·만주 및 중국의 점령지를 총검으로 억압하고 있다. 일본인들이 단순하게 하는 말인 '동양의 신질서'라는 것은 공포와 전율의 통치에 지나지 않는다.

일본의 30년간의 한국 통치는 대대적인 멸족정책滅族政策에 대한 기록이며 아무런 무장도 하지 않은 채, 기진맥진된 2천3백만의 한국인을 대량기근 상태에 몰아넣기까지 하여 경제적으로 목을 졸라매는 침략정책을 감행하였다. 일본은 그들이 이미 패배시킨 적에게 자비와 도량을 보여서는 결코 확실한 승리를 지킬 수 없다는 것을 잘 알고 있으므로 다른 방법을 동원하지 않을 수 없었다. 그리하여 그들은 잔인한 군사력이라는 수단에 의지하지 않으면 안 되었다. 일본이 군대를 아시아 대륙으로부터 철수하는 그 순간에는, 한국인·만주인·중국인들은 남아 있는 모든 일본인을 한 사람도 남김없이 추방해 버릴 것이다.

일본이 입으로만 허울좋게 '아시아인의 아시아'라고 하는 그들의 부르짖음은 '일본인을 위한 아시아'를 의미하는 데 불과하다. 아시아 전 대륙에서 일본으로 하여금 중세기적 야만행위를 자행하게 하는 것은 최악의 국제적 범죄일 것이다.

3. 비적匪賊국가들이 절대로 서반구를 침범하지 않겠다고 하는 약속을 믿고서 그들끼리 나머지 세계를 분할하도록 내버려 둔 것은 미국의 크나큰 대외정책의 과실이 될 것이다. 공포에 눈이 먼 사람들을 제외한 어느 누가 그들의 이 말을 믿겠는가?

일본인들은 약속에 의해서 그들이 원하는 것들을 얻을 수 있는 것이라면 -예를 들면, 절도품 소유권의 합법화 등 이익이 있다면- 어떠한 것이나 약속할 것이다.

일본과 독일이 현재 쟁취하고 있는 모든 물적物的, 인적人的 자원으로
서 그들은 머지않아 미국보다 훨씬 더 강대해질 것이다. 그때가 오면
그들은 "먼로주의는 죽은 문귀다"라고 외쳐댈 것이다.

일본과 거래하는 최선의 방법은 그들과 약속하지도 말고 그들로부터
어떠한 것도 취하지 말아야 한다. 만약, 그들이 폭력에 의해 인접국으
로부터 약탈한 모든 것을 내어놓을 때까지 미 합중국이 그들에 대하여
경제제재, 통상금지 또는 전국적인 불매운동 등으로 제압할 수가 없다
면, 미 합중국은 최소한 그들을 '공공公共의 적'으로 몰아부처야 할 것
이다 미 합중국은 활동을 개시하라! 지금 당장에!

결론 Conclusion

결론結論적으로, 나는 독자들에게 극동지역의 앞으로 전망에 대하여
희망과 용기를 간직하고 있기를 바란다.

그러나 솔직하게 말하자면 미 합중국과 일본 사이에 전쟁을 회피할
수 있다거나, 또는 전쟁을 장기간 연기시킬 수 있다는 가능성에 대하여
는 알 수가 없는 일이다.

필자가 성의를 다하여 알리고자 하였던 바와 같이, 일본은 아시아 대
륙에서 주도권을 장악한 뒤에, 궁극적으로는 전 세계를 지배하겠다는
빈틈없는 장기계획을 세워 이것을 성취하려 광분하고 있다.

이같은 지상과제를 이룩하기 위하여 일본의 전체 국민들은 '요람에
서 무덤까지' 누구라도 예외 없이 전체 생명을 바치도록 국가로부터 소
명召命 받았다.

모든 일본인들은 확고한 군국주의 사상에 몰입되어 있으며, 자신들도 창조주 하늘로부터 물려받은 천손天孫들이란 믿음으로, 또한 하늘의 직손直孫으로서 하늘에 마련될 옥좌玉座에 앉게 될 그들의 천황天皇에게 끊임없는 충성을 바치도록 철두철미하게 교화敎化된 민족이다.

따라서 일본인들의 입장에서 볼 때, 일본인들에 의하여 "세계를 지배하라고"고 하늘이 내린 지시에 따라 행하는 계획을 다른나라가 간섭한다면, 이는 도저히 용서 할 수 없을 일이다. 어떠한 반대도 그것이 비록 순수한 목적에서 기인한 것이라도 일단 의심부분이 있는지를 살펴본 후, 일본제국의 계획을 수행하는 길에 방해되는 나라들은 여지없이 처부셔야 한다는 것이다. 누구든지 일본에 도전하는 것은 곧 하늘에 대한 모독행위로 보고있다.

너무나 커다란 역사적인 '아이러니'는 일본으로 하여금 좁디좁은 섬나라의 껍데기를 벗겨내고 근대화된 문명 세계로 자기들을 안내해 준, 바로 그 나라를 향하여 총부리를 겨누고 있다는 사실이다.

1854년, 일본이 첫번째로 시도한 해외 문호개방정책의 일환으로 통상무역과 주재駐在에 대한 협상을 매듭지을 때, 미국의 매튜 C. 페리 Matthew C. Perry 함대 사령관은 뜻하지 않게 그들을 전적으로 도와주었다. 그런데 이것이 곧 뒷날에 동방의 조그마한 섬나라가 미 합중국을 전면적으로 위협하며 달려들게 하는 단초를 제공해 준 것일 줄이야.

일본이 잔인하게 한국을 정복하는 과정은 일본인들이 즐겨 쓰는 '평화적 침투peacfal penetration'라는 교활한 방법으로 아시아 대륙을 침략해 들어가는 시작에 불과하였다.

국제연맹국들이 어떻게 이것을 막아내야 할 것인가? 하고 고심하고 있는 동안에 일본은 중국·만주를 점령하고 그곳에 소위 '만주국'이라

불리는 괴뢰정권을 수립했다.

일본의 이와 같은 침략 행위는 미국으로부터 전혀 인정을 받지 못하였다. 일본의 이와 같은 평화적 침투 정책의 계속적인 단계를 서술하자면 많은 지면을 필요로 할 것이다.

전 세계는 중국에 대하여 선전포고 없이 쳐들어간 전쟁과 일본 침략군들이 중국의 개방된 도시와 무방비 상태인 중국인들을 향하여 무자비한 잔학행위殘虐行爲를 저질러 왔다는 것을 잘 알고 있다.

또한, 전 세계는 일본이 인도지나와 태국에 개입하고 있다는 것, 추축국가와 협정을 체결한 것, 소련 연방과 협약을 맺은 것, 네덜란드령領 동인도 제도諸島에 대한 계속되는 전쟁 위협과, 그리고 영국과 미국민들에 대한 계산된 학대 행위 등에 대해서도 잘 알고 있다.

이러한 일본의 모든 계획된 행위들은 의심의 여지없이 그들의 흉계가 하나씩 현저하게 들어나고 있는 현상이다.

이것은 일본의 직접적이면서도 방약무인傍若無人한 도전이었으며 미국인들을 경악시키는 일이었다. 미국인들에 대한 위협은 현실적으로 다가오고 있었다.

일본에 대한 막연했던 신뢰가 이제는 공공연한 불신으로 변하고 있다. 일본은 이제 공평과 정의에 의하여 행동하지 않을 것이며, 일본이 가장 상습적인 효과를 노리고 있는 논리 즉 '힘의 논리The Argument of force' 이외에는 아무것도 인정되지 않으리라는 것을 우리는 명확히 알게 되었다.

마쓰오카 요스케는 권모술수의 대가이다. 바로 얼마 전에 소련과 체결한 '마쓰오카 류類'의 협정은 도쿄·모스크바·베를린·로마를 함께 묶는 새로운 전략적 연대連帶라고 대단한 환호를 받았다.

⊙ 이승만의 예언대로 일본은 진주만을 1941년 12월 7일 오전 8시 기습공격했다. 일본군 나구모南雲忠- 중장이 이끄는 기동부대의 항공모함에서 발진한 약 360대의 항공기가 진주만에 정박중이던 미 태평양함대에 대하여 기습공격을 감행하여 본격적인 '태평양전쟁'이 시작되었다. 이로 인하여 미국은 전투함선 70척, 보조함선 24척, 육·해·해병대 소속항공기 약300대 대기중전함 5척이 침몰되고 1척은 대파 ,구축함 2척 침몰, 기타 전함 9척, 항공기 140대 대파와 약80대 손상, 장병 2,330명 전사, 1145명 부상, 비전투원 사상 100명의 큰 손실을 보았다.

그러나 실상은, 그 협정을 위반해야만이 그들의 목적하는 것들을 쉽사리 달성할 수 있다는 것을 한번 터득하게 되면, 그 협정을 명예롭게 지키고자 하는 의도를 견지하는 경우는 단 하나도 없을 것이다.

따라서 그들이 협정을 체결하고자 하는 각자의 속셈은, 당분간 그 상대국가로 하여금 그 동맹을 준수하기 위한 틀 안에 묶어두기 위한 수작에 불과한 것이다.

⊙ 미국인들을 경악시킨 진주만 피습후에 파괴된 미 구축함. 이승만의 예언을
듣지 않았던 미국의 모습에서 지금의 우리 모습을 한 번 깊이 살펴 볼 필
요가 있다

문서상의 조약내용은 무시해버린 채, 소련은 옛날과 같이 계속하여
중국에 전쟁물자를 공급해 주고, 일본은 일본대로 소련과 만주 국경지
역에 군사력을 계속 유지하고 있다는 사실을 볼 때, 애시당초부터 그
협정은 휴지조각에 불과하다는 것이 명백히 증명된 셈이다.

따라서 이 협정의 절대적인 가치는 허울 좋은 선전효과의 범위를 넘
지 못하였다.

북방으로부터의 소련의 공격 위험성을 막아보고자 시도한 일본의 외
교적 노력은 이러한 연유로 인하여 좌절을 맛보지 않을 수 없었다.

동시에 일본의 중국과 남태평양 지역에 대한 침략 행위에 대한 미국의 태도는, 역시 일본정부 당국자들을 불안한 상태로 몰아넣고 있었다.

미 합중국 국민과 그들의 권익을 보전하기 위하여 하와이와 필리핀 해역에 미 함대가 출동하게 된 것은, 일본 군벌들 사이의 과격분자들에게 적잖은 영향을 미치게 되었다.

그리하여 온건파들의 견해가 득세하게 되었고, 예기치 못한 사태가 촉발될 수도 있으리라는 불안스러운 믿음 때문에 경계 대비 정책을 취하기로 결정하였다.

⊙ 히틀러가 선전포고한 뒤 독일군은 파죽지세로 모스크바로 향하여 총진군 해 갔다.

네덜란드령領 동인도 제도의 경제적 이권부활의 당사국에 해당되는 제3국들, 즉 미 합중국과 영국에게 일본의 분배권을 요구하다가 동인도가 이를 거부하자, 바타비아Batavia에서 개최되었던 경제협상에 참가하고 있던 겐기치 요시자와가 아무 말없이 퇴장한 이유가 바로 여기에 있었던 것이다. 도쿄의 언론에서 예전에 네덜란드를 위협하던 '발본책

拔本策’이라던가 또는 ‘징벌적懲罰的인 행동’은 아직 나타나지 않았다.

그러나 때마침 일본에게 있어서 완전히 만족할만한 사태가 발생하였다. 청천병력과도 같이 6월 22일 히틀러의 대對 소련 선전포고는 일본에게는 더할 나위없는 황금같은 기회가 되었다.

나치스의 기계화 부대와 장갑차 부대는 독일을 위하여 ‘울면서 겨자 먹기’로 참전한 핀란드·루마니아 군대와 함께 서부 러시아로 물밀듯이 쳐들어갔다. 어느 편이 이 전쟁에서 최후의 승리자가 될 것인가에 대하여는 구태여 언급할 필요성을 느끼지 않는다.

그러나 한 가지 아주 중요한 사실 즉, 일본은 이와 같은 대 혼란을 틈타서 한 몫 크게 챙기게 될 것이 확실하다.

독일 나치스와 소련과의 전쟁이 개시 된지 겨우 24시간이 경과되기도 전에 바티비아에서 경제회의를 끝마치고 막 본국으로 돌아가려던 일본 대표들은 발길을 돌려 회의장으로 되돌아 와서는 다시 협상 재개를 요구하였던 것이다.

그 당시 네덜란드령 동인도 당국자들은 할 수 없이 일본에 굴복하여, 비공식적으로, 다량의 물자를 일본 측에 공급하겠다는 비밀약속을 하였다. 그때에 만약 누구인가 이것이 일본이 요구하는 마지막의 것이 되리라는 것을 생각하는 사람이 있었다면, 그는 머지 않아 환멸을 느끼게 되었을 것이다.

대영토 확장정책에 혈안이 되어 있던 일본으로서는 그때의 사태는 하늘이 준 전채일우千載一遇의 기회가 되었던 것이다. 러시아가 나치스 침략자들과 생사의 혈투에 여념이 없을 때 일본으로서는 두 가지 방향 중에 어느 한 쪽 방향으로 정복의 발길을 향해야 할 것인지를 정해야 했다. 시베리아 국경으로부터 병력을 철수시키고 남태평양 침략에 군사력을 집중시킬 것인가 아니면 시베리아 내부 깊숙이 침투하여 우랄 산맥 동부의 광대한 영토를 확보해야 할 것인가를.

위의 두 방향을 비교하여 보건데, 일본으로서는 남방 진출이 더욱 매력적이란 입장이었을 것이다. 왜냐하면 영국·프랑스·네덜란드의 동남아 식민지에는 일본이 절대로 필요로 하는 전략물자들이 대량으로 생산되고 있기 때문이었다.

그러나 또 한편으로는 일본의 남방진출은 미 합중국과의 일대 격전을 불사해야 하는 상당한 위험을 내포하고 있는 것이다.

북방정벌이 비교적 용이할 것이며, 외몽고·하얼빈·블라디보스톡·캄차카 반도·사할린의 북반구를 점하는 아시아의 광대한 지역을 거의 단숨에 복속시켜 미카도 제국에 추가 시킬 수 있을 것이다.

북방의 광대한 새 영토의 소유는 일본 군국주의자들이 전략적인 차원에서 탐욕스럽게 눈독을 드리고 있는 베링해협의 서쪽 해안선을 모두 포함하게 될 것이다.

일본은 미 합중국과 전쟁을 치러야 할 경우, 미국의 알래스카Alaska 기지로부터 공중공격에 대비하기 위하여 일본의 새 영토에 견고한 항공기지를 건설하기를 원하고 있었다. 이 두 가지 중에서 하나의 선택을 놓고 어느 쪽을 먼저 택할 것인가 하는 문제는 첫째, 독·소 전쟁의 전개과정을 지켜보고, 둘째, 미 합중국이 어디까지 일본의 팽창을 허용할 것인가에 달린 것이다.

그러나 십중팔구 시베리아 전선이 최소한도의 저항이 예상됨으로 아마도 일본은 시베리아 방면으로 진출할 가능성이 매우 높다. 어느 방향으로 가더라도 미 합중국의 턱밑으로 달려들게 됨으로 양자 간에 전쟁의 위험성이 더욱 증가될 것이다.

한국은 일본의 패권覇權욕의 '희생양'으로서, 특히 최초의 '희생양'이란 것을 입증하기 위한 실례로서 한국이 당하고 있는 억울한 경우를 제시하는 것이 필자의 임무이다.

아! 대~~한민국! (이 박사의 꿈이 이루어지고 있는 중이다)

한국의 운명은 세계 자유민들의 운명으로부터, 또한 한때는 자유를 누려왔으며, 당분간은 그 자유를 상실당하고 있는 수많은 사람들의 운명과 불가분의 관계가 있음을 부인할 수 없다.

분명히 단언하건데, 우리가 감히 예상하고 또 희구希求하고 있는 것보다 더 일찍 세계의 자유민주주의 세력이 일본인들을 그들의 섬나라에 다시 잡아넣을 것이며, 평화는 다시 찾아올 것이다.

그때에 우리 한국은 전 세계의 자유국가들과 어깨를 나란히 하게 되고, 또다시 '고요한 아침의 나라the Land the Morning Calm'로 세계 앞에 당당히 서게 될 것이다.

필자 (이승만 박사) 경력

- 서기 1875년 3월 26일 탄생

  황해도 평산군 능내동에서 부친 경선공敬善公과 어머니 김 씨의 2남으로 태어남.
- 1787년 (3세)

  평산에서 서울 남대문 교외 염동으로 이사.
- 1881년 3월 26일 (7세)

  6살 생일을 맞는 해에 눈병으로 실명위기에서 생일날 아침 기적적으로 완쾌.
- 1884년 10월 18일 (10세)

  갑신정변을 만남, 이때부터 혁명투사로서의 애국심이 싹트기 시작.
- 1885년 (11세)

  다시 서울 도동으로 이전. 도동서당에서 10년간 유학을 전공.
- 1886년 (12세)

  통감, 사서, 소설 등을 통독하고 과학자, 문학자로서의 소양을 높임.
- 1887년 (13세)

  아명 승룡承龍을 쓰지 않고 운만 · 승만雲晩 · 承晩의 아호雅號를 사용하여 국가시험
  에 응시.
- 1894년 11월 (20세)

  배재학당에 입학.
- 1895년 (21세)

  배재학당 영어교사. 정변으로 피난, 각지를 전전하다가 상경.
- 1896년 (22세)

  서재필 박사, 아펜슨와 협조하여 협성회協成會를 조직, 〈협성회보〉의 주필이 되
  어 독립정신을 국민들에게 고취시킴.
- 1896년 (24세)

  [독립협회], [만민공동회]를 조직하고 정부 대개혁운동에 참가해서 투옥.
- 1898년 (24~30세)

  7년 간에 걸친 투옥 중에 〈독립정신〉을 저술.
- 1904년 (30세)

러·일전쟁 발발과 동시에 한국사절로서 밀서를 휴대하고 도미, 루즈벨트 대통령과 회담.

- 1898년 4월 〈매일신문〉 창간에 참여하여 사장 및 저술활동.
- 1898년 〈데국신문〉 창간에 참여하여 편집 및 논설 담당.
- 1905년 (31세)
  워싱턴대학에 입학, '독립운동'을 강력하게 전개함.
- 1907년 6월 5일 (33세)
  워싱턴 DC 커버넌트 장로교회 행린 목사로부터 세례 받음.
  워싱턴대학을 졸업, '문학 학사' 학위를 받음.
- 1908년 8월 (34세)
  하버드대학 대학원 졸업 '문학석사' 학위 받음.
- 19010년 7월 18일 (36세)
  미국에서 프린스턴대학에서 철학박사 학위 받음.
- 1912년 8월 (38세)
  한일합병 소식을 듣고 미대통령을 만나 그 부당성을 지적하였음, 귀국하여 당시의 총독을 공격하는 동시에 자유독립을 국민들에게 강조함.
- 1912년 (38세)
  '한국기독교음모' 사건으로 검거.
- 1912년 3월 26일
  한국대표로 맨시스트 총회에 참석차 가는 도중에 다시 도미.
- 1913년 4월 (39세) 〈한국교회핍박〉 발간
- 1913년 2월 3일 (39세)
  하와이에서 부친 서거의 부고를 받음.
- 1914년~1918년 (40세~44세)
  〈한국태평양신문〉을 창간, 논설에서 독립정신을 고취.
- 1917년 9월 (43세)
  뉴욕에서 개최된 '세계약소민족 대표회의'에 정식 대표로 참석.
- 1918년 1월 (44세)
  윌슨 대통령의 '민족자결주의'를 널리 공표하고 한국도 호응할 준비를 함.

- 1919년 (45세)
  3·1운동을 전개하고 국내외에 민족심을 계몽, 대한민국 임시정부 초대 대통령으로 피선.
- 1920년 (46세)
  상해로 건너가 동지를 지휘, 국내 연계투쟁을 실행.
- 1921년 5월 (47세)
  하와이에 교육사업협회를 조직하고 한국 대표로 워싱턴에서 개최된 군축회의에 참석.
- 1933년 (59세)
  한국대표로서 제네바에서 개최된 국제연맹회의에 참석, 일본의 만주침략을 통렬하게 반박함과 동시에 한국에 대한 허위선전을 분쇄하기 위하여 맹렬히 활동, 그 후 일본의 허위증거를 수집차 모스코바 방문.
- 1934년 10월 8일 (60세)
  프란체스카 여사와 결혼.
- 1941년 3월 (67세)
  본서 〈JAPAN INSIDE OUT〉 저술.
- 1945년 10월 16일 (71세)
  해방된 조국으로 귀국.
- 1945년 12월
  모스크바 3상회의 신탁통치 반대투쟁 지휘, 계속해서 중앙협의회, 비상국민회의, 독립촉진국민회, 민족통일총본부, 반탁투쟁위원회를 조직하여 총재로서 투쟁을 전개, 민주의원 의장에 선임.
- 1946년 12월 4일 (72세)
  한국민족대표 외교사절로 도미, 다음해 4월에 귀국.
- 1948년 (74세)
  총선거에 반대하는 '남북협상파'와 논리적으로 투쟁함.
- 1948년 5월 10일
  총선거에 의해서 국회의원 당선, 초대 국회의장으로 피선.
- 1948년 7월

대한민국 초대 대통령으로 당선,

8월 15일, 대한민국정부를 세계 각국에 선언, 10월 21일 맥아더원수를 예방(일본)하고 귀국.

• 1949년 (75세)

워싱턴대학 동창회에서 특별공로장을 받음,

8월 15일 대한민국정부로부터 '무궁화 대훈장'을 받음.

• 1950년 2월 16일 (76세)

다시 맥아더 원수를 방문, 2월 18일 귀국.

• 1950년 6월

북한군의 불법 남침임으로 인해 남하(대전-대구-부산) 9월 29일, 전과호전으로 서울로 귀환

11월 29일, 평양시찰

11월 22일, 함흥, 원산시찰 북한동포를 위로함.

• 1951년 트루먼 대통령에 휴전반대 표명. 일본군 참전설 반박

1952년 평화선 선포.

1953년 일본을 방문하여 한일관계 개선 가능성 협의, 독도영유 재확인. 경제재건 7원칙 결정. 미국에 한미상호방위협정 체결을 요구. 반공포로 석방.

• 1954년 독도에 영토표시 설치. 공산군의 반란으로 내전상태인 베트남에 국군파견 제의. 미국 상의원 합동회의 연설 도중 33번의 박수를 받음. 뉴욕 UN본부에서 연설. 한일회담 개최 조건으로 일본의 반성을 촉구. 일본의 한국 재침략적 의도를 비난.

• 1955년 국군 40개사단으로 군비증강의 필요성을 역설. 미국에게 대공산권 유화정책을 비난.

• 1956년 일본의 친공적 태도를 비난. 공산주의에 대한 미국의 유화정책을 비난.

• 1957년 군비강화를 강조. 국무회의에서 경제정책 재검토를 지시. 북한 공산군의 재남침 기도를 경고.

• 1958년 일본에 대한 경계심 촉구. 공산화의 위협을 받고 있던 베트남에 파병용의 표명. UN감시하 북한만의 선거 제시. 원자력 연구를 지시. 베트남을 방문하여 자유수호 공동성명 발표.

- 1959년 일본에 약탈 문화재 반환을 요구. 일본의 재일교포 북송을 비난. "공산 당보다 일본을 더 경계해야 한다"고 언명, 국군의 신장비 필요를 역설. 경제개 발 3개년 계획를 수립.
- 1960년 4.19로 대통령직을 사임하고 이화장으로 은퇴. 3개월 계획으로 정양차 부인 프란체스카 여사와 함께 하와이로 출발.
- 1961년 양녕대군 종중에서 인수(仁秀)를 양자로 천거하여 입적.
- 1962년 귀국을 희망했으나 한국정부의 반대로 좌절. 모나라니 요양원 입원.
- 1965년 7월 19일에 서거하자 호놀룰루시 한인기독교회에서 영결예배 후 유해 를 미군용기로 김포공항에 운구. 이화장에 안치, 정동제일교회에서 영결예배, 동 작동 국립묘지에 안장.

배달민족의 독립을 되찾아
우리를 나라있는 백성되게 하시고
겨레의 자유와 평등을 지켜
안녕과 번영의 터전을 마련해 주신
거룩한 나라 사랑 불멸의 한국인
우리의 대통령 우남 리승만 박사
금수강산 흘러오는 한강의 물결
남산을 바라보는 동작의 터에
일월성신과 함께 이 나라 지키소서

묘비명

역 자 후 기

우선 위대하신 지도자의 글을 번역하였다는 것에 대하여 영광과 아울러 송구함을 금할 수 없습니다.

평소 우남 이승만 박사를 깊이 존경하여 왔었던 역자가 감히 그 분의 높은 뜻과 표하고자 하는바를 독자들에게 올바르게 전달하여 야 한다는 사명감에 무거운 멍에를 지고있는 심정이었습니다.

번역에 앞서 먼저 이화장을 찾아 이인수 박사님 내외를 뵙고 이화 장에 전시되어 있는 자료를 살피며 이승만 박사님의 발차취를 깊이 이해하려 노력하였습니다.

그리고 일본에서 번역 출판된 中村慶守역 '私の 日本觀'을 입수하 여 일본에서 수학하였던 김용혁 박사(경원대 교수)께 한국어 번역 을 의뢰하였습니다.

그 이유는 문장의 흐름을 볼 수 있는 기회도 되지만 상대국민인 일본 사람은 번역의 가닥을 어떻게 잡아가고 있는가, 하는 궁금증 이 강하게 발동되었기 때문입니다.

그리고 난 후 원서인 'Japan Inside Out'을 몇차례 정독하였습 니다. 본인은 40여년간 홰외 생활을 하며 단어 하나에도 손익의 갈 림길이 교차되는 계약 및 컨설팅 업무를 해 왔기에 번역에는 그다 지 어려움이 없으리라 생각하였습니다.

그런데 이게 웬 말입니까! 이승만 박사께서 사용하셨던 문장이나 어휘의 표현이 매우 고차원적이고 고급 사교 영어로 이어진 명문의 연속이었습니다.

미국의 명문대학 3곳을 5년만에 끝내고 박사학위를 취득하신 분의 실력이 유감없이 발휘된 높은 수준을 지속하고 있었습니다.

끝임없는 밤샘 작업을 하며 새삼 옷깃을 여미곤 하였습니다.

왜냐하면, 책의 내용에서 약소민족의 서러움이 분출되기도 하였지만 이승만 박사님의 국제적 통찰력과 깊은 지식을 엿볼 수 있었기 때문입니다.

이책의 논법은 내용에서 논하는 사건을 누가 언제 어디서... 등 정확한 자료를 제시하여 표현하였습니다.

독자들의 이해를 위하여 비유법을 써가며 동양사상이 깊이 깔려 있으면서도 기독교의 깊은 신앙관이 같이하는 심오한 철학을 맛볼 수 있었습니다.

끝으로 번역상 오류도 있을 줄 압니다. 독자 여러분의 질책과 사랑을 부탁드리며 문장 교열을 맡아 주신 맹태균 교수님께 심심한 감사의 말씀을 올립니다.

2007년 1월

뱅쿠버에서
역자 최 병 진

美·日 전쟁 예언한 베스트셀러

李承晚 박사 영문저서 〈일본, 그 가면의 실체〉

孫 世 一

· 전 동아일보 논설위원

· 국회의원 (3선)

"늦추는 것은 해결책이 아니다.
산불은 저절로 꺼지지 않는다."
다가오는 전쟁을 산불에 비유하며
미국의 각성을 촉구한
"무서운 책"

최초 일간지 '매일신문' 창간한 언론인

초대 대통령 우남 이승만靑南 李承晚은 정치인이기 이전에 언론인이
었다. 그는 1898년 4월에 이 나라 최초의 일간신문인 '매일신문'을
창간함으로써 이 땅에 일간지시대를 열었다. 스물네살때의 일이다.
그때까지 '독립신문'은 주3회 발행되고 있었다.

이승만은 1899년 1월부터 5년7개월 동안 영어생활圄圄生活을 하면서 여러가지 괄목할만한 활동을 했는데, 그 가운데에서 가장 두드러진 것은 1901년 2월부터 2년3개월동안 '제국신문'의 '논설'을 써 내보낸 일이었다. 감옥에서 장기간에 걸쳐 일간지의 논설을 집필한 사실은 세계신문사에서 전무후무한 일일 것이다. 이때에 쓴 '제국신문'의 논설들은 젊은 이승만이 이상으로 생각한 기독교 국가의 비전—그것은 미국을 본으로 한 민주주의 정치제도와 시장경제의 원리가 작동하는 근대국가상이었다—를 설파한 것이다. 유명한 '독립정신'은 이때에 쓴 '제국신문'의 '논설'들을 뼈대로 하여 새로 쓴 논설집이다.

이승만은 독립운동도 주로 언론활동을 통하여 전개했다. 1920년대에서 30년대에 걸쳐 정열을 쏟아 펴냈던 '태평양잡지'에는 그의 애국심 뿐만 아니라 폭넓은 지적 관심과 글재주를 보여주는 많은 글들이 실려있다. 그러나 이승만이 일생동안 펴낸 책은 다섯권 밖에 되지 않는다. 한성감옥서에서 작업한 번역서 '청일전기'(1917)와 '독립정신'(1910), 1910년의 105인사건에 관해서 쓴 '한국교회핍박'(1913), 프린스턴 대학 박사학위논문을 그대로 출판한 '미국의 영향을 받은 중립(Neutrality as Influenced by the United States)'(1912), 그리고 이 '일본, 그 가면의 실체(Japan Inside Out)'(1941)가 그것이다. 이 책들은 모두 미국에서 출판되었다. 그 밖에 그의 옥 중 한시집인 '체역집替役集'(1961)이 번역 출판 되어있다.

일본인들의 전쟁심리 자세히 분석
'일본, 그 가면의 실체'는 유럽에서 제2차세계대전이 발발한 직후인 1939년 겨울부터 1941년 봄까지 이승만이 워싱턴에 있으면서 심혈을 기울여 쓴 책이다. 통계 등의 자료수집은 임병직林炳稷이 도왔다. 이승만이 쓴 영문원고를 프란체스카가 타이핑했는데 출판사에 넘길때까지 프란체스카는 전문을 세번이나 다시 타이핑하느라고 손가락이 짓물렀다.

'일본, 그 가면의 실체'에서 이승만은 중국을 점령한데 이어 동남아시아로 침략행군을 멈추지 않고 있는 군국주의 일본은 그들의 세계 제패의 야심을 달성하기 위하여 머지않아 대미 전쟁을 일으킬 것이라 전망하고 미-일전쟁을 막기 위해서는 미국이 먼저 힘으로 일본을 제재하지 않으면 안된다고 역설했다. 이승만은 그의 이러한 주지를 15장으로 나누어 설득력있게 설명했다. 먼저 제 1장에서는 일본인들의 전쟁심리의 기반인 극단적인 국수주의 내지 군국주의의 특성을 그들의 건국신화까지 거슬러 올라가서 자세히 분석했다. 그리고 그러한 일본 군국주의의 세계제패의 구체적 계획서가 바로 '다나카田中메모리얼'이었다면서 제 2장에서 이 세기의 괴문서를 특별히 논평했다. 그는 '다나카 메모리얼'이 히틀러의 '나의투쟁'이 독일인들에게 갖는 의미와 같은 의미를 일본인들에게 갖는 것이라고 설명했다. 이승만이 인용한 마크 게인Mark Gayn의 기사에는 이 극비문서를 복사해서 중국인에게 넘겨 준 사람이 한국인이었다고 적시되어 있어서 특히 흥미롭다. '다나카 메모리얼'은 제2차세계대전 이후에도 국제적으로 심심찮게 논란거리가 되었다.

미국의 反戰主義者들을 신랄히 비판
이승만은 일본인들의 침략전쟁에 가장 방해가 되는 것은 외국신문기자들과 선교사들이고, 따라서 일본군국주의자들은 이들이 가장 먼저 추방되어야 할 외국인들이라고 생각한다고 설명했다. 제 5장과 제 6장에서 이 문제를 다루었다. '자유언론의 개념은 일본의 정치사회제도와는 언제나 배치되는 것이었다'고 이승만은 적었다. 그러면서 1940년 7월에 도쿄에서 55시간동안 일본경찰로부터 고문을 당하고 사망한 로이터통신의 멜빌콕스Melville J. Cox기자의 이야기를 소개했다. 이승만은 또 일본인들은 선교사들이 어디든지 다니면서 자신들이 저지르는 일들을 목격할 뿐 아니라 그들이 퍼뜨리고 있는 서양의 민주주의정신은 자기네의 천황중심주의Mikadoism생활에 해독을 끼치고, 그들이 선교하는 종교는 일본인들이 믿는 불교와 신도神道에 배치된다는 등의 이유로 선교사들을 배척한다고 설명했다. 그러면서 그는 한국의 기독교가 일본인들로부터 얼마나 박해를 받아왔는지를 길게 서술했다. 이승만은 국제연맹의 9개국 회의 및 해군 군축회의 등에서의 일본의 태도, 일본의 대미선전과 미국인들 반응의 문제점 등을 차례로 논급한 다음 제 13장과 제 14장에서는 미국의 반전주의자들을 신랄하게 비판했다. 그는 먼저 미국의 반전주의자들이 얼마나 위선적인지를 자신의 경험을 들어 실감나게 설명하고나서 반전주의에 대한 자신의 생각을 다음과 같이 피력했다.

大地작가 펄벅 書評에서 극찬

"나는 종교적인 신념이나 인도주의 원칙에서 같은 인간에 맞서서 무기를 들 것을 거부하는 '양심적 전쟁거부자'들에 대해서는 높이 평가한다. 그러나 그것이 국가의 방위, 국가의 명예, 또는 국가의 독립을 위한 것인지 아닌지를 불문하고 모든 종류의 전쟁을 거부하는 투쟁적 반전론자들은 제 5열처럼 위험하고 파괴적인 것이다….”

미국의 반전주의자들은 후자쪽이라는 것이다. 그러면서 그는 또 기독교와 반전주의는 다르다고 강조하고, 기독교의 중립주의를 비판했다.

이승만은 마지막 제 15장에서 현재의 위기상황을 ‘민주주의 대 전체주의’의 대결이라고 규정하고, 미국의 역사적 책임을 강조했다. 그는 전체주의국가들에는 추축국일본, 독일, 이탈리아 뿐만 아니라 연합국의 일원으로 대독전을 수행하고 있는 소련도 포함시켜서 논리를 전개했다.

이승만이 주장하는 미국의 역사적 책임의 근원은 미국이 1882년에 조선과 맺은 조-미수호통상조약을 일방적으로 파기하고 1905년에 일본이 한국을 ‘보호국’으로 만드는 것을 방조한 일이었다. 이승만은 그때의 일을 길게 설명하고, 그것이 제2차세계대전의 원인이 되었다고 주장했다. 그러한 주장은 일반 미국인들에게 큰 충격이었다. ‘대지大地’(1931)의 작가 펄 벅Pearl Buck의 ‘일본, 그 가면의 실체’에 대한 다음과 같은 서평은 그러한 반응의 대표적인 것이었다.

“이것은 무서운 책이다. 나는 이것이 진실이 아니라고 말할 수 있으면 좋겠으나 오직 너무 진실인 것이 두렵다…. 나는 이박사가 대부분의 미국사람들이 알지 못하는 사실, 곧 미합중국이 수치스럽게도 조-미수호조약을 파기하고, 그럼으로써 일본의 한국약탈을 허용했다고 말해준 것을 기쁘게 생각한다. 이박사는 ‘이것이 큰 불이 시작되는 불씨였다’고 말하고 있는데, 나는 이 말에 정말로 두려움을 느낀다…."

 # 국제정치에 대한 해박한 지식 보여줘

 '일본, 그 가면의 실체'에는 이승만의 일본과 국제정치에 대한 해박한 지식과 뛰어난 통찰력, 독립협회 활동이래로 그의 체질이 되어있는 선동가의 기질, 오랜 언론활동을 통하여 연마한 문장력과 탁월한 영어구사력이 남김없이 드러나있다. 그 특유의 인상적인 비유법은 그의 주장의 설득력을 더해준다. 외국인들이 조약상의 권리를 계속 누리게 해둔 채 중국의 상업중심지들을 점령하는 것은 일본인들에게는 사자떼가 몰려다니는 소 목장을 지키는 것과 같은 일이라고 표현하는가 하면, 지금 미국 민주주의는 전체주의의 바다 가운데 떠있는 한점 섬이라고도 적었다. 그는 '서문'에서 다가오는 미-일전쟁을 산불에 비유했다.

 "연기하는 것은 해결이 아니다. 산불은 저절로 꺼지지 않는다. 불은 하루하루 더 가까이 다가오고 있다. 몇 해 전에는 여러분은 임박한 재난에 대하여 들릴 듯 말 듯한 속삭임을 들었을 뿐이다. 그만큼 불은 멀리 있었다. 그것은 마치 화성이나 다른 행성에서 일어나는 일인 것처럼 여겨졌다. 얼마 뒤에 여러분은 멀리 떨어진 곳에서 올라가는 연기를 보았고, 구름에 비치는 타오르는 불길을 보았으며, 때로는 심지어 불타는 나무들의 툭탁이는 소리까지 들었다. 그러나 그것은 여러분이 걱정하거나 놀라기에는 아직도 먼 곳에 있었다. 이제 모든 것은 달라졌다. 여러분은 벌써 불기운을 느끼기 시작했다. 불길은 여러분의 안락을 해칠만큼 너무 가까이 다가오고 있다…."

 연기하는 것은 해결이 아니라는 말은 그 뒤로 이승만의 중대한 결단의 고비때마다 강조된 슬로건이 되었다.

　# 진주만 기습에 "李承晩은 예언자"로 평가

　'일본, 그 가면의 실체'는 미국인들이 일본군국주의의 실상을 깨
우치는데 큰 영향을 주었을 뿐만 아니라, 그들에게 이승만 자신을
알리는 데에도 큰 도움이 되었다. 그리고 그것은 재미동포사회에서
그의 명망을 새로이 제고시키는 것이기도 했다. 이승만은 이 책을
루스벨트 대통령과 부인 엘리노아여사, 스팀슨Henry L. Stimson육군
장관에게는 우편으로 보내고, 헐Cordel Hull국무장관에게는 극동국의
혼벡Stanley Hornbeck박사를 통해서 보냈다. 오랜 교분이 있는 혼벡은
이 책을 읽고 정정해야할 곳을 지적해 주었다.

　'일본, 그 가면의 실체'의 내용에 대해 비판하는 미국인도 없지
않았으나, 책이 출판되고 다섯 달 뒤인 1941년 12월 7일에 일본의
기습적인 진주만 공격이 있자 이승만은 예언자라는 칭송을 받았고
책은 베스트셀러가 되었다.

- '平和線' 선포한 雩南의 先見之明 -

이 혜 복

- (사)대한언론인의 상임고문
- 전 동아일보 사회부장

이승만 대통령에 대한 추억은 한 두가지가 아니지만 그분은 애국자로서의 면모, 정치가로서의 백년 앞을 내다보는 탁월한 통찰력에 그저 감탄할 뿐이다.

한국전쟁이 중공군의 개입으로 교착상태에 빠졌던 1953년 초 봄, 스탈린이 죽자 소련은 휴전을 제의했고 서유럽 민주우방 역시 2차대전 후 복구계획이 지연될 것을 염려, 전쟁의 장기화를 꺼렸다. 미국 내 여론도 '전쟁 조기 종결'로 돌아서 "한국전쟁의 평화적 해결"을 선거공약으로 내세운 아이젠하워 장군이 대통령에 당선되었다. 그는 대통령 취임전에 한국전선을 시찰, 휴전방침을 굳혔던 것이다. 그래서 휴전회담은 우여곡절이 있긴 했지만 마무리 단계로 접어들어 조인調印을 눈앞에 두고 있었다.

그러나 이승만 대통령은 "붕괴 직전의 북한공산정권을 도와 불법 개입한 중공군 수십만이 그대로 한반도에 머물러 있는 상황에서 정전은 불가하다"고 단호히 '통일없는 휴전 반대'의 강경한 메시지를 아이젠하워 대통령에게 전달한 것이 1953년 4월 26일이었다. 뒤미처 이 대통령은 '휴전 불수락' 정부 방침을 미국정부에 정식 통고(5월 8일)하였고 변영태卞榮泰 외무부장관 명의로 '한미방위조약 등 휴전수락 4개 전제조건'을 미국 정부에 전달하였다. 이에 아이젠하워 대통령은 한국정부의 '태도완화'를 요청(6월 7일)해 왔다. 그때 이 대통령은 "현상태 하에서 휴전이 성립될 경우 UN군 사령관 휘하의 한국군을 철수하겠다"고 클라크 사령관에게 통고(6월 19일)하였고, 이보다 하루 앞선 6월 18일 UN군 포로수용소에 묶여 있던 반공포로 석방을 명령, 그 중 2만 5천명을 탈출시켰다. 이러한 돌발사태로 조인 단계의 휴전협정은 물거품으로 돌아가게 되었다.

다급해진 미국정부는 어떻게든 이 대통령을 설득해 보려고 로버트슨 미국무차관보와 콜린스 미육군참모총장을 서울로 급파하였다. 그것이 1953년 6월 25일이었다.

그후 1주일동안 로버트슨 국무차관보는 연일 경무대로 이 대통령을 방문, 끈질긴 설득작업을 펼쳤다. 그때 나당시 京鄕新聞 기자도 경복궁 앞 노상神武門 밖에 대기했다가 회담을 마치고 나오는 로버트슨 차관보와 노상路上 인터뷰를 되풀이 했다.

하루는 경무대를 나온 로버트슨 차관보가 "오늘은 할 얘기가 없다"고 자리를 뜨려하자 "그게 무슨 뜻이냐?"는 질문이 나갈 수밖에 없었다. "오늘은 이 대통령이 꽉 입을 다물고 선채로 30분동안 묵묵부답이라 되돌아 설 수밖에 없었다"고 털어놓았다. 그래서 그날 신문 제목은 '침묵회담'으로 제목이 나가기도 하였다.

결국 7월 15일, 이 대통령의 친서가 아이젠하워 대통령에게 전달되었다. 그 후 미국정부의 '한국지원 계획'이 줄지어 발표되었다. 마침내 7월 25일 한·미 두 정부 사이에 합의가 이루어져 7월 27일 판문점板門店에서 휴전협정은 조인되었다. 그 얼마후인 8월 1일 한·미 상호방위조약이 가조인假調印되었고 그해 10월 1일 워싱턴에서 상호방위조약은 정식 조인되고 그 해 11월 17일 발표되었다. 한·미 상호방위조약이 체결된 배경에는 국가생존과 자유수호를 위한 이승만 대통령의 탁월한 외교수완과 단호한 정치적 결단이 있었기 때문이다.

휴전성립 이후 제네바에서 막을 올렸던 남·북정치협상이 북한측의 비협조로 결론없이 끝난 채 오늘날까지 한반도는 휴전선으로 양분되어 있다. 끈질긴 휴전상태의 지속이다.그동안 북한 공산집단의 무수한 휴전협정 위반사건(무장공비 남파, 땅굴 굴착, 청와대 습격, 아웅산 테러, 서울올림픽 방해를 위한 KAL여객기 폭파 등)이 거듭됐지만 감히 대규모 군사도발을 감행하지 못한 것은 한·미상호방위조약에 따라 주한미군이 휴전선에 버티고 있었기 때문이다.

이 대통령은 반세기 후에 닥칠 군사태세에 대비, '한·미상호방위조약'이라는 굳건한 방벽을 미리 구축해 놓았던 것이다.

또 이 대통령은 6·25전쟁중 수시로 전선부대를 위문, 일선장병을 격려했고 특히 엄동설한에도 전선방문을 계속했다.

종군기자였던 나는 여러번 이 대통령 전선방문을 수행, 취재한 경험이 있다. 80 노령의 이 대통령이 단상에 올라 열변을 토하며 장병들을 격려하는 모습, 이에 호응하는 장병들의 충천하는 사기土氣를 실감하였다. "한나라의 지도자는 저러해야 한다"는 감동을 떨칠 수가 없었다.

한 가지 잊을 수 없는 추억은 1953년 봄, 전선 도처에서 혈전이 벌어지고 있을 무렵, 서울에 잠시 들른 이 대통령이 경무대 앞뜰로 서울 주재 기자들을 불러들여 홍차 한 잔씩을 나누면서 "여러분, 수고가 많다"고 격려했던 일이다. 그분은 마치 정다운 할아버지 같이 젊은 기자들을 위무하며 "나라 위한 언론인들의 역할이 무엇보다 중요하다"고 격려하는 것이었다. 나라 구석구석을 보살펴 국민 모두가 나라 위해 함께 일어서게 힘을 실어주는 지도자, 그런 분이 있었기에 대한민국은 든든한 기초를 다져 오늘에 이른 것이 아닌가?

또 한가지 기억해야 될 이승만 대통령에 관한 이야기는 '평화선' 선포에 관련된 것이 있다.

1952년 1월 18일 그러니까 한국전쟁이 휴전협정 성립으로 지금의 군사경계선이 확정되기 훨씬 전 일이다.

이승만 대통령은 한국해안 수역水域에 있어 한국의 주권이 미치는 범위를 규정하는 '이승만 라인線'을 선포하였다.

원래 명칭은 해양주권선主權線이 었으나 이 대통령이 선포했다고 해서 「이승만 라인」으로도 불리다가 이 선을 선포한 이유가 인접국가 사이의 「평화유지」를 위해 설정한 선線이기 때문에 「평화선」으로 개칭 되었다.

이 평화선 설정목적은 한국수역 안의 해산물에 대한 보호와 ㅏ 관리 및 이용에 있으며 공해상의 외국선박의 자유항행권을 방해하는 것은 아니다.

평화선의 지도상 좌표는 ①함북경흥군咸北 慶興郡 우암령牛岩嶺 고정高頂에서 북위 42° 15′·동경 13° 45′의 점에 이르는 선. ② 북위 42° 15′·동경 130° 45′의 점에서 북위 38°·동경 132° 50′의 점에 이르

는 선. ③ 북위 38°·동경 132°50′의 점에서 북위 35°·동경 130°
의 점에 이르는 선. ④ 북위 35°·동경130°의 점에서 북위34°40′·
동경129°10′의 점에 이르는 선. ⑤ 북위 34°40′·동경129°10′의
점에서 북위 30°·동경127°의 점에서 북위 32°·동경 127°의 점에
이르는 선. ⑥ 북위 32°·동경 127°의 점에서 북위32°·동경 124°
의 점에 이르는 선. ⑦ 북위 32°·동경 124°의 점에서 북위39°45′·
동경 124°의 점에 이르는 선. ⑧ 북위 39°45′·동경 124°의 점에서
평북 마안도平北 馬鞍島서단에 이르는 선.⑨ 마안도 서단西端에서 북으
로 한·만국경의 서단과 교차되는 직선으로 되어있다.(地圖 참조)

이승만 대통령이 평화선을 선포한 이유는 장차 휴전이 성립되어
UN군이 설정했던 한반도 해역의 '해상봉쇄선'이 해제되면 전쟁기
간중 어로행위를 못해 각종 어류가 풍부한 한국 해역으로 인접국가
일본·중국등의 어선들이 몰려들 것이 뻔했음으로 이를 미리 막기위한
선제적先制的 방어 조치였다.
과연 휴전이 되자 기다리고 있었다는 듯 일본 어선과 중국 어선들
이 우리 해역평화선 안쪽으로 떼지어 몰려들었으나 그들 어선은 평화
선 침범으로 모조리 우리 해군에 나포되어 부산釜山부두에 배는 억
류되고 침범어부들은 모두 부산형무소에 수용되었다.
그러나 일본정부나 중국 측 어느 정부도 여기에 대해 항의하지 못
했다. 억류된 어부들과 어선은 1958년 5월경에 가서야 모두 풀려
났다.
국가이익을 도모하기 위해 선제적인 외교적 조치로 당당히 우리
국익을 지킨 이승만 대통령의 앞을 내다보는 정치·외교적 통찰력이

야말로 국민이 믿고 따를 수 있는 핵심적 요소가 아니던가? 그런 점에서 우리는 이승만 대통령이 탁월한 지도자였음을 확인할 수 있다.

한심한 것은 요즘 우리나라 국어사전을 뒤져 봐도 「평화선」이라는 낱말조차 찾아볼 수 없다는 점에서 우리 국민의 역사인식이 모자란다는 느낌을 지울 수 없다.

이박사의 언론관言論觀

심경억

• 태평로 프레스클럽 고문
• 옛 평화신문 경무대 출입기자

많은 사람들, 특히 젊은이들이 60년대 4.19 의거로 인해 이승만 박사를 독재자로 기억하고 있지만 터무니없다. 그 분의 정치철학과 언론관을 보면 알 수 있다. 비록 정치에서 독선적이었다는 평을 듣고 있지만 교육에서 민주주의를 가르쳤고 신문에서는 언론자유를 구가하도록 했던 것이다. 그렇지 않았다면 4.19 의거가 일어나지 않았을 것이다.

일찍이 이 나라의 최초 일간신문을 창간하였고, 감옥에서도 논설을 집필했던 언론인 경험에서, 그리고 미국 유학시절 배운 사상이 기반이어서인지 몰라도 그분은 철저한 자유민주주의자이며 언론자유 신봉자였다. 우리는 지금 민주주의와 언론자유를 당연시하지만 왜정시대 군국주의 세뇌를 받고 한글도 대부분이 모르던 문맹 사회에서 민주주의와 언론자유를 단시간에 보급시킨 것은 이승만 박사, 그 분이었다. 그 바탕에서 오늘날 우리는 자유를 만끽하고 있는 것이다.

이승만 박사는 일화가 많은 분이다. 그 중 신문기자와 관련된 한 가지를 소개한다.

50년대 말, 어느 날 이승만 대통령이 경무대지금 청와대에서 정례기자 회견을 가졌다. 공식회견이 끝난 뒤 그 자리에서 이 대통령이 기자들에게 묻는 것이었다. "기자 양반들, 왜 언론인을 '무관의 제왕無冠의 帝王이라고 하는지 알아?" 당시 스스로 '무관의 제왕'이라고 펜을 휘 들으며 으쓱대던(?) 기자들로서는 다소 의외의 질문이었다. 기자들이 당혹해 하니까 이 대통령 말씀이 "언론은 공무원들과 달리 국가의 녹을 받지 않고 국가기관을 감시하며 부정과 비리를 캐내는 제4부입니다. 그래서 천적이 없는 직업, 감시받지 않는 권력이기 때문에 무엇보다 공명정대한 보도를 해야 합니다"라고 하시며 우리들에게 바른 언론을 주문하시는 것이다. 그 분의 언론관을 읽을 수 있는 대목이다.

그런 이 대통령 시절을 겪지 않은 사람들은 이 대통령이 언론탄압을 꽤 했던 것처럼 이야기들 한다. 어찌 보면 역대정권 중에서 그 이 대통령 시절 언론인들이 '무관의 제왕'으로서 언론자유를 가장 만끽했지 않나 싶다. 이 대통령 뜻과 달리 다소 탄압이 있었다고 해도 그 뒤의 권위주의정권들에 비하면 그 탄압은 퍽 '낭만적'이었다고 본다.

최근 필자가 당대의 명저인 이승만 박사 영문저서 'JAPAN INSIDE OUT(일본, 그 가면의 실체)'의 일본어판 'わたくしの 日本觀'을 우연히 손에 넣게 되었다. 원저를 보지 못한 필자로서는 경무대 시절의 이승만 박사를 만난 듯 그 책을 단숨에 읽었다. 이승만 박사의 식견이 새삼 놀랍다.

이 책이 평가받아 적국이었던 일본에서도 나왔는데 우리들에겐 왜 생소한가? 만지지탄이 있지만 이제라도 전 국민이 일독을 하여 건국 대통령 이승만 박사의 진면목을 알았으면 한다.

이승만 박사의 통찰력

이홍구

• 이승만 박사 기념사업회 회장
• 전 국무총리

월드컵 4강 신화가 남긴 큰 소득 중의 하나는 온 국민이, 특히 이 땅의 젊은이들이 목청 높여 한소리로 외친 '대한민국'이란 함성이었다. 그 함성 속에는 우리의 조국 대한민국에 대한 무한한 자존심이 짙게 배어 있음을 대한민국 국민이라면 누구나 느꼈을 것이다.

근래 들어, 그 대한민국을 출범시킴은 물론 북의 남침南侵을 막아내는 데 중추적 역할을 수행했던 건국 대통령 이승만 박사의 역사적 위치와 업적에 대한 관심이 높아지고 있다. 지금처럼 나라의 운명에 대한 위기의식이 팽배하고 있는 시점에서 국가 위기에 대처하는 지도자의 역할, 특히 대통령의 리더십에 대한 논의가 활발해지는 것은 당연하다. 지난 한 달 동안에도 '이승만과 아데나워'(명지대), '이승만, 박정희, 김대중의 국가관리 리더십'(연세대), '이승만과 독립운동'(서울역사박물관)을 주제로 한 학술회의가 연달아 열렸다. 이는 난국 타개의 결정적 리더십을 제공했던 선인들의 업적을 역사의 거울로 삼아 오늘의 위기를 극복하는 지혜를 얻으려는 노력이라

하겠다. 국가 위기 이전, 즉 국가 부재 상황에서 새롭게 나라를 만들어야 하는 엄청난 역사적 과제를 떠맡았던 이승만과 아데나워의 리더십은 우리에게 특별한 교훈을 남겨주고 있다. 35년간의 일제식민지에서 풀려나자마자 미국과 소련에 의한 국토의 남북 분단이란 최악의 상황에 직면한 이승만이나, 제2차 세계대전의 패전국으로서 국토의 총체적 파괴와 연합국 점령 아래 동서분단이란 처참한 시련을 겪어야 했던 아데나워. 그들은 처절한 역경 속에서 1948년 대한민국을 탄생시켰고, 49년 독일연방공화국을 출범시켰던 동서양의 정치적 영웅이었다.

이승만은 1875년생, 아데나워는 1876년생으로 한 살 차이인 동년배로 이승만은 항일독립운동의 지도자로서, 아데나워는 반 나치 독재의 지도자로서 새로 탄생하는 국가의 정통성을 부여할 수 있었다. 그리고 48년 이승만이 대통령으로, 아데나워는 한 해 뒤인 49년 총리로 취임해 각각 12년, 14년을 집권하면서 뛰어난 건강으로 노익장을 과시하였다. 두 사람은 초대 대통령과 초대 총리로 취임하기 이전에 제헌의회의 의장으로서 대한민국헌법과 독일연방공화국기본법을 제정공포 하는 데 주역을 맡았다는 공통점도 지니고 있다. 그러나 그들의 정치적 공과에 대한 평가를 넘어 오늘날 역사적 지도자로 기억되는 것은 정치철학과 소신, 천하대세를 읽는 통찰력, 국가정책의 우선순위를 확실히 정하는 결단력, 그리고 이를 성공적으로 집행하는 정치력을 고루 갖춘 예외적 존재들이었기 때문이다.

이승만과 아데나워는 조국의 독립과 통일, 그리고 인간의 자유가 보장되는 사회 건설에 대한 굳은 신념의 소유자들로 그러한 목표의 달성을 위해 조국의 운명을 서방세계, 특히 미국과 연계시키는 것이 최선이라는 판단을 일찌감치 내렸던 지도자들이었다. 아데나워는 대서양 너머로, 이승만은 태평양 너머로 동맹 외교의 폭을 넓힘으로써 국가 발전의 활로를 개척했다. 냉전과 분단 초기의 혼미한 상황에서 이승만은 남한에, 아데나워는 서독에 각각 단독정부를 수립하기로 결심하고 이를 성취시킨 것은 지극히 현명한 역사적 결단이었다. 그들은 자신들이 세우고 이끈 정부가 유일 합법정부라는, 그리고 강력하고 번성하는 국가 건설만이 통일로의 지름길이라는 판단을 내리고 좌고우면左顧右眄하지 않았다. 모든 중립국통일안을 일고의 가치가 없다고 무시한 것은 물론이다. 90년 독일 통일의 성공이 그러한 판단이 옳았음을 극적으로 증명하고 있다.

이승만과 아데나워가 보여준 위대한 리더십의 핵심은 첫째, 지정학적 요건 및 국제 정세의 흐름을 정확히 읽는 능력과 둘째, 분단과 대결의 구도 속에서 국가의 안보와 국민의 자유를 최대한 보장하는 정책 선택의 결단력, 그리고 국민적 합의와 단결을 이끌어내는 정치력의 삼위일체라 하겠다. 대통령의 리더십 위기에 휩쓸린 채 다음 선거를 1년 앞둔 지금의 시점에서 막연한 불안에 떠밀리기보다는 우리가 새롭게 뽑아야 할 다음 지도자의 기준을 과연 어디에 둘 것인가를 고민하며 우리 모두 역사의 교훈을 되짚어보아야 하겠다. 역사로부터 배우는 지혜로운 국민만이 정말 훌륭한 지도자를 가질 수 있기 때문이다.

* 중앙일보 2007년 2월 5일자 '이홍구 칼럼'

이승만 박사는 '한국의 콜럼버스'

최정호

동아일보 객원大記者

울산대 석좌교수

오타 시크. 1968년 이른바 '프라하의 봄'이라 일컫던 체코슬로바키아 개혁 공산주의 운동의 주역 두브체크와 함께 '인간의 얼굴을 한 사회주의' 건설을 꿈꾸던 경제학자. 그러나 그해 여름 소련의 전차부대가 침공해 프라하의 개혁운동을 짓밟아버리자 스위스로 망명해 대학 강단에 섰다는 얘기까진 들었다.

최근 한양대의 권영훈權寧壎 교수로부터 스위스 유학시절에 만난 오타 시크의 강의에 관한 회고담을 들었다. 특히 재미있던 것은 일당독재 국가에 사는 오타 시크의 요령 십계명+誠命.

1. 바보가 되라.

2. 그게 안 되면 생각하지 마라.

3. 생각은 해도 말하지 마라.

4. 말은 해도 글은 쓰지 마라.

5. 글은 써도 서명은 하지 마라.

6. 서명은 해도 내 것이 아니라고 잡아떼라.

7. 그게 안 되면 미쳐버려라.

8. 그러지도 못하면 자살을 하라.

9. 그것도 못하면 서방으로 탈출하라.

10. 그러지도 못하면 당에 입당해버려라.

일당독재도 전체주의도 경험해보지 못한 요즈음 젊은이들에겐 재미없는 얘기일지 모른다. 그러나 일제 치하를 살아 온 세대, 또는 6·25전쟁 때 인공人共 치하를 살아본 세대, 아니 그보다도 오늘 평양으로 돌아가는 북녘 손님들에게는 이 십계명이 그냥 듣고 흘려버리기 어려우리라 여겨진다.

나도 20 전후의 젊은 나이엔 남한의 단독정부 수립을 못마땅해했다. 그래서 정의는, 그리고 미래는 우리들의 구질구질한 현실을 초월한 '저쪽'에, 38선 북쪽에 있으리라 기대해봤다.

6·25 남침전쟁은 그처럼 일상적 현실을 초월한 '저쪽'의 세계를 우리에게 보여주었다. 아침에 눈만 뜨면 새벽부터 '민주선전실'엔가 가서 교양을 받고 폭격이 뜸한 밤에는 거리에 나가 '약소민족 해방의 위대한 은인이시며…'로 시작되는 길고 긴 수식어가 붙는 스탈린 대원수와 김일성 장군 만세를 앵무새처럼 되뇌는 구호를 소리소리 지르며 거리를 행진하고 그러다 녹초가 돼 쓰러져 자고 나면 다음날 새벽 다시 민주선전실의 교양…. 그야말로 바보가 될 시간도, 생각할 시간도 없는 나날이었다.

그렇게 해서라도 6·25 남침전쟁으로 이 나라가 통일이 됐더라면…. 아마 그랬더라면 남쪽의 우리도 그로부터 40~50년 동안 오타 시크와 그의 동포처럼 미쳐버리거나 자살하거나 혹은 '탈출'을 시도하거나 '당원'이 되어버려야 하는 세상에 살게 되었을 것이다.

그러한 불행을 맛보지 않게 된 것은 우리들의 현명한 선택이 아니라 오직 38선 이남에서 우연히 삶을 얻은 행운이요, 그 행운은 온갖 비난을 뒤집어쓰고 (그 비난에는 젊은 날의 나도 한때 가세했지만) 대한민국을 건국한 이승만 박사의 덕택이다.

나는 이 박사를 '19세기 한국의 콜럼버스'라 말하곤 한다. 한말의 어지러운 풍운 속에서 사람들이 가까운 중국과 러시아만을, 혹은 대한해협 건너 일본만을 보고 있을 때 청년 이승만은 보이는 것의 피안彼岸, 수평선 뒤의 '저쪽'을 보고 거기에서 미국을 '발견'했다.

대한민국의 건국은 한국역사에 러시아 대신 미국을 끌어들인 이 박사의 결단의 소산이다. 그게 잘된 결단이었느냐는 문제에 대해선 이론이 있을 수 있다. 그러나 한국의 수천 년 역사에서 우리가 오늘날처럼 정치적으로 자유롭고 경제적으로 번영을 누리고 산 때가 없었다고 한다면 거기에도 이론이 있을까.

그러한 '오늘날'이 있게 된 것이 이 땅에 옛날처럼 중국을 끌어들이지 않고, 한말처럼 일본을 끌어들이지도 않고, 혹은 광복 후의 북녘처럼 러시아나 중국을 끌어들이지 않고 그도 저도 안 되면 '자주'다 '주체'다 하며 버티지도 않고 우리 겨레의 명운에 미국을 끌어들인 이 박사의 경륜 덕이었다고 한다면 망발일까. 우리보다 앞서 갔던 체코 같은 동유럽 제국이 1945년 이후 걸어 온 운명을 생각해보자. 그러한 미국이 이 땅에서 나가려 하고 우리 스스로 내보내려 한다면…, 그다음엔 어떻게 하자는 것일까.

*동아일보 2004년 6월 17일자 '최정호 칼럼'

대한민국 초대 대통령 바로 세우기

강천석

• 조선일보 주필
• 조선일보 전 편집국장

　대한민국 정부 수립 기념식은 오전 11시20분에 시작됐다. 1948년 8월 15일의 일이다. 대형 태극기가 걸린 단상 중앙에는 하늘색 모시 두루마기의 이승만李承晩 대통령과 제복 차림의 맥아더 연합군 최고사령관이 나란히 앉았다. 이승만은 7월 20일 국회에서 치러진 선거에서 197표 가운데 180표를 얻어 대한민국 초대 대통령에 당선됐다. 우리 나이로 일흔넷이었다.

　정시定時가 되자 대회회장 오세창吳世昌이 "영원히 기념할 8·15를 맞이하여 신생新生정부 대한민국을 갖게 된 감격이 더할 바가 없다"는 말로 개회를 선언했다. 3·1독립운동 33인 중의 한 사람인 그 역시 그해 여든다섯. 이어 이승만이 마이크 앞으로 나가 요즘 역사 교과서가 애써 귀를 닫고, 철부지 역사선생들이 일부러 지워버린 연설을 시작했다.

"오늘 동양의 한 고대국古代國인 대한민국정부가 회복되어 40여년을 두고 바라며 꿈꾸고 투쟁해온 결실을 맺었습니다."

이야기는 민주의 원칙으로 이어졌다.

"국민 중에 일부는 독재제도가 아니면 이 어려운 시기에 나갈 길이 없는 줄로 생각하나 우리는 30년 전상해임시정부부터 민주주의를 論構·실행해 왔습니다."

민권民權과 자유 그리고 자유의 한계 문제가 뒤따랐다.

"민주정체政體의 요소는 정부와 국민이 개인의 언론과 집회와 종교와 사상의 자유를 보호하는 것입니다. 자기와 다른 의견을 발표하는 사람을 포용해야 합니다. 자유의 뜻을 바로 알고 존숭尊崇하되 한도가 있어야 합니다. 그러나 개인으로나 도당徒黨으로나 정부를 전복하려는 사실이 증명되면 용서가 없을 것입니다."

근로자 우대와 통상과 공업 진흥의 포부도 빼놓지 않았다.

"정부가 전력專力하려는 바는 도시와 농촌에서 근로하며 고생하는 농민과 노동자의 생활을 개량하는 것입니다. 민족의 생활을 향상시키려면 우리 농장과 공장의 소출所出을 올려 외국에 수출하고 우리에게 없는 물건은 수입해야 될 것입니다. 경영주는 노동자를 이용만 해선 안 되고 노동자는 자본가를 해害롭게 해서는 안 됩니다."

통일의 방략方略도 소홀히 하지 않았다.

"전국이 기뻐하는 오늘 북쪽을 돌아보면 비감悲感한 생각을 금할 수 없습니다. 소련군이 유엔대표단을 막아 북의 1000만 동포가 민국民國 건설을 함께하지 못하고 있습니다. 소련이 우리에 근접한 이웃이므로 우리는 더불! 어 평화·친선을 유지하려 합니다. 우리가 자유롭게 사는 것을 소련이 원한다면 우리 민국民國은 언제든지 소련과도 친선親善할 것입니다."

연설은 눈비를 맞으며 40년 해외를 떠돌았던 이승만의 다짐으로 마감됐다.

"가장 중대한 바는 국민의 충성과 책임감과 굳센 결심입니다. 대한민국이 처음부터 끝까지 변함없이 민주주의의 모범을 세계에 표명하도록 매진할 것을 선언합니다. 대한민국 30년 8월 15일. 대한민국 대통령 이승만.' '대한민국 30년'은 임시정부 수립 때부터 헤아린 햇수다.

알다시피 이승만의 이런 꿈과 약속과 다짐은 이루어지지 못했다. 그의 허물과 잘못이 컸다. 그러나 이 연설이 무대에 올려졌던 1948년 대한민국은 1인당 평균 소득 50달러 안팎, 수출 2200만달러, 국민 교육 수준이 초등학교 졸업 이하가 95%인 나라였다. 바로 그해 10월부터는 제주·여수·순천·대구에서 남로당계의 무장폭동이 연발했다. 현실은 이승만의 꿈을 받쳐 주기에는 너무 야멸차고 각박했다.

국민이 배고픔을 면하기 위해선 박정희 시대까지, 소련과도 친선을 트는 데는 노태우 시대까지 기다려야 했고, 자유와 민권이 제대로 ! 숨을 쉬기 위해서는 더 오랜 세월을 인내해야 했다. 그래도 최빈국最貧國에서 세계 10대 부국富國에 이르는 대한민국의 행진은 이승만이 대한민국을 김일성의 반대편에 세우고, 김일성의 침략에서 대한민국을 지켜낸 신념과 집념에서 비롯된 것이다. '김일성의 나라'에서 '김일성 아들의 나라'로 바뀐 북한의 오늘이 그 증거다.

오는 12월 19일 선출될 새 대통령은 자신이 하늘에서 떨어지는 눈송이처럼 순백純白하다는 어림없는 생각에서 벗어나야 한다. 나와 대한민국이 역대 대통령의 자랑과 허물을 딛고 지금 여기 이르렀다는 역사의 연속성에 눈을 떠야 한다.

그런 생각, 그런 눈의 대통령이라면 짓밟힐 대로 짓밟히고 지워질 대로 지워진 대한민국 초대 대통령의 공功과 과過의 자취를 공정한 저울에 달아 그에게 역사의 바른 자리를 찾아주는 길이 보일 것이다. 대한민국 초대 대통령을 바로 세우는 일은 대한민국의 정통성을 바로 세우는 일과 다르지 않다.

＊조선일보 2007년 2월 16일자 '강천석 칼럼'

사단법인 대한언론인회 출판위원
제재형
강승훈, 김광희, 김영일,
황대연, 김호기, 박 실

편집 : 구종서
번역 : 최병진
교열 : 맹태균

JAPAN INSIDE OUT

일본, 그 가면의 실체
-다시는 종의 멍에를 메지 말라-

2007년 3월 20일 초판인쇄
2007년 3월 26일 초판발행
2023년 1월 9일 제6쇄 발행

저자 : 이승만
발행 : 사단법인 대한언론인회

社團 法人 大韓言論人會
서울 중구 세종대로 124(프레스센터 1405호)
Tel : (02)732-4797, 2001-7621
Fax : (02)730-1270

기획 · 출판 : 청미디어
신고번호 : 제305-3030000251002001000054호
신고일자 : 2001년 8월 1일
주소 : 서울 동대문구 천호대로83길 61, 5층 (화성빌딩)
Tel : (02)496-0154~5
Fax : (02)496-0156
E-mail : sds1557@hanmail.net

※ 잘못된 책은 교환하여 드립니다.
※ 본 도서를 이용한 드라마, 영화, E-book 등 상업에 관련된 행위는
　출판사의 허락을 받으시기 바랍니다.

정가 : 25,000원
ISBN : 978-89-92166-24-9 (부가기호 03900)

제헌국회 기도문

• 임시의장(이승만)

대한민국 독립민주국 제1차회의를 여기서 열게 된 것을 우리가 하나님에게 감사해야 할 것입니다. 종교·사상 무엇을 가지고 있든지 누구나 오늘을 당해 가지고 사람의 힘으로만 된 것이라고 우리가 자랑 할 수 없을 것입니다. 그러므로 하나님에게 감사를 드리지 않을 수 없습니다. 나는 먼저 우리가 다 성심으로 일어서서 하나님에게 감사를 드릴터인데 이윤영 의원 나오셔서 간단한 말씀으로 하나님에게 기도를 올려 주시기를 바랍니다.

• 이윤영 의원 기도(일동기립)

이 우주와 만물을 창조하시고 인간의 역사를 섭리하시는 하나님이시여, 이 민족을 돌아보시고 이땅에 축복하셔서 감사에 넘치는 오늘이 있게 하심을 주님께 저희들은 성심으로 감사하나이다. 오랜 시일동안 이 민족의 고통과 호소를 들으시사 정의의 칼을 빼서 일제의 폭력을 굽히시사 하나님은 이제 세계만방의 양심을 움직이시고 또한 우리 민족의 염원을 들으심으로 이 기쁜 역사적 환희의 날을 이 시간에 우리에게 오게 하심은 하나님의 섭리가 세계만방에 성시하신 것으로 저희들은 믿나이다.

하나님이시여, 이로부터 남북이 둘로 갈리어진 이 민족의 어려운 고통과 수치를 신원伸寃하여 주시고 우리 민족 우리 동포가 손을 같이 잡고 웃으며 노래 부르는 날이 우리 앞에 속히 오기를 기도하나이다. 하나님이시여 원치 아니한 민생의 도탄은 길면 길수록 이 땅에 악마의 권세가 확대되나, 하나님의 거룩하신 영광은 이땅에 오지 않을 수밖에 없을 줄 저희들은 생각하나이다. 원컨대 우리

조선독립과 함께 남북통일을 주시옵고 또한 우리 민생의 복락과 아울러 세계평화를 허락하여 주시옵소서. 거룩하신 하나님의 뜻에 의지하여 저희들은 성스럽게 택함을 입어가지고 글자 그대로 민족의 대표가 되었습니다. 그러하오나 우리들의 책임이 중차대한 것을 저희들은 느끼고 우리자신이 진실로 무력한 것을 생각할 때 지와 인과 용과 모든 덕의 근원이 되시는 하나님 앞에 이러한 요소를 저희들이 간구하나이다. 이제 이로부터 국회가 성립이 되어서, 우리 민족의 염원이 되는 모든 세계만방이 주시하고 기다리는 우리의 모든 문제가 원만히 해결되면 또한 이로부터 우리의 완전 자주독립이 이 땅에 오며 자손만대에 빛나고 푸르른 역사를 저희들이 정하는 이 사업을 완수하게 하여 주시옵소서. 하나님, 이 회의를 사회하시는 의장으로부터 모든 우리 의원일동에게 건강을 주시옵고 또한 이겨서 양심의 정의와 위신을 가지고 이 업무를 완수하게 도와 주시옵기를 기도하나이다. 역사의 첫걸음을 걷는 오늘의 환희와 감격에 넘치는 이 민족적 기쁨을 다 하나님에게 영광과 감사를 올리나이다. 이 모든 말씀을 주 예수그리스도 이름을 받들어 기도하나이다. 「아~멘」

註 : 이 기도문은 1948. 5. 31 제헌국회 제1차 본회의록에 속기된 것으로서 임시의장을 맡으신 이승만 박사는 단상 의장석에 등단하여 전 국회의원들에게 먼저 하나님께 기도하자고 제의하여 이윤영 목사의 기도로 시작된 제헌 국회 기도문임

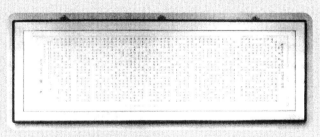

국회의사당에 있는 '대한민국 기도로 시작된 나라' 기도전문